Lothar Fritze

Die Tötung Unschuldiger

Ideen & Argumente

Herausgegeben von

Wilfried Hinsch und Lutz Wingert

Walter de Gruyter · Berlin · New York

Lothar Fritze

Die Tötung Unschuldiger

Ein Dogma auf dem Prüfstand

Walter de Gruyter · Berlin · New York

⊗ Gedruckt auf säurefreiem Papier,
das die US-ANSI-Norm über Haltbarkeit erfüllt.

ISBN 3-11-018148-7

Bibliografische Information Der Deutschen Bibliothek

Die Deutsche Bibliothek verzeichnet diese Publikation in der Deutschen Nationalbibliografie; detaillierte bibliografische Daten sind im Internet über http://dnb.ddb.de abrufbar.

Printed in Germany

Umschlaggestaltung: +malsy, kommunikation und gestaltung, Bremen
Titelbild: picture-alliance/dpa, Boris Roessler, Bild-Nr. 110350
Satz: Walter Heidenreich, Hannah-Arendt-Institut für Totalitarismusforschung, Dresden
Druck und buchbinderische Verarbeitung: AZ Druck und Datentechnik GmbH, Kempten

Vorwort

Dieses Buch hat eine Vorgeschichte. Als am 8. November 1999, sechzig Jahre nach dem gescheiterten Attentat von Georg Elser auf Adolf Hitler, die *Frankfurter Rundschau* einen Artikel veröffentlichte, in dem ich mich der moralischen Bewertung dieses Anschlags widmete, löste dies in der Öffentlichkeit einige Diskussionen aus. Anliegen meiner Überlegungen war es, an einem konkreten Beispiel die in verschiedensten Zusammenhängen relevante Frage zu erörtern, unter welchen Voraussetzungen wir der Vorgehensweise eines Gefahrenabwehrers zustimmen können, wenn bei dem Versuch der Gefahrenabwehr der Tod von Unschuldigen in Kauf genommen wird.

In dem Artikel selbst hatte ich mich verwundert gezeigt, daß in der Öffentlichkeit ein Mann geehrt wird, der den Tod von acht Menschen verursacht hat, ohne daß diejenigen, die maßgeblich diese Verehrung betrieben, es für nötig gehalten hätten, die Verletzung des Tötungsverbots in dem konkreten Fall zu rechtfertigen. Dies ist insofern nicht unbeachtlich, weil mit einer öffentlichen Würdigung von Personen und ihren Taten diese zugleich als vorbildlich ausgewiesen werden. Bei Prüfung der Zulässigkeit der Art und Weise der Elserschen Tatausführung war ich zudem bei mehreren zu prüfenden Punkten zu einem negativen Ergebnis gelangt. Die Frage allerdings, ob überhaupt Ausnahmebedingungen denkbar sind, unter denen eine Verletzung des Verbots der Tötung Unschuldiger *moralisch* gerechtfertigt sein kann, hatte ich sowohl in diesem Zeitungsartikel als auch in einer späteren Langfassung („Der Ehre zuviel", in: Jahrbuch Extremismus & Demokratie, Bd. 12/2000) offen gelassen.

Das vorliegende Buch ist eine lange und, wie ich hoffe, nicht unnötig komplizierte Antwort auf diese kurze und klare Frage. Obwohl meine Antwort eine moralphilosophische und keine juristische ist, knüpfe ich dabei – der Fragestellung entsprechend – an den Problemaufriß an, den Norbert Hoerster in einem Kommentar zu besagter Langfassung aus juristischer und rechtsphilosophischer Sicht gegeben hat (siehe „Der Streit um den Widerstandskämpfer Georg Elser", in: Jahrbuch Extremismus & Demokratie, Bd. 12/2000). Hoerster hat darin zum einen gezeigt, daß nach geltender deutscher Rechtslage eine Tötung Unschuldiger unter allen Umständen verboten ist, und zum anderen vermutet, daß im Unterschied zur rechtlichen Situation unsere geltende Sozialmoral in dieser Frage kein einheitliches Urteil fällt. Ich glaube, daß diese Vermutung zutreffend ist. In der Tat scheint es eine zumindest weit verbreitete Intuition zu sein, daß Unschuldige getötet werden dürfen, wenn dadurch eine unverhältnismäßig große Anzahl von Menschen gerettet werden kann. Wie aber der somit bestehende Widerspruch zwischen dem in der Rechtslage zum Ausdruck kommenden Rigorismus und der wohl von einer überwältigenden Mehrheit geteilten moralischen Intuition zu behandeln bzw. aufzulösen ist – dies ist eine Frage, die man kaum explizit aufwirft und deren Beantwortung eine bislang weithin unbegriffene Herausforderung für das moralische und rechtliche Denken darzustellen scheint.

Dieser Frage, nämlich ob ein moralischer Grundsatz begründbar ist, der die Tötung Unschuldiger zur Rettung anderer erlaubt, habe ich mich bereits in meinem Beitrag „Moralisch erlaubtes Unrecht. Dürfen Unschuldige getötet werden, um andere zu retten?", in: Deutsche Zeitschrift für Philosophie, Berlin 51 (2003) 2, gewidmet. Der Aufsatz ist in die Kapitel I und II vollständig eingegangen.

Für intensive Diskussionen und wertvolle Hilfe danke ich Prof. Dr. Dr. Norbert Hoerster. Prof. Dr. Wilfried Hinsch gilt mein Dank für Verbesserungsvorschläge und Prof. Dr. André Fuhrmann für die Einsichtnahme in ein unveröffentlichtes Manuskript.

Chemnitz, im Januar 2004 *L. F.*

Inhaltsverzeichnis

Einleitung

Gesellschaftliches Zusammenleben ist regelgeleitet. Von herausgehobener Bedeutung sind dabei Rechts- und Moralnormen. Während Rechtsnormen Geltung innerhalb einer positiven, das heißt institutionell verfügten Rechtsordnung beanspruchen, erheben fundamentale Moralnormen Anspruch auf universelle Geltung. Sie sollen regeln, wozu Menschen zu jeder Zeit und an jedem Ort wechselseitig verpflichtet sind. Insoweit Rechtsnormen fundamentale Moralnormen zum Ausdruck bringen, überträgt sich der Universalitätsanspruch letzterer auch auf die Normen des Rechts: Rechtsnormen von fundamentalmoralischer Relevanz inhäriert der „Anspruch", in jede positive Rechtsordnung, also etwa auch des Völkerrechts, aufgenommen zu werden.

Menschliche Praxis ist vielgestaltig und mitunter verworren und konfliktträchtig. Fundamentale Normen hingegen sind allgemein und personenunspezifisch formuliert – sollen sie doch zeit- und räumlich unbegrenzt für jeden Menschen Verhaltensorientierungen in grundlegenden Lebenszusammenhängen geben. Daher können in Moralnormen keine Eigennamen vorkommen. Nur soche Normen haben überhaupt Aussicht auf eine allgemeine Anerkennung und Befolgung. Moralnormen stellen somit an jeden konkreten Menschen dieselben Verhaltensanforderungen.

Moralnormen untersagen die Wahl bestimmter Verhaltensmöglichkeiten. Daraus resultieren Probleme der „Anwendung" der geltenden Normen im praktischen Handeln. Zum einen muß geklärt werden, welche Norm in einer konkreten Handlungssituation überhaupt zu beachten ist; zum anderen geht es um die angemessene Beachtung der richtigen Norm. Häufig ist nun zu beobachten, daß fundamentale Moralnormen trotz ihrer gesellschaftlichen Akzeptanz in speziellen Handlungszusammenhängen mißachtet werden. Die Norm gilt zwar im Allgemeinen als gültig, man glaubt aber, sie in der besonderen Situation für nicht gültig oder nicht anwendbar oder nicht in ihrer ganzen Konsequenz befolgbar halten zu dürfen. Daraus erwachsen Diskrepanzen zwischen den Handlungen von Menschen und dem, was die Norm – zumindest prima facie – fordert.

Derartige Diskrepanzen können unproblematisch sein. Es gehört zu unserer Moralpraxis, daß selbst Fundamentalnormen unter Ausnahmebedingungen verletzt werden dürfen. Insofern gelten sie nicht absolut, sondern implizieren Ausnahme-Klauseln. Diese Ausnahmeklauseln formulieren Bedingungen, unter denen eine Verletzung der Norm moralisch gerechtfertigt ist. Das Töten eines Menschen ist verboten, es sei denn in Notwehr, sofern keine andere Abwehrmöglichkeit besteht. Die mit einer geltenden Verbots- oder Gebotsnorm verbundene Handlungsaufforderung ist somit konditioniert. Der Verpflichtungscharakter solcher Normen ist an das Vorliegen (bzw. Nicht-Vorliegen) von definierten Bedingungen gebunden. Analoges gilt für Erlaubnisnormen. Sie verpflichten niemanden, eine bestimmte Art von Handlung auszuführen, sondern erlauben sie. Die durch sie ausgesprochene Erlaubnis ist aber ebenso an das Vorliegen bestimmter Bedingungen gekoppelt.

Ausnahmebedingungen müssen jedoch selbst moralisch legitimiert werden. Sowohl ihre artmäßige Bestimmung als auch ihre Inanspruchnahme im konkreten Fall sind begründungs- bzw. rechtfertigungsbedürftig. Eine Akzeptanz von Ausnahmebedingungen kommt etwa in Betracht beim Vorliegen von Normkonflikten, bei der notwendigen Abwägung zwischen moralischen Gütern, bei zu beachtenden Unzumutbarkeiten.

Nur moralisch akzeptable Ausnahmeklauseln können Handlungen (oder Unterlassungen) legitimieren, die dem Wortlaut geltender Normen zuwiderlaufen. Wer moralische Normen – in diesem Sinne – verletzt, übernimmt die Pflicht, sein Verhalten unter Hinweis auf das Vorliegen solcher Ausnahmebedingungen zu rechtfertigen, das heißt die von ihm in Anspruch genommene Ausnahmeklausel zu begründen. Die geforderten Begründungen können allerdings fehlerhaft oder ungenügend sein oder gänzlich fehlen. Die bloße Versicherung, eine ansonsten als gültig erachtete Norm sei in dem betreffenden Bereich der menschlichen Praxis oder unter den gegebenen Handlungsbedingungen ungültig oder unanwendbar, ist aufgrund ihres Anspruchs auf Allgemeingültigkeit in keinem Fall akzeptabel.

Gleichwohl kennt die menschliche Praxis Handlungsweisen, die durchaus verbreitet sind, aber derartige Begründungsdefizite aufweisen. Die Geschichte jedenfalls ist voll von Ereignissen, die sich als das Ergebnis von normverletzenden Handlungen verstehen lassen, für die es keine gültige moralische Rechtfertigung gibt. Normwissenschaftler, die auf solche Defizite hinweisen und die Beachtung geltender Rechts- und Moralnormen – etwa im Bereich der internationalen Politik – fordern, werden nicht selten als „naive Idealisten" verächtlich gemacht. Unter Hinweis darauf, daß Geschichte keine „Moralveranstaltung" sei oder Politik nun einmal „so nicht funktioniere" oder „Politik nicht mit Moral verwechselt" werden dürfe, heftet man ihnen das Prädikat „weltfremd" an, und ihre Argumentationen werden als „unhistorisch" oder „unrealistisch" abqualifiziert. Das Unbegreifliche dieses Vorgangs liegt nicht etwa darin, daß die für die vermeintliche Erlaubtheit einer Verletzung der Norm vorgebrachten Begründungen unbefriedigend ausfielen, sondern daß man es nicht einmal für nötig hält, offensichtliche Normübertretungen argumentativ zu rechtfertigen.

Gerade diese Einstellung ist häufig zu beobachten. Man tut so, als wären bestimmte normative Prinzipien, die im privaten Umgang oder auch unter Normalbedingungen innerhalb eines Gemeinwesens jeder akzeptiert und für unaufgebbar hält, im Bereich der internationalen Politik, bei militärischen Auseinandersetzungen, im „Kampf gegen den Terror" oder auch in Widerstandssituationen bedeutungslos. Damit aber macht man es sich zu einfach. Moralische Prinzipien – ob sie in Normen des Rechts Ausdruck finden oder nicht – erheben nach allgemeinem Verständnis Anspruch, universell zu gelten; sie können weder unter Gesichtspunkten der Zweckmäßigkeit noch der Quantität nach Gutdünken suspendiert werden.

Die Frage nach der Anwendbarkeit bestimmter moralischer Prinzipien in Ausnahme- oder Extremsituationen dürfte eines der zentralen Probleme der Moralphilosophie und insbesondere der politischen Philosophie benennen. Aufgabe ist es, genauer zu klären, zu welchen Handlungen und Unterlassungen ein moralisches Prinzip auffordert. Einer solchen Frage - nämlich ob es erlaubt ist, Unschuldige zu töten, um andere zu retten - widmet sich die vorliegende Schrift. Die Ausnahmesituation, um deren Bewältigung es geht, begründet einen Konflikt zwischen der Unterlassungspflicht des Tötens auf der einen Seite und dem Recht auf Selbsterhaltung bzw. der Hilfspflicht zur Rettung Unschuldiger auf der anderen. Die besondere Brisanz der hier interessierenden Fallkonstellation besteht darin, daß die Selbstrettung bzw. die Rettung Unschuldiger nur unter Hinnahme der Tötung anderer Unschuldiger möglich sein soll. Fraglich sind sowohl die Begründbarkeit einer entsprechenden Erlaubnisnorm als auch die Voraussetzungen ihrer Anwendbarkeit.

Dabei gehe ich von der - hier nicht näher zu erörternden - Überzeugung aus, daß Moralnormen nicht *objektiv* existieren und sich daher auch eine gesellschaftliche Ingeltungsetzung einer entsprechenden Norm nicht objektiv, unabhängig vom Wünschen und Wollen der Menschen, begründen läßt. Eine solche objektive Begründbarkeit setzte Normen voraus, deren Befolgung durch jeden Menschen als objektiv gesollt *erkannt* werden kann.

Statt dessen betrachte ich (soziale) Moralnormen als von Menschen geschaffene, durch ihre Anerkennung in Geltung gesetzte und durch ihre Befolgung zur sozialen Wirksamkeit gebrachte Regeln. Diese Regeln haben die Funktion, das gesellschaftliche Zusammenleben zum Zwecke einer bestmöglichen Befriedigung der Bedürfnisse bzw. der bestmöglichen Realisierung der Interessen der Gemeinschaftsmitglieder zu koordinieren.

Stellt man nun eine Frage wie die unsere, also eine Frage nach der *moralischen* Erlaubtheit einer Handlung, so ist es - schon um den Anschein zu vermeiden, man suche nach einer objektiven Begründung - zweckmäßig, sie gleichsam in eine andere Frage zu übersetzen. Ich werde nicht fragen, ob es moralisch erlaubt *ist*, Unschuldige zu töten, um andere zu retten, sondern ob ein Handlungsgrundsatz oder, genauer gesagt, eine Erlaubnisnorm dieses Inhalts sich begründen bzw. rechtfertigen läßt und zudem Aussicht hat, gesellschaftliche Geltung zu erlangen. Hat man die Hoffnung auf eine objektive Moralbegründung aufgegeben, so bleibt nur, eine *subjektive* Begründung ins Auge zu fassen - eine

Begründung, die auf die Wünsche und Interessen von Menschen Bezug nimmt.

Die Chancen einer Norm, Anerkennung und Vertretung zu finden, dürften zumindest von zwei Komponenten maßgeblich beeinflußt werden: dem allgemein-menschlichen Vermögen, der von einer Norm zum Ausdruck gebrachten Verhaltensaufforderung zu folgen, und den in einer Gemeinschaft dominierenden moralischen Intuitionen. Beide Faktoren verdienen als empirische Tatsachen Beachtung, da sie die Anerkennungschancen und die potentielle Wirksamkeit rational begründeter Normen beschränken. Aufgabe der nachfolgenden Überlegungen ist es, zu prüfen, ob ein Handlungsgrundsatz, der die Tötung Unschuldiger zum Zwecke der Rettung anderer erlaubt, vorgeschlagen und zur Übernahme in die Normenordnung einer Gemeinschaft vernünftigerweise empfohlen werden kann.

I.

Problemstellung

1. Notwehr und Notstand

Das Tötungsverbot ist ein zentraler Bestandteil unserer moralischen Überzeugungen und ein Eckpfeiler unseres Rechtssystems. Gleichwohl kann die gezielte Tötung eines Menschen unter bestimmten Umständen rechtlich zulässig sein. Dies wäre nach § 32 Abs. 2 des Strafgesetzbuches dann der Fall, wenn sie „erforderlich ist, um einen gegenwärtigen rechtswidrigen Angriff von sich oder einem anderen abzuwenden".

Wie steht es aber, wenn bei der Abwehr eines Aggressors auch die Verletzung von Rechten unbeteiligter Dritter in Kauf genommen werden muß? In diesem Fall ist nicht von der *Notwehrregelung* des § 32, sondern von der *Notstandsregelung* des § 34 StGB auszugehen. Diese Regelung erlaubt es, zur Abwendung einer gegenwärtigen Gefahr für (u. a.) das Leben und die Freiheit der eigenen oder einer anderen Person auch Interessen bzw. Rechte eines Unbeteiligten zu verletzen. Ein solcher Eingriff in die Interessen- bzw. Rechtsgütersphäre eines Unbeteiligten – einer Person, von der keine Gefahr ausgeht – ist allerdings nur dann gerechtfertigt, „wenn bei Abwägung der widerstreitenden Interessen, namentlich der betroffenen Rechtsgüter und des Grades der ihnen drohenden Gefahren, das geschützte Interesse das beeinträchtigte wesentlich überwiegt". Von einem solchen „Überwiegen" des zu schützenden Interesses wird beispielsweise auszugehen sein, wenn Eigentum eines Unbeteiligten zerstört wird, um das Leben eines Angegriffenen zu schützen.

2. Das Verbot der Tötung Unschuldiger

Die im Notstandsfall geforderte Interessenabwägung zur Feststellung der Verhältnismäßigkeit des Eingriffs, hat nun eine entscheidende Konsequenz: Da nach unserer Rechtsordnung jedes Leben „einen absoluten Höchstwert" darstellt, können *„Tötungshand-*

lungen im Notstand grundsätzlich nicht gerechtfertigt" sein - und zwar auch dann nicht, „wenn dadurch eine größere Zahl von Menschen gerettet wird".[1] Das heißt zum einen, daß es in einer Kollision eines menschlichen Lebens gegen ein anderes menschliches Leben niemals zu einem Überwiegen der einen Seite über die andere kommen kann, und es heißt zum anderen, daß auch quantitative Gesichtspunkte von vornherein ausscheiden. Demnach kann nach der geltenden Rechtsordnung unter keinen Umständen eine Interessenabwägung zuungunsten des Lebens eines Unbeteiligten verhältnismäßig und daher zulässig sein. Wenn ein Angreifer nicht anders als durch die Hinnahme der Tötung unbeteiligter Dritter gestoppt werden kann, muß auf die Abwehr des Angreifers verzichtet werden. Menschliches Leben ist nach diesem Rechtsverständnis unter keinen Bedingungen abwägungsfähig. Tötungshandlungen sind auch in den Fällen des sogenannten quantitativen Lebensnotstands - Fälle, in denen auf beiden Seiten Menschenleben in verschiedener Zahl auf dem Spiel stehen - grundsätzlich nicht gerechtfertigt.[2]

Das Individualrecht auf Leben, das jeder Mensch um seiner selbst willen besitzt, ist gleichzeitig in unserer geltenden Verfassung verankert. Es läßt sich wie folgt explizieren: „Kein einziger Mensch darf prinzipiell gezwungen werden, sein Leben für irgendwelche anderen Menschen, also letztlich für die menschliche Gesellschaft oder Gattung insgesamt, zu opfern. Das Menschenrecht auf Leben verbietet jede utilitaristische Gesamtkalkulation auf Kosten des Individuums. Es verbietet insoweit, die individuellen Menschen als gegeneinander austauschbare Größen zu behandeln."[3] Somit kann es überall dort, wo abgewogen wird, ob ein Leben vernichtet werden darf, nicht um ein Lebens*recht* gehen.[4]

Das Verbot, selbst in Notstandssituationen das Leben von *Unbeteiligten* zu opfern, um Menschenleben zu retten, kann zu dem Grundsatz verschärft werden, daß jede gezielte Tötung eines Menschen, von dem selbst kein rechtswidriger Angriff ausgeht, nicht nur tatbestandsmäßig, sondern auch unrechtmäßig ist.[5] Die Tötung eines Menschen kann weder durch die größere Anzahl der dadurch Geretteten noch durch die höhere Lebenserwartung oder die größere Überlebenswahrscheinlichkeit des oder der Geretteten gerechtfertigt werden. Deshalb – um ein Beispiel („Transplantationsfall") zu nennen[6] – bedeutete es eine eklatante Verletzung des Rechts eines Menschen auf Leben, tötete eine Ärztin ihr schwerbehindertes Kind, das nur noch kurze Zeit zu leben hat, um durch eine Transplantation seiner beiden Nieren ihre zwei anderen Kinder, die sonst sterben müßten, zu retten und ihnen die Möglichkeit eines normalen Lebens zu schenken. Unzulässig sind auch Abwägungen unter dem Gesichtspunkt irgendwelcher Wertunterschiede. Weder kann der Debile dem Hochbegabten noch der Kriminelle dem sozial Nützlichen aufgeopfert werden. Das Recht verbietet jegliche Unterscheidungen zwischen wertvollem und weniger wertvollem Leben.

Ebenso bleibt nach herrschender Lehre die Tötung in Fällen einer sogenannten *Gefahrengemeinschaft* verboten – in Situationen, in denen sich mehrere Personen in gemeinsamer Lebensgefahr befinden und der Täter zwischen der Alternative zu wählen hat, entweder durch sein Nicht-Handeln alle umkommen zu lassen oder durch die gezielte Tötung einzelner die übrigen zu retten.[7] Auch dann, wenn das zu erwartende Ergebnis des Untätigbleibens der gemeinsame Untergang von Täter und Opfer ist, bleibt die aktive Lebensvernichtung rechtswidrig.

Eine klassische Konstellation dieser Art begegnet im „Bergsteigerfall"[8]: Einer der zwei Mitglieder einer hochalpinen Seilschaft stürzt in einen Abgrund. Für den zweiten, mit dem ersten über das Seil verbundenen Alpinisten besteht keine Möglichkeit, den Abgestürzten heraufzuziehen, vielmehr hat er selbst schon den sicheren Halt verloren und befindet sich in akuter Gefahr, mit in den Tod gerissen zu werden. Er könnte sich selbst retten, indem er den Kameraden vom Seil abschneidet, worauf dieser tödlich abstürzte. Diese Selbstrettung wäre *rechtswidrig*.[9] Daß in einem solchen Fall eine *Entschuldigung* nach § 35 StGB („Entschuldigender Notstand") in Betracht kommt, soll hier nur am Rande interessieren. Nach der sogenannten „Differenzierungstheorie" ist der Notstand „deliktssystematisch keine einheitliche Erscheinung, sondern entweder Rechtfertigungs- oder Entschuldigungsgrund, je nachdem, ob das Recht die Tat als objektiv sachgemäß ‚billigt' oder sie dem Täter nur als subjektiv verzeihlich ‚nachsieht'"[10]. Entscheidend ist, daß unabhängig von der Anerkennung eines Entschuldigungsgrundes, die Handlung verboten bleibt und daher der von der Handlung Betroffene sie nicht zu dulden hat. Der Grund für dieses rigoristisch anmutende Verständnis ist unschwer einzusehen: Mit einer Aufhebung des Tötungsverbots in der beschriebenen Extremsituation würde die Schutzwürdigkeit menschlichen Lebens unter dem Gesichtspunkt der voraussichtlichen Lebenserwartung relativiert. Die voraussichtliche Dauer der Existenz eines Menschen, seine verbleibende Lebenserwartung, ist aber, so Wilfried Küper, „kein tauglicher Maßstab für eine graduelle Differenzierung der Schutz- und Vorzugswürdigkeit".[11] Dieses Verständnis (siehe auch III.10) stimmt mit der allgemein geteilten Überzeugung überein, daß in der Behandlung von Menschen, sofern diese moralisch relevant ist, kein Unterschied in Abhängigkeit von deren Alter, Leistungsfähigkeit, gesellschaftlichen Bedeutung und sonstigen Eigenschaften oder Merkmalen (Geschlecht, Rasse, Nationalität, Religionszugehörigkeit) gemacht werden darf. Deshalb steht auch das Leben des Todgeweihten unter dem Schutze der Rechtsordnung.[12]

3. Die Nichtabwägungsfähigkeit menschlichen Lebens

Die Auffassung, wonach quantitative Abwägungen im Falle einer Kollision „Leben gegen Leben" ausgeschlossen sind, wird häufig mit der Anerkennung jedes Lebens als einen absoluten Höchstwert begründet. Eine frühe Formulierung vom „absoluten Höchstwert" findet sich in der deutschen Rechtsliteratur bei Karl Peters, der offenbar meint, allein diese Werteigenschaft lasse keinerlei Raum für den Gedanken einer Güterabwägung. Daß eine Abwägung der Zahl der geopferten und geretteten Leben unrichtig sei, folge überdies aus der Anerkennung der „Heiligkeit" des Lebens sowie aus der Bejahung der „Idee des Lebens". Ein Verstoß hiergegen „wirkt seiner Natur nach schwerer, als selbst die Rettung einer größeren Anzahl von Menschen es ausgleichen könnte".[13]

Der Ausschluß einer quantititiven Aufrechnung von menschlichem Leben ist als Konsequenz unabweisbar, wenn anderenfalls der einzelne nicht zum Tauschobjekt in einer Gesamtbilanz des staatlichen Rechtsgüterschutzes gemacht werden soll. Daher ist es für den Gesetzgeber inakzeptabel, daß jemand einen unschuldigen Dritten opfert, um das eigene Leben zu retten.

Die Idee der Heiligkeit des Lebens besitzt eine ehrwürdige Tradition. Sie steht in enger Verbindung mit der Vorstellung, daß das Leben ein Geschenk Gottes sei. Bezogen auf *menschliches* Leben läßt sich diese Lehre dahingehend explizieren, daß es absolut verboten ist, einen *unschuldigen* Menschen vorsätzlich zu töten oder vorsätzlich sterben zu lassen, sowie Beurteilungen über Qualität, Beschaffenheit oder Wert seines Lebens heranzuziehen, um darauf Entscheidungen über eine Verlängerung oder Abkürzung dieses Lebens zu gründen.[14] In Ausdeutung der Lehre von der Heiligkeit des Lebens spricht der oberste Rabbiner Jakobovits dem menschlichen Leben unendlichen Wert zu, woraus folgt, daß jeder noch so kurze Bruchteil des Lebens einen gleichermaßen unendlichen Wert hat.[15] Wenn aber der Wert jedes Augenblicks eines menschlichen Lebens gleich wertvoll ist wie das gesamte Leben und wenn überhaupt das Leben jeder Person, ob jung oder alt, gesund oder hinfällig, nichtbehindert oder behindert, einen absoluten Wert verkörpert, dann gibt es auch keinen Grund, weshalb man ein Leben vorsätzlich beenden sollte, um zwei oder mehrere zu retten.

Die Formel vom menschlichen Leben als „Höchstwert" findet sich auch in der höchstrichterlichen Rechtsprechung.[16] Kritisch hinterfragt wird diese Auslegung des deutschen Strafrechts von Dieter Birnbacher, der – auf der Grundlage eines utilitaristischen Ethikansatzes – drei Einwände formuliert.[17] Erstens betrachte das Recht das Leben faktisch nicht als höchsten, sondern als *einen* der höchsten Werte, da es die indirekte Sterbehilfe erlaube, die im Interesse der Leidensminderung eine gewisse Lebensverkürzung hinnehme. Zweitens müßte, wenn das Leben jedes einzelnen ein Höchstwert wäre, auch das Leben der Nicht-Geretteten als ein solcher betrachtet werden, womit die Abwägung zwischen aktivem Rettungseingriff und Unterlassen weiterhin offen bliebe. Drittens sei nicht zu sehen, warum die Anerkennung eines Höchstwerts des Lebens quantitative Abwägungen ausschlösse (vgl. auch II.9).

Ich lasse diese Diskussion auf sich beruhen. Die herrschende Auslegungspraxis ist jedenfalls diesen und ähnlichen Einwänden bisher nicht gefolgt. Das Bundesverfassungsgericht formuliert daher auch: „Die pauschale Abwägung von Leben gegen Leben, die zur Freigabe der Vernichtung der vermeintlich geringeren Zahl im Interesse der Erhaltung der angeblich größeren Zahl führt, ist nicht vereinbar mit der Verpflichtung zum individuellen Schutz jedes einzelnen konkreten Lebens." Und: „Der Schutz des einzelnen Lebens darf nicht deswegen aufgegeben werden, weil das an sich achtenswerte Ziel verfolgt wird, andere Leben zu retten. Jedes menschliche Leben [...] ist als solches gleich wertvoll und kann deshalb keiner irgendwie gearteten unterschiedlichen Bewertung oder gar zahlenmäßigen Abwägung unterworfen werden."[18]

Angemerkt sei lediglich, daß die plakative Rede vom „Höchstwert" wenig hilfreich ist und durchaus überflüssig erscheint. Auch lößt die bloße staatliche Lebensschutzpflicht das Problem allein nicht. In Fällen, in denen „Leben gegen Leben" steht, läßt das verfassungsrechtliche Lebensschutzprinzip eben offen, zu Lasten welchen Lebens der Lebensschutz zurückzutreten hat.[19] Das von Birnbacher kritisierte Verbot quantitativer Abwägungen in einer Kollision „Leben gegen Leben" beruht denn auch wesentlich auf dem Verständnis des Individualrechts auf Leben als eines Abwehr- und nicht als eines Anspruchsrechts (siehe auch V.4 sowie V.6). Es verpflichtet alle anderen, eine Tötung zu unterlassen, legitimiert aber nicht dazu, sich auf Kosten anderer zu retten. Deutlicher noch als bei dieser Unterscheidung wird die hier obwaltende Asymmetrie von Kant herausgearbeitet, der sich in bezug auf den Grundsatz, wonach aus der (physischen) Gefahr für das eigene Leben kein Recht resultiert, einen Unschuldigen zu töten, so einläßt: „Denn, mein Leben zu erhalten, ist nur bedingte Pflicht (wenn es ohne Verbrechen geschehen kann); einem andern aber, der mich nicht beleidigt, ja gar nicht einmal in Gefahr, das meinige zu verlieren, bringt, es nicht zu nehmen, ist unbedingte Pflicht."[20]

Gleichzeitig stellt sich das Grundrecht auf Leben, das jedes einzelne Leben in seiner biologisch-physischen Existenz schützt, nach Art. 2 Abs. 2 Satz 1 Grundgesetz nicht nur als ein Abwehrrecht gegen den Staat dar, sondern ihm lassen sich auch besondere Schutzpflichten des Staates entnehmen, vor allem die Pflicht des Staates, den einzelnen vor rechtswidrigen Eingriffen seitens anderer zu bewahren.[21] Darüber hinaus kann das Grundrecht auf Leben in Übereinstimmung mit dem allgemeinen Gesetzesvorbehalt des Art. 2 Abs. 2 Satz 3 GG auf Grund eines Gesetzes zugunsten von Grundrechten anderer oder sonstiger Werte von Verfassungsrang eingeschränkt werden.[22]

Damit ist bereits deutlich geworden, daß das Rechtsdogma der Nichtabwägungsfähigkeit menschlichen Lebens den rechtswidrigen Angreifer *nicht* schützt. Dies kommt – wie bereits gesehen – in der Notwehr-Regelung des § 32 zum Ausdruck. Das Leben des angegriffenen Opfers ist daher dem Leben des rechtswidrigen Angreifers keineswegs gleichgestellt. *In diesem Sinne* findet somit sehr wohl eine Abwägung „Leben gegen Leben" statt.[23] Weder rechtlich noch moralphilosophisch läßt sich begründen, warum das mit dem Tode bedrohte Opfer den Angriff hinzunehmen hätte, nur um das Leben des Angreifers zu schonen.[24] Im Gegensatz zum Opfer hat es der Aggressor selbst in der Hand, sein Leben zu retten. Dazu muß er lediglich seinen rechtswidrigen Angriff unterlassen oder rechtzeitig abbrechen. Tut er dies nicht, so hat er in dieser Situation sein Lebensrecht verwirkt. Sobald jedoch ein Angreifer auf den Boden des Rechts zurückgekehrt ist, ist die Verteidigungshandlung gegenstandslos und damit illegitim geworden.

Problematisch ist es freilich, daß das rechtliche Verbot, das eigene Leben auf Kosten Unschuldiger zu retten, in bestimmten Konstellationen auch den Angreifer schützen kann. Man stelle sich vor – nennen wir diesen Fall[25] den „Schutzschildfall"–, während einer (genehmigten) Demonstration schießt W aus Wut über die Demonstration wahllos von seiner Dachterrasse auf die Demonstranten, wobei er seine Raumpflegerin „R", die gerade die Terrasse reinigt, zwingt, ihm als Schutzschild zu dienen. Würde nun Demonstrant „D" zum Schutz seiner selbst und seiner Mitdemonstranten seinerseits W zu erschießen versuchen und dabei den Tod der Raumpflegerin in Kauf nehmen, wäre dies weder durch die angeführte Notwehrregelung noch durch die Notstandsregelung des § 34 gedeckt.[26] D ist durch das geltende Recht aufgefordert, diese Handlung zu unterlassen. Damit aber, so könnte man drastisch formulieren, stellt die Rechtsordnung für den Angreifer während der Zeit seines verbrecherischen Treibens einen, wenn auch indirekten, Schutz dar. Der sich in Lebensgefahr Befindende muß auf seine Selbsterhaltung verzichten, wenn er sein Leben nur auf Kosten des Lebens Unschuldiger erhalten kann.

Nebenbei gesagt erscheint es fraglich, ob bzw. in welcher Weise diese Konsequenz mit dem staatstheoretischen Denken von Thomas Hobbes vereinbar ist (siehe auch V.8). Nach Hobbes kann kein Gesetz einen Menschen dazu verpflichten, seine Selbsterhaltung aufzugeben; niemand, so sagt er, „ist verpflichtet, darauf zu verzichten, sich mit allen Mitteln selbst zu schützen, wenn der Schutz durch das Gesetz versagt"[27]. Konsequenterweise hätte Hobbes daher – so scheint es jedenfalls auf den ersten Blick – eine Einschränkung der Selbsterhaltung durch positives Recht, wie sie sich im „Schutzschildfall" für D manifestiert, abgelehnt.[28] Seinem Verständnis nach sollen sich mit dem Eintritt in den Rechtszustand die Bedingungen der Möglichkeit der Selbsterhaltung verbessern. Wie kann dann das Recht Akte der Selbsterhaltung für unschuldige Opfer von Gewalt verbieten? Nimmt man jedoch an, daß es für die Frage, ob man (hier: Hobbes) an der Geltung eines Gesetzes interessiert sein kann, letztlich auf die Bilanz von Gewinnen und Verlusten ankommt, so ist nicht erkennbar, warum eine Notwehrregelung nach § 32 sowie eine Notstandsregelung nach § 34 StGB eine positive Bilanz grundsätzlich verunmöglichen sollen. Denn schließlich sind diese Regelungen nicht nur für die Selbsterhaltung von D abträglich, sondern auch für die von R zuträglich. In der Hoffnung, daß sich viele an ein entsprechendes Gesetz halten werden und sich daraus positive Effekte für die Selbsterhaltung möglichst vieler einzelner ergeben, kann Hobbes daher sehr wohl wollen, daß ein solches Gesetz positives Recht wird; er ist nur gezwungen, darauf zu verzichten, einen von diesem Gesetz real Angesprochenen zum Verzicht auf Selbsterhaltung aufzufordern.

Festzuhalten ist des weiteren: In Notwehrsituationen dürfen nicht nur der einzelne Bürger, sondern auch staatliche Organe Nothilfe leisten und dabei das Leben des Angreifers vernichten.

Dies ist beispielsweise der Fall bei einem polizeilichen Todesschuß, dem sogenannten finalen Rettungsschuß. Dieser ist mit Art. 2 Abs. 2 Satz 1 GG prinzipiell vereinbar – und zwar selbst dann, wenn der Tod des Angreifers nicht nur billigend in Kauf genommen, sondern unmittelbar beabsichtigt wird.[29] Für diese Eingriffserlaubnis spielen allerdings Überlegungen, was der Verteidigungsinstanz – dort dem Bürger, hier dem staatlichem Organ – zuzumuten ist, keine Rolle. Die vorgenommene Abwägung zwischen dem Leben des Angegriffenen und dem des Angreifers folgt vielmehr dem Grundsatz, daß Entscheidungen der Staatsmacht so weit als möglich der Rechtsordnung Geltung zu verschaffen haben. Der sich außerhalb der Rechtsordnung bewegende Angreifer verliert den Schutz des Staates in dem Maße, wie der Schutz des Opfers dies erfordert.[30] Abgesehen von Extremsituationen, in denen staatliche Organe zu dieser Art der Abwägung im Dienste der Durchsetzung des Geltungsanspruchs der Rechtsordnung gezwungen sind, bleibt das Leben des einzelnen (auch des Rechtsbrechers) durch den Staat absolut geschützt und sein individuelles Recht auf Leben unangetastet.

Diese Überlegungen machen deutlich, inwiefern sich der von einer Verteidigungshandlung mitbetroffene *unbeteiligte Dritte* in einer ganz anderen Situation befindet. Er hat nicht die Möglichkeit, durch ein rechtmäßiges Verhalten sein eigenes Leben zu bewahren, sondern ist, so wie das Opfer des Aggressors, ein Opfer der Verteidigungshandlung. Der Angriff auf ihn wird daher – rechtlich wie moralisch – als rechtswidrig angesehen. Während W – im „Schutzschild"-Fall – seinen Angriff auf D nur rechtzeitig abzubrechen braucht, um der Notwehrhandlung von D zu entgehen, hat R diese Einflußmöglichkeit auf das Handeln von D eben nicht.

Aus rechtlicher Sicht kommt die Überlegung hinzu, daß eine strafrechtliche Verbotsnorm eine Präventionswirkung durch Abschreckung erzielen soll. Während die Notwehrregelung, die die erforderliche Tötung des Aggressors freigibt, zumindest potentiell eine abschreckende Wirkung auf denselben entfalten kann, befindet sich das unschuldige Opfer einer Notwehrhandlung – in unserem Beispiel R – in einer grundlegend anderen Position. Da es sich rechtmäßig verhält, kann durch eine Strafrechtsnorm auch nicht auf sein Verhalten eingewirkt werden. Eine Freigabe der Tötung auch von Unschuldigen bei der Notwehrausübung oder im Falle eines Notstands könnte das Verhalten dieser Unschuldigen nicht beeinflussen. Da aber durch eine solche Freigabe auch auf den Aggressor keine zusätzliche Abschreckungswirkung zu erzielen sein dürfte, würde durch diese Regelung kein zusätzlicher Schutz von Rechtsgütern bewirkt.

4. Konträre moralische Intuitionen

Für die Behandlung der Frage, ob Unschuldige getötet werden dürfen oder deren Tötung in Kauf genommen werden darf, um andere Menschen zu retten, ist der Umstand von Bedeutung, daß die herrschende Moral gerade auf diese Frage keine eindeutige Antwort gibt.[31] Natürlich entspricht es den moralischen Intuitionen einer übergroßen Mehrheit, daß dergleichen im allgemeinen unerlaubt und verwerflich ist. So ist es nicht nur rechtswidrig, sondern dürfte von den meisten auch für moralisch falsch gehalten werden, einen Menschen zum Zwecke der Organgewinnung zu töten, um per Transplantation eine Reihe tödlich erkrankter Menschen vor vorzeitigem Sterbenmüssen zu bewahren. Jeder Versuch, eine solche Praxis zu etablieren, dürfte - obwohl doch damit eine größere Zahl von Menschen gerettet würde - auf einhellige Ablehnung stoßen, ja würde als skandalös oder verbrecherisch empfunden. Neben Fällen wie diesem, in denen eine Tötung Unschuldiger unisono abgelehnt wird, gibt es aber auch solche, in denen ein Konsens kaum oder gar nicht erzielbar sein dürfte.

Zum einen treffen wir auf die Auffassung, daß eine Tötung Unschuldiger unter allen Umständen verwerflich sei. Diese Auffassung entspricht nicht nur geltendem Recht, sondern wird auch in strenger Auslegung moralphilosophisch verteidigt. Dafür seien summarisch einige Beispiele angeführt. So darf nach Robert Nozick ein Mensch nicht benützt werden, um das gesellschaftliche Gesamtwohl zu heben, denn dies hieße, daß einem selbständigen Menschen, der nur einmal lebe, um eines anderen Einzelwesens willen etwas angetan wird. Ihm ein solches Opfer aufzuzwingen sei aber niemand berechtigt. Zwischen individuellen Existenzen könne es „keinen moralischen Austausch geben": „ein Leben wird nicht durch andere aufgewogen, so daß sich ein größeres *gesellschaftliches* Gesamtwohl ergäbe".[32] Daher kommt Nozick zu dem Schluß: „Es ist nicht gerechtfertigt, einige um anderer willen zu opfern."[33] Für Ernst Tugendhat ist es, wenn man moralisch argumentiert, klar, „daß Mord sogar an einer einzigen Person als ein Mittel zum Zweck – hier zum Zweck der Vermeidung eines lediglich wahrscheinlichen, wenngleich großen Übels für viele [nämlich in Gestalt des Atomkriegs – L. F.] – moralisch verwerflich ist"[34]. Tugendhat akzeptiert folgenden moralischen Grundsatz: „Wir haben weder bei der Selbstverteidigung noch bei der Befreiung anderer das Recht zur Geiselnahme und gegebenenfalls Ermordung unschuldiger Dritter, und zwar weder im individuellen noch im kollektiven Fall."[35]

Zu einer Reihe ähnlich lautender Bekenntnisse gaben neuerdings die NATO-Bombardements im Kosovo Anlaß, bei denen mit dem erklärten Ziel, den Kosovaren Nothilfe zu leisten, auch tödliche Kollateralschäden unter der serbischen Zivilbevölkerung in Kauf genommen wurden. Reinhard Merkel: „Wer [...] bedrohten Menschen helfen will, legitimiert sich allein aus einer Norm, die es unter keinen Umständen erlaubt, dafür unschuldige Dritte zu töten. Ob er diese Tötungen ‚beabsichtigt' oder nur mit Bedauern, aber sehenden Auges ‚in Kauf nimmt', ist gänzlich belanglos. [...] Auch wer wenige Unschuldige tötet, um viele andere zu retten, verhält sich rechtlich wie moralisch verwerflich."[36] Otfried Höffe: „Militärische Handlungen, die vorhersehbar Unschuldige treffen – und das sind alle Zivilisten–, sind nicht bloß politisch unklug, sondern rechtsethisch unzulässig."[37] Harald Wohlrapp: „Wenige für die Rettung Vieler zu opfern, das kann nur moralisch sein, wenn diese wenigen es auch selber wollen."[38] Seitens der Politik wurde die Rechtmäßigkeit, unbeteiligte zivile Todesopfer in Kauf zu nehmen, etwa von Henning Voscherau bestritten.[39]

Für Rüdiger Bittner gibt es außerhalb von Notwehrsituationen keine andere Rechtfertigung dafür, „das grundsätzliche Verbot, Menschen zu töten, zu missachten, als die, dass einer freiwillig auf dieses Recht, nicht getötet zu werden, verzichtet hat"[40]. Daraus folgt, daß, da nicht unterstellt werden kann, Wehrpflichtige zögen freiwillig in den Krieg, „Kriegführung gestützt auf Wehrpflichtige und ebenso Kriegführung gegen Wehrpflichtige [...] unrecht [ist]"[41]. Und in der Enzyklika *Evangelium vitae* heißt es: „Die willentliche Entscheidung, einen unschuldigen Menschen seines Lebens zu berauben, ist vom moralischen Standpunkt her immer schändlich und kann niemals, weder als Ziel noch als Mittel zu einem guten Zweck gestattet werden."[42] Die herausgehobene und zentrale Stellung des Verbots der Tötung Unschuldiger in unserem moralischen Denken und Handeln hebt schließlich Tony Coady hervor. Er glaubt, das Verbot der absichtlichen Tötung unschuldiger Menschen fungiere „in unserem moralischen Denken als so etwas wie der Prüfstein für moralische und intellektuelle Gesundheit".[43]

Zum anderen können die individuellen moralischen Intuitionen auch andere Ansichten nahelegen. Nach Dietrich Bonhoeffer fällt „die Tötung von Zivilpersonen im Krieg, sofern sie nicht direkt beabsichtigt, sondern nur unglückliche Folge einer militärisch notwendigen Maßnahme ist", nicht unter das Verbot der willkürlichen Tötung unschuldigen Lebens.[44] Reinold Schmücker bezweifelt, daß ein kategorisches Verbot der Inkaufnahme der Tötung Unschuldiger in Nothilfefällen „unseren" moralischen Intuitionen entspricht, und hält einen Angriffskrieg, der einer effektiven Unterbindung von Völkermordhandlungen dient und dabei den Tod von Menschen soweit wie möglich zu vermeiden sucht, durch das Erfordernis der Nothilfe auch dann für moralisch legitimierbar, wenn eine Tötung von Zivilisten nicht ausgeschlossen werden kann.[45] Georg Meggle meint, daß man das strafrechtlich akzeptable Verbot, das Leben Unschuldiger zu gefährden, „nicht unter allen Umständen" wird durchhalten können.[46]

Die Erfahrungen zeigen, daß je nach konkreter Fallgestaltung und je nach Größenverhältnis zwischen Geopferten und Geretteten viele bereit sind, Ausnahmen von dem Verbot der Tötung unschuldiger Dritter zuzulassen. Insbesondere in Abhängigkeit von den quantitativen Verhältnissen ist für viele Menschen der Gedanke intuitiv inakzeptabel, daß auch dann wenige Unschuldige nicht getötet werden dürfen, wenn dies notwendig ist, um eine sehr große Anzahl anderer Unschuldiger zu retten. Ausnahmen werden etwa gemacht bei Tyrannentötungen, bei gerechten Kriegen, insbesondere bei Verteidigungskriegen, oder auch bei sogenannten Humanitären Interventionen. Neuerdings wird sogar die Option diskutiert, entführte Passagierflugzeuge abzuschießen, um terroristische Anschläge zu verhindern.

In diesen Zusammenhängen halten nicht nur viele Privatpersonen die Hinnahme oder gar gezielte Herbeiführung des Todes unbeteiligter Dritter, die Opferung eines Teils derer, die man zu schützen gedenkt, oder die Inkaufnahme sogenannter Kollateralschäden für moralisch legitim. Im Falle von gerechten Kriegen kann die Tötung Unbeteiligter (Nicht-Kombattanten) auch durch das Völkerrecht gedeckt sein. Unter der Voraussetzung, daß die Kriegshandlung gegen ein militärisches Ziel (und nicht unmittelbar gegen die Zivilbevölkerung) gerichtet ist, kann die Tötung von Zivilisten zulässig sein, wenn die Zivilbevölkerung in einem zu dem militärischen Zweck *nicht außer jedem Verhältnis* stehenden Umfang in Mitleidenschaft gezogen wird (völkerrechtliches Übermaßverbot).[47] Um die Verhältnismäßigkeitsprüfung durchführen zu können, muß die Bedeutung des militärischen Zieles für die Realisierung des eigentlichen Zwecks des gerechten Krieges bewertet werden. In diesem Kontext gelangt Michael Walzer zu dem Schluß: „Doch wenn ein militärisches Ziel für das übergeordnete Kriegsziel von ausschlaggebender Bedeutung ist, wird auch eine noch so hohe Zahl ziviler Toter nicht als unverhältnismäßig erscheinen.“[48] Dabei gilt allerdings, daß es das Ziel eines gerechten Einsatzes von Gewalt ist, „einen weitaus schlimmeren Einsatz von Gewalt zu stoppen“[49].

Ein neueres Beispiel einer Rechtfertigung der Tötung Unbeteiligter findet sich in einem Manifest von über 60 namhaften US-Intellektuellen, in dem diese Präsident George W. Bush ihren politisch-moralischen Beistand im „gerechten Krieg gegen den Terror“ ausdrücken. Dort wird hervorgehoben, dass es „unter gewissen Umständen und innerhalb strikter Begrenzungen moralisch gerechtfertigt“ sein könne, „militärische Aktionen vorzunehmen, die zur unbeabsichtigten, aber vorhersehbaren Tötung oder Verletzung einiger Unbeteiligter führen“.[50] In einem ähnlichen Sinne hat sich Richard Rorty im Irak-Konflikt für eine Politik der Eindämmung – statt einer Militärinvasion – ausgesprochen: „Jede verdächtige Einrichtung, damit meine ich vor allem raketengestützte Flugabwehrstellungen und größere Aufmärsche der gegnerischen Armee, ist zu bombardieren, auch wenn dies Tote auf Seiten der Zivilbevölkerung zur Folge haben sollte."[51] Und für Ted Honderich ist unmittelbar einzusehen, „daß wenn man sich jemals tatsächlich zwischen entweder vielen oder wenigen Tötungen entscheiden müßte, sich dann die wenigen unmöglich vermeiden lassen würden, etwa mit dem Argument, daß man sich die Hände nicht schmutzig machen möchte"[52].

5. *Rechtfertigungsgründe für die Tötung Unschuldiger*

Daß wir uns unter Ausnahmebedingungen schwer tun, ein absolutes Verbot der Tötung Unschuldiger anzuerkennen, zeigt auch die rechtswissenschaftliche Diskussion über die Auslegung des Widerstandsrechts nach Art. 20 Abs. 4 des Grundgesetzes. Hier finden sich sogar *juristische* Argumentationen, die die Tötung Unschuldiger (bei strengsten Anforderungen an die Beachtung ermessensleitender Prinzipien) rechtfertigen[53] oder zumindest nicht ausschließen[54]. Damit stützt diese Auslegung eines Verfassungsrechts durchaus die Auffassung Birnbachers, wonach das Leben selbst für das Recht nicht den absoluten Höchstwert darstellt.

Auch in *moralphilosophischen* Erörterungen lassen sich Argumentationen für die mögliche moralische Rechtmäßigkeit einer Tötung von Unschuldigen finden. So sieht Dietrich Bonhoeffer einen „Grenzfall" gegeben,[55] falls „etwa auf einem Schiff, das keine Isolierungsmöglichkeiten böte, Pest ausbräche und nach menschlichem Ermessen die Gesunden nur durch den Tod der Kranken gerettet werden könnten". Wenn Bonhoeffer meint, „[i]n diesem Fall müßte die Entscheidung offen bleiben", kann dies offenbar nur heißen, daß er ein Tötungsverbot nicht begründen zu können glaubt und sowohl die Selbstrettung der Gesunden als auch ihren Verzicht darauf für moralisch akzeptabel hielte.

Ausgehend von der Überzeugung, daß, „weil jedes Leben wertvoll ist, zwei Leben wertvoller sind als eines"[56], gelangt John Harris zu dem Schluß: „Während es also normalerweise keine Rechtfertigung dafür gibt, das Leben einer unschuldigen Person gegen ihren Willen zu beenden, so gibt es eine Rechtfertigung für diejenigen, die ein Leben im aufrichtigen, begründeten und fairen Versuch beenden, das Leben anderer zu retten."[57] Harris hält Rettungshandlungen für moralisch gerechtfertigt (ungerechtfertigt), die nach den deutschen Regelungen für Notsituationen als unrechtmäßig (rechtmäßig) gelten. Man stelle sich folgende Situation vor („Rettungsbootfall"): Fünf Personen – alle, ohne daran selbst schuld zu sein, Überträger einer tödlichen Krankheit, gegen die sie selbst immun sind und die sie auch wenig später (etwa auf eventuelle Retter) nicht mehr übertragen können – erklimmen ein Rettungsboot, in dem bereits ein für die Krankheit anfälliger Mensch sitzt. Ist die Selbstrettung der fünf Infizierten unter Opferung des bereits im Boot befindlichen Mannes rechtmäßig oder handelt es sich dabei um einen rechtswidrigen Angriff (auch die vorsätzliche Infektion mit einer tödlichen Krankheit ist eine Tötungshandlung[58]), so daß dieser die ihm drohende Gefahr durch Tötung der Rettungsuchenden abwehren darf? Unter Berücksichtigung der Quantitäten an vernichteten Leben wäre – nach Harris – die Selbstrettung der fünf Infizierten als rechtmäßig und die Selbstrettung des Angegriffenen als moralisch nicht gerechtfertigt zu betrachten. Zudem hätte ein Dritter einen moralischen Grund, den Mann im Rettungsboot notfalls zu töten, um ihn daran zu hindern, sich auf Kosten der fünf zu retten.[59]

Ein anderes Beispiel bietet Dieter Birnbachers Diskussion des Falles „Führerloser Zug" (der mitunter auch als „Weichenstellerfall" figuriert). Dort wird dafür plädiert, daß das vorsätzliche und aktive, zur Tötung von Unbeteiligten führende Eingreifen in einen natürlich-schicksalhaften Geschehensablauf unter Umständen *moralisch* erlaubt sein kann. Dies wird dann der Fall sein, wenn die dadurch erreichte Minderung des Gesamtschadens die moralischen Bedenken kompensiert, die aus der größeren wahrgenommenen Bedrohung resultieren, die von einem aktiven schädigenden Eingreifen (im Unterschied zu einer Unterlassung) auf andere mögliche Betroffene ausgeht.[60] In diesem Beispiel jedoch – A lenkt einen führerlosen Zug, der in eine Gruppe von Gleisarbeitern zu rasen droht, durch das Stellen der Weiche um, wodurch, wie vorausgesehen, der Gleisarbeiter „B" zu Tode kommt - wird weder ein neues und unabhängiges Geschehen in Gang gesetzt noch auf das unfreiwillige Opfer direkt Gewalt ausgeübt; vielmehr wird B in ein bereits ablaufendes Unfallgeschehen *indirekt* „hineingezwungen".[61] Hans Welzel hält das Stellen der Weiche in einem solchen Fall sogar für sittlich geboten, so daß ein A, der das Umstellen der Weiche unterließe, „ethisch eklatant unrichtig gehandelt" haben würde.[62] Ähnlich vertritt Philippa Foot die Auffassung, daß A dies tun sollte, da es sich „um die *Umlenkung* einer tödlichen Abfolge handelt und nicht die Ingangsetzung einer neuen"[63].

Weiterhin wird von Birnbacher zumindest nicht ausgeschlossen, daß die Tötung eines Unbeteiligten auch dann moralisch erlaubt sein kann, wenn sie durch ein *eigens initiiertes* Geschehen und unter *direkter* Gewaltanwendung auf das unfreiwillige Opfer erfolgt. Dafür steht der Beispielfall „Der dicke Mann". Hier bewegt sich ein Baufahrzeug auf abschüssiger Straße führerlos auf eine Gruppe spielender Kinder zu. Der dicke Mann wird vor das Baufahrzeug gestoßen, um dieses zum Stoppen zu bringen; er wird, obwohl Unbeteiligter und schuldlos, gezielt geopfert, um mehrere Kinder zu retten.[64] Foot hingegen meint, wir hätten das „sichere Gefühl", daß wir dergleichen nicht tun können - denn es könne zwar richtig sein, eine Person sterben zu lassen, um mehrere andere zu retten, nicht aber, sie deswegen zu töten.[65]

Ausnahmesituationen, in denen das Verbot der Tötung Unschuldiger selbst moralisch fragwürdig wird, sehen viele dann als gegeben an, wenn zwischen der Menge der durch dieses Verbot einerseits Geschützten und andererseits zum Untergang Verurteilten ein eklatantes Ungleichgewicht herrscht. Für sehr viele dürfte die Vorstellung unerträglich sein, daß man selbst tausend - oder vielleicht auch nur hundert - Menschen sterben lassen soll, um einen oder wenige Menschen nicht zu opfern.

6. Ein Begründungsdefizit

Argumentationen, die von der moralischen Rechtmäßigkeit der Tötung von Unschuldigen ausgehen, unterstellen die Existenz von Außnahmesituationen, in denen man an die Grenzen der Anwendbarkeit des Strafrechts sowie der Geltung von Moralnormen gelangt. In diesen Situationen, so die Vorstellung, kann das Verbot, unschuldige Menschen zu töten, nicht mehr strikt befolgt werden, weil eine strikte Befolgung - etwa in Gestalt einer unterlassenen Nothilfe - moralisch nicht zu verantworten ist. Man befindet sich dann in einem „Gebiet, in dem, was strafrechtlich verboten ist, moralisch erlaubt ist"[66]. Wie dieses „Gebiet" zu denken ist, bleibt allerdings auch bei Vertretern dieser Anschauung unklar. Offen ist insbesondere, wie man eine moralische Erlaubnis *begründen* können soll, das Individualrecht auf Leben eines unschuldigen Menschen unter Umständen verletzen zu dürfen. Die Beantwortung dieser Frage ist Gegenstand von Kapitel II. Offen ist aber auch, wie es widerspruchsfrei möglich sein soll, ein Verbot der Tötung Unschuldiger zu akzeptieren und es gleichzeitig für moralisch erlaubt zu halten, einige Menschen zu opfern, um viele andere zu retten (siehe V.3).

Festzuhalten ist, daß „unsere" moralischen Intuitionen in diesen Fragen keine einheitliche Sprache sprechen. Konträre moralphilosophische und juristische Standpunkte können sich darauf berufen, mit mehr oder weniger weit verbreiteten intuitiven Überzeugungen übereinzustimmen.

Dies gilt nicht nur für die hier interessierende Frage der Tötung *unschuldiger* Menschen - Menschen, die durch ihr Tun niemanden gefährden. Umstritten ist ebenso, ob überhaupt und unter welchen Voraussetzungen ein Mensch gezielt getötet werden darf, der in dieser Hinsicht nicht als unschuldig gelten kann, der vielmehr durch sein Verhalten eine Gefahr für andere aktuell hervorbringt, obwohl er dies ebenso unterlassen könnte. Lediglich erwähnt sei in diesem Zusammenhang die Position von Siegfried Grundmann, der unter Bezugnahme auf das NS-Regime selbst die Tötung des totalitären Diktators, des, wie er formuliert, „Großtyrannen", verurteilt: „Aber auch dann ist nicht daran zu rütteln, daß der T[yrannenmord] ein Mord ist und bleibt. Mord ist aber sowohl nach dem Gebot Christi als auch nach dem staatl[ichen] Recht, ist somit dem Christen als solchem wie in seiner Eigenschaft als Staatsbürger verboten. Für ihn gibt es keinen *Rechtfertigungsgrund*. Durch seinen Mord macht der Tyrannenmörder sich auch *schuldig*."[67] Mit dieser Auffassung stand Grundmann in den Debatten der katholischen und evangelischen Kirche um den Tyrannenmord vor und nach 1945 keineswegs allein.[68] Mag diese Auffassung in der philosophischen Diskussion auch eine ausgesprochene Minderheitenposition markieren, so verdeutlicht sie doch die Spannbreite der für begründbar und plausibel gehaltenen Meinungen.

II.

Moralisch erlaubtes Unrecht

1. Überblick

Die strikte Befolgung des rechtlichen Tötungsverbots bedeutet unter Umständen das Sterbenlassen von Menschen, die ansonsten gerettet werden könnten. Verfehlt also eine rigoristische Auslegung nicht gerade den Sinn des Tötungsverbots, das doch dem Schutz des menschlichen Lebens dienen soll? Dieses Dilemma ruft das Gewissen auf den Plan und führt zu der Frage, ob Unschuldige getötet werden dürfen, um andere zu retten.

In der folgenden moralphilosophischen Erörterung dieser Frage wird zunächst der für eine bejahende Antwort zu begründende Grundsatz formuliert (II.2) und eine diesen Grundsatz rechtfertigende Pro-Argumentation entwickelt (II.3). Diese Argumentation wird näher charakterisiert (II.4) und durch weitere Überlegungen gerechtfertigt (II.5). Eine Übernahme dieses Grundsatzes in die Normenordnung einer realen Gesellschaft wirft Fragen auf (II.6), die zu einer Contra-Argumentation Anlaß geben (II.7), auf die zu reagieren zwei Varianten vorgestellt werden (II.8, II.9). Die sich widersprechenden Pro- und Contra-Argumentationen scheinen in ein Dilemma zu führen (II.10, II.11), für dessen Auflösung ein Vorschlag unterbreitet wird (II.12, II.13). Den Abschluß des Kapitels bilden eine zusammenfassende Bewertung des Vorschlags (II.14) sowie einige Bemerkungen zur Einordnung des Ergebnisses (II.15).

2. Der Grundsatz

Wer glaubt, daß es moralisch erlaubt ist, notfalls Unschuldige im Wissen um deren Schuldlosigkeit und ohne deren Einwilligung zu töten oder ihre Tötung in Kauf zu nehmen, um dadurch eine große Anzahl von Menschen aus einer Lebensgefahr zu retten, ist damit zugleich der Auffassung, es ließe sich ein Grundsatz eines entsprechenden Inhalts rechtfertigen, der zu jeder Zeit und an jedem Ort Gültigkeit hat. Ein solcher Grundsatz ist streng allgemein zu formulieren. Das heißt, er darf weder Aussagen über die Art der Gefahr, die Personen des Gefahrenabwehrers, die Personen der von der Gefahrenabwehr unschuldig Mitbetroffenen oder die eingesetzten Mittel, noch über die bestehenden gesellschaftlichen Verhältnisse oder politischen Konstellationen enthalten. Die *Pro-Argumentation* müßte etwa folgenden Grundsatz „G" rechtfertigen:

„Jeder, der eine hinreichend große gegenwärtige Gefahr für das Leben von Menschen wahrnimmt, ist auch dann berechtigt, diese Gefahr zu beseitigen, wenn dabei eine vergleichsweise geringe Anzahl Unschuldiger zu Tode kommen kann, aber keine andere Möglichkeit der Gefahrenabwehr besteht." (G)

Die Begründung bzw. Rechtfertigung dieses Grundsatzes erlaubte es, die gestellte Frage zu bejahen. Damit allerdings wäre nur ein sehr allgemeines, wenn auch moralisch wichtiges, Prinzip gewonnen. Dieses Prinzip sagt – eben weil es in strenger Allgemeinheit formuliert ist – über seine konkret-allgemeinen Anwendungsvoraussetzungen nichts aus. Unter welchen Bedingungen nach G wie und durch wen vorgegangen werden darf – dies sind Fragen, die erst nach einer Begründung des allgemeinen Grundsatzes zu stellen sind. Die Gültigkeit von G besagt zunächst nur, daß Fälle denkbar sind, in denen es moralisch erlaubt ist, Unschuldige zu töten, um eine vergleichsweise große Anzahl anderer Menschen zu retten.

Unter die Kategorie der Unschuldigen sollen dabei alle fallen, von denen die abzuwehrende Gefahr nicht unmittelbar ausgeht. Anders gesagt: Schuldiger ist jeder, von dessen aktuellem moralisch unrechtmäßigem und vermeidbarem Verhalten selbst eine Gefahr derart ausgeht, daß er beseitigt oder wirksam bekämpft werden müßte, um eine bestehende Gefahr abzuwehren. Die Klassifizierung in die Rubrik „Unschuldiger" oder „Schuldiger" erfolgt allein unter dem Gesichtspunkt, ob er durch sein gegenwärtiges unrechtmäßiges – nicht notwendigerweise vorwerfbares[1] – Verhalten dafür sorgt, daß die betreffende Gefahr gegenwärtig droht.

Diese Definition läßt eine mögliche Tatbeteiligung am Heraufziehen der Gefahr, eine moralisch unverantwortliche Mitwirkung an ihrem Entstehen, eine schuldhafte Duldung ihres Entstehens etc., unberücksichtigt. Das heißt: Menschen, die in diesen Hinsichten Schuld auf sich geladen haben, können im hier gemeinten Sinne gleichwohl unschuldig sein. Sollen die genannten Schuld-Aspekte im Inhalt des Begriffs „Unschuldiger" Berücksichtigung finden, so reduzierte sich dessen Umfang. Um den Sinngehalt von G zu erhalten, müßte dann der Terminus „Unschuldiger" durch einen anderen Terminus ersetzt werden. Eine entsprechende Differenzierung kann sinnvoll sein, ist aber auf der Ebene der Prinzipiendiskussion zunächst überflüssig.[2]

3. Die Begründung

Für die Begründung bzw. Rechtfertigung von moralischen Normen oder Handlungsgrundsätzen stehen verschiedene Begründungsmodelle zur Verfügung. Im Falle von G mag man zuerst an ein *utilitaristisches Modell* denken. Nach utilitaristischer Überzeugung können Handlungen gerechtfertigt sein, wenn der durch sie hervorgerufene Schaden für die einen durch einen größeren Nutzen für andere kompensiert wird. Utilitaristisch betrachtet ist jeder Handlungsgrundsatz gerechtfertigt, dessen Beachtung die Nutzensumme (Nutzensummenutilitarismus) oder den durchschnittlichen Nutzen (Durchschnittsnutzenutilitarismus) erhöht, wobei es *primär* nicht darauf ankommt, wie die Gesamtsumme des Nutzens (der Befriedigung/des Glücks) unter die Individuen verteilt ist. Ebenso könnte ein *Versicherungsmodell* in Frage kommen. Unter einer Versicherung verstehe ich eine faktisch getroffene freiwillige Vorab-Übereinkunft über die gegenseitige Hilfe von Personen, die sich gegen ein Risiko schützen möchten, mit welchem jede von ihnen persönlich rechnet. Einer Versicherung tritt der einzelne aufgrund einer persönlichen Entscheidung bei, oder er verzichtet auf den Beitritt. Der Versicherungsfall tritt ein, wenn sich die Gefahr, von der alle Versicherungsteilnehmer mutmaßlich bedroht sind, für einen oder einige der Teilnehmer realisiert. Des weiteren bietet sich zur Begründung des Grundsatzes

„G" ein *vertragstheoretisches Modell* an. Diese Möglichkeit soll nunmehr genauer betrachtet werden.

Zunächst dürfte offensichtlich sein, daß G nicht im Rahmen einer Theorie der Gerechtigkeit als Fairneß, wie sie von John Rawls präsentiert wurde, ableitbar ist. Die von Rawls abgeleiteten Gerechtigkeitsgrundsätze beziehen sich auf die dauerhafte Grundstruktur einer Gesellschaft (nämlich darauf, wie in einer Gesellschaft die Lebenschancen zu verteilen sind, so daß von der gesellschaftlichen Zusammenarbeit *jeder* einen Vorteil hat) und nicht auf (eventuell auftretende) gesellschaftliche Notsituationen.[3] Im Unterschied dazu ist von vornherein klar, daß eine Befolgung von G nicht für jeden - nämlich nicht für eventuell unschuldig Betroffene - faktisch von Vorteil wäre. Dieser Unterschied zum Begründungsziel von Rawls besagt allerdings nicht - worauf zurückzukommen sein wird -, daß nicht viele der Rawlsschen Überlegungen zu verwerten wären.

Sodann nehme ich, wie erwähnt, *nicht* an, daß sich G als ein Grundsatz erkennen läßt, der den Menschen als eine durch sie - unabhängig von ihren Interessen - zu akzeptierende Moralnorm *objektiv* vorgegeben ist. Statt dessen soll geprüft werden, ob G für rationale Wesen subjektiv begründet und damit allgemein (intersubjektiv) zustimmungsfähig ist. Eine Norm soll dann als begründet gelten, wenn urteilsfähigen Akteuren gezeigt werden kann, daß deren Anerkennung und gesellschaftliche Ingeltungsetzung unter Berücksichtigung des verfügbaren Wissens vernünftig ist. Die Begründetheit einer Norm ist somit relativ auf eine Wissensbasis - insbesondere in bezug auf die konkrete Handlungssituation und die Kenntnis der eigenen Interessenlage (siehe auch II.5). Die Frage nach der Begründbarkeit einer Norm ist daher die Frage, ob mit einem bestimmten Wissen ausgestattete rationale Akteure rationale Gründe haben, der Norm zuzustimmen - ihre Ingeltungsetzung und allgemeine Befolgung also zu wünschen. Wenn wir im weiteren fragen, ob G begründet (oder gerechtfertigt) ist, so ist - wenn nicht anders erwähnt - stets seine intersubjektive Begründetheit gemeint. Eine (intersubjektive) Begründung ist gelungen, wenn gezeigt werden kann, daß jeder rationale Akteur ein Interesse an der Anerkennung der betreffenden Norm hat.

Den folgenden Begründungsgang werde ich in *fünf Schritten* vollziehen. Im ersten Schritt wird nach der materialen Bedingung gefragt, die einer Norm eine allgemeine Zustimmungsfähigkeit sichert. Im zweiten Schritt soll gezeigt werden, daß ein Normenkonstrukteur, dem es um eine möglichst allgemeine Zustimmungsfähigkeit, das heißt intersubjektive Begründetheit, seiner Normen geht, Normen vorschlagen wird, die das formale Kriterium der Unparteilichkeit erfüllen. Im dritten Schritt ist ein Verfahren darzustellen, wie sich unparteiische Normen generieren lassen. In einem vierten Schritt werden allgemeine Voraussetzungen genannt, damit es unter Unparteilichkeitsbedingungen für die potentiell Betroffenen rational ist, G als moralische Regel anzuerkennen. Und in einem fünften Schritt zeigt eine einfache Überlegung, daß genau diese Voraussetzungen in der Wirklichkeit erfüllt sein können.

Wenn wir nun fragen, ob G oder, genauer gesagt, die Zustimmung zu G (intersubjektiv) begründbar ist und diese Norm damit auch gesellschaftliche Anerkennung bzw. Akzeptanz gewinnen könnte (und sollte), müssen wir uns in einem *ersten Schritt* Menschen vorstellen, die nach allgemein zustimmungsfähigen Normen überhaupt suchen. Wir müssen unterstellen, daß wir in einer Gesellschaft leben, deren Mitglieder (wenigstens die allermeisten) an der Etablierung von Normen interessiert sind, die alle (oder wenigstens die allermeisten) annehmen können. Was aber könnte rational entscheidende Menschen bewegen, nach – in diesem Sinne – konsensfähigen Normen zu suchen? Was könnte Menschen bewegen, nach Grundsätzen Ausschau zu halten, die die Menge der Handlungsweisen, die sie legitimerweise ausführen dürfen, beschränken? Was könnte sie bewegen, solchen Handlungsgrundsätzen faktisch zuzustimmen, damit deren gesellschaftliche Geltung zu bewirken und somit auch deren objektive, das heißt von der Gesellschaft auferlegte Verbindlichkeit für das eigene Verhalten hinzunehmen? Ich glaube, daß es darauf nur eine Antwort geben kann: Menschen, die sich jeden Rückgriff auf metaphysische Annahmen selbst verbieten, suchen nach konsensfähigen (weithin zustimmungsfähigen) Normen in der Hoffnung, die gesellschaftliche Etablierung solcher Normen und deren allgemeine Befolgung werde in ihrem Interesse liegen.

(Damit ist übrigens noch nichts darüber ausgemacht, was der Inhalt ihres Interesses ist. Inhalt des Interesses eines einzelnen muß nicht nur das Wohlergehen der eigenen Person sein; es kann sich ebenso auf das Wohlergehen anderer Subjekte richten.) Anders gesagt: Wenn wir unter der „Geltung" einer Norm verstehen, daß die Norm in der betreffenden Gesellschaft oder Bevölkerungsgruppe weitgehend vertreten wird, das heißt: die durch sie erhobenen Verhaltensaufforderungen weithin ernstgenommen und auch wechselseitig eingeklagt werden, so werden die Mitglieder einer Gemeinschaft einer Ingeltungsetzung ausschließlich solcher Normen zustimmen, von deren allgemeiner Befolgung zu erwarten ist, daß sie wahrscheinlich selbst - und zwar möglichst in einem Höchstmaß (aber nicht unbedingt jeder in gleichem Maße) - davon profitieren. Offenbar ist es dieses (inhaltliche) Merkmal, das einer Norm ihre allgemeine Zustimmungsfähigkeit sichert. Wie gelangt man zu Normen bzw. Grundsätzen, die diese *materiale* Bedingung erfüllen?

Diese Frage bezieht sich auf das Verfahren der *Generierung von Normenvorschlägen*. Normen sind von Menschen - wie auch immer - hervorgebrachte Phänomene. Sie werden tradiert, durch Erziehung vermittelt und ihre soziale Geltung wird als rational begründet nachvollzogen oder als unbegründet abgelehnt. Normen können aber auch bewußt entworfen, von zunächst einzelnen befolgt und zur allseitigen Befolgung vorgeschlagen werden. Wenn nun aber nur solche Normen eine Chance auf allgemeine Anerkennung und Befolgung haben, die in dem Sinne konsensfähig sind, daß jeder einzelne (oder wenigstens eine dominierende Mehrheit) ihrer Ingeltungsetzung vernünftigerweise zustimmen kann (weil jeder einzelne Grund für die Hoffnung hat, von ihrer allgemeinen Befolgung zu profitieren), dann bindet diese Erkenntnis zunächst denjenigen, der einen Normenvorschlag zu unterbreiten gedenkt: Er hat sich nicht nur zu fragen, ob er selbst bereit wäre, der vorzuschlagenden Norm seine Zustimmung zu erteilen, sondern ob alle anderen (oder wenigstens die allermeisten von ihnen) ebenfalls einen hinreichenden Grund hätten, dieser Norm zuzustimmen.

In einem *zweiten Schritt* stellt sich somit die Frage, welches *formale* Kriterium Normen erfüllen sollten, damit sie Aussicht auf allgemeine Zustimmung haben? Welche Art von Normen wird ein Normenkonstrukteur vorschlagen? Ich glaube, die Antwort auf diese Frage liegt auf der Hand: Der Normenkonstrukteur, der es auf eine freiwillige und möglichst umfassende Zustimmung abgesehen hat, wird nur solche Normen vorschlagen, die das *Kriterium der Unparteilichkeit* erfüllen – die also nicht von vornherein oder systematisch den einen bevorteilen und den anderen benachteiligen, sondern vielmehr eine überpersönliche Perspektive verkörpern. Dies sind Normen, die alle Betroffenen als Gleichberechtigte behandeln und die daher von niemanden mehr fordern als er selbst bekommt. Offenbar gilt somit: Konsensfähig werden am ehesten solche Normen sein, deren Generierungsverfahren das Prinzip der Unparteilichkeit verwirklicht.

Natürlich könnte der Normenkonstrukteur auch versuchen, einen *Kompromißvorschlag* auszuarbeiten und diesen zu unterbreiten. Dazu aber müßte er die realen Interessen der tatsächlich von der Norm Betroffenen kennen. Zum einen dürfte es im allgemeinen – aus mehreren Gründen – ein unpraktikables Unterfangen sein, die Kenntnis dieser Interessen zu erlangen. Zum anderen ließen sich auf diese Weise kaum stabile Normen gewinnen (man denke an die formalen Voraussetzungen, die wir üblicherweise an Moralnormen stellen: keine Beschränkungen durch Bezugnahmen auf Personen, Orte und Zeiten), da sowohl die realen Interessen der Betroffenen Wandlungen unterliegen können als auch die Menge der Betroffenen veränderlich ist.

Im *dritten Schritt* ist zu fragen, wie unparteiische Normen generiert werden können. Nun ist allerdings der Begriff der Unparteilichkeit insoweit unscharf, als in der philosophischen Ethik unterschiedliche Verfahrensprinzipien der Moralbegründung und entsprechend unterschiedliche Versionen des Prinzips der Unparteilichkeit vorgeschlagen wurden. Diese Verfahren sind geeignet, Moralnormen unter der für essentiell gehaltenen Forderung der *Verallgemeinerbarkeit* zu testen.

Für die Wahl eines der zur Verfügung stehenden Verfahrensprinzipien halte ich den folgenden Gesichtspunkt für wesentlich. Neben der Tatsache, daß beim Versuch der Interessenverwirklichung Menschen in Konflikt zueinander geraten können (und allein diese Möglichkeit macht die soziale Etablierung einer Normenordnung rational), haben wir mit einer weiteren empirischen Tatsache zu rechnen. Es ist dies die Tatsache, daß Menschen in bestimmten Hinsichten ungleich sind: Menschen artikulieren zumindest zum Teil unterschiedliche Interessen und sie verfügen über eine teilweise extrem verschieden große Macht, ihre Interessen durchzusetzen. Wer unter diesen Voraussetzungen Normen konstruieren und vorschlagen möchte, tut meines Erachtens gut daran, zunächst von der genannten Unterschiedlichkeit der Menschen zu abstrahieren: sich also zum einen auf die übereinstimmenden fundamentalen Interessen aller Menschen zu besinnen und sich zum anderen alle Menschen als gleiche vorzustellen.

Um diese Aufgabe, in methodisch geregelter Weise zu erfüllen, steht in der Moralphilosophie ein erprobtes und weithin diskutiertes Verfahren zur Verfügung – das Rawlssche Denkmodell des Urzustandes.[4] Dieses Denkmodell erlaubt es, in Gedankenexperimenten Normen bzw. Handlungsgrundsätze zu identifizieren, deren Anerkennung mit den fundamentalen, den allgemeinmenschlichen Interessen aller von ihrer Anwendung Betroffenen übereinstimmt. Im folgenden übernehme ich diese Denkfigur. Während Rawls jedoch Grundsätze über die Verteilung von Grundgütern abzuleiten versucht, stelle ich die Frage nach der Begründbarkeit eines einzelnen Verhaltensgrundsatzes.

Der Grundsatz „G" könnte danach als gerechtfertigt gelten, wenn anzunehmen wäre, daß er unter den kognitiven Bedingungen des Urzustandes von allen von einem G-konformen Handeln potentiell Betroffenen vernünftigerweise akzeptiert würde. Der besagte Urzustand – eine rein theoretische Situation, in die man sich allerdings hineinversetzen können muß – definiert die fiktiven Bedingungen, die sicherstellen sollen, daß rational urteilende Akteure zu einer Übereinkunft hinsichtlich der von ihnen gemeinsam zu akzeptierenden Handlungsgrundsätze gelangen. Zu diesen Bedingungen gehört wesentlich (im Gegensatz zu einem Versicherungsmodell), daß niemand zu dem Zeitpunkt, da er über die Akzeptierbarkeit der gelten sollenden moralischen Regeln zu urteilen hat, seine Interessen und Ideale, seine Fähigkeiten und persönlichen Lebensumstände sowie seine Stellung in der Gesellschaft kennt, so daß er auch nicht in der Lage ist – etwa durch gezielte Beeinflussung des Normenbegründungsverfahrens –, für sich einen Vorteil zu erwirken. Die fiktive Entscheidung ist zu treffen unter dem, wie John Rawls formuliert, „Schleier des Nichtwissens". Unter dem Schleier des Nichtwissens ist nur allgemeines Wissen bekannt, darunter die Naturgesetze und „die allgemeinen Tatsachen der menschlichen Gesellschaft".[5]

Der Schleier der Unwissenheit bewirkt, daß alle Beteiligten ihre Entscheidung über die Akzeptanz von Grundsätzen unter denselben informationellen Voraussetzungen, denselben kognitiven Bedingungen zu treffen haben. Die Denkfigur des Rawlsschen Urzustandes sichert damit zunächst, daß niemand weiß, in welchem Maße er persönlich von der Gefahr, die es möglicherweise abzuwehren gilt, sowie von der Gefahr, die aus der Gefahrenabwehr hervorgeht, betroffen sein wird. Um sich auf G einigen zu können, dürfen sodann die von einem G entsprechenden Handeln tatsächlich Betroffenen nicht im voraus bekannt sein. Niemand weiß daher, ob er selbst eines der unschuldigen Opfer sein wird. Ebenso muß unbekannt sein, wie groß die Wahrscheinlichkeit ist, persönlich betroffen zu sein. (Man kann annehmen, daß die tatsächliche Wahrscheinlichkeit, Betroffener zu sein, von Mensch zu Mensch – etwa in Abhängigkeit von der gesellschaftlichen Stellung oder von persönlichen Vorlieben – verschieden sein wird.) Nichtwissen muß zudem auch darüber bestehen, ob man selbst derjenige sein wird, der eine Gefahr zu erkennen in der Lage ist und demgemäß vor einer Entscheidung zum Handeln steht. Gerade weil niemand weiß, ob er Täter, Opfer oder Nutznießer sein wird, ist nur ein solcher Grundsatz allgemein zustimmungsfähig, der eine strikte Unparteilichkeit realisiert. Des weiteren gilt, daß im Urzustand niemand seine Vorstellungen von seinem Wohl oder seine individuellen Verhaltensdispositionen kennt und daher auch niemand eine Vorstellung davon besitzt, welche konkreten Situationen er für sich selbst unbedingt vermeiden möchte. Vorausgesetzt ist nur das Wissen, daß er und alle anderen Beteiligten Interessen haben, die durch das Handeln von Menschen durchkreuzt werden können, und daß es im Interesse eines jeden liegt – egal wie seine konkreten Interessen beschaffen sein mögen –, dies zu verhindern. Da es um die Begründbarkeit eines Verhaltensgrundsatzes zur Gefahrenabwehr geht, muß das Wissen vorausgesetzt werden, daß menschliches Leben prinzipiell gefährdet und zerstörbar ist. Die unter Urzustandsbedingungen Beratenden wissen, daß im Normalfall jeder ein starkes Interesse an seinem Weiterleben und auch Angst vor einem nichtnatürlichen oder gewaltsamen Tod hat. Und sie wissen auch, daß die Welt, in der der gesuchte Grundsatz Beachtung finden soll, eine Welt voller - natürlicher, anthropogen bedingter und von Menschen direkt ausgehender - Gefahren ist. Ferner sind die Menschen im Urzustand wechselseitig desinteressiert. Sie versuchen, Grundsätze aufzustellen, die ihren Zielen am besten dienen; sie versuchen nicht, einander Gutes oder Schlechtes anzutun. Außerdem sollen alle Beteiligten - ohne ihrer Entscheidung eine bestimmte Gerechtigkeitsvorstellung zugrunde zu legen - über einen Gerechtigkeitssinn verfügen und gleichzeitig wissen, daß jeder darüber verfügt. Dieser rein formale Gerechtigkeitssinn sorgt dafür, daß die unter Urzustandsbedingungen anerkannten Grundsätze auch möglichst beachtet werden. Und schließlich: Dieses Gedankenexperiment unterstellt nicht, daß jeder einzelne real zugestimmt hat, sondern nur, daß jeder einzelne zustimmen würde, wenn er denn nur eine vernünftige Entscheidung träfe. Die wesentliche Funktion dieses Denkmodells ist mithin folgende: Der Schleier des Nichtwissens sorgt dafür, daß der Interessenstandpunkt jedes einzelnen, der an der (fiktiven) Beratung über in Geltung zu setzende Normen teilnimmt, identisch ist mit dem Interessenstandpunkt jedes anderen Beratungsteilnehmers. Dabei ist die Menge der Beratungsteilnehmer *nicht* durch die *derzeit tatsächlich* - von der möglichen Ingeltungsetzung - real Betroffenen, sondern durch alle, die je betroffen sein können, definiert. Sie alle werden mit einer identischen Interessenausstattung vorgestellt.

Welche allgemeinen Voraussetzungen, so ist nunmehr im *vierten Schritt* zu fragen, müssen erfüllt sein, damit es für die potentiell Betroffenen rational ist, unter dem Schleier des Nichtwissens G als moralische Regel zu akzeptieren? Ich nenne deren zwei. Erstens: Der persönliche Nutzen, den jeder aus der Zustimmung zu diesem Grundsatz zieht, muß so groß sein, daß das Risiko, das aus einer allgemeinen Akzeptanz für ihn selbst entsteht, tragbar wird. Anders gesagt: Das Risiko, das sich für jedermann in gleicher Weise aus der Abwehr der Gefahr (unter Inkaufnahme der

Tötung Unbeteiligter) ergibt, muß kleiner sein als das Risiko, das mit der Nichtabwehr der Gefahr für jedermann verbunden ist. Zweitens: Die aus der Akzeptanz des Grundsatzes resultierende Rechtsunsicherheit sowie die Angst, selbst unschuldiges Opfer zu werden, müssen erträglich bleiben, das heißt: sie müssen durch den persönlichen Nutzen, der aus dieser Praxis erwartungsgemäß resultiert, überkompensiert werden.

Diese Bestimmung ist zwar präzisierungsbedürftig, aber trotz ihrer Allgemeinheit für die weitere Argumentation ausreichend (siehe auch IV.4). Ist es prinzipiell denkbar, daß beide Voraussetzungen vorliegen, und lassen sich zudem keine weiteren notwendigen Voraussetzungen[6] anführen, die als unerfüllbar zu gelten hätten, ist G begründet. Dies – und darauf muß ausdrücklich hingewiesen werden – ist eine Begründung unter dem Schleier des Nichtwissens. Eine Norm ist begründet heißt hier, daß für jedes rationale Wesen, das unter den kognitiven Beschränkungen des Urzustandes zu entscheiden hat, die Ingeltungsetzung dieser Norm zustimmungspflichtig ist.

Folgt aus dieser Art der Begründung, daß G auch für jedes rationale Wesen zustimmungspflichtig ist, das den kognitiven Beschränkungen des Urzustandes nicht unterliegt, sondern unter den Bedingungen einer lebenspraktischen Normalsituation entscheidet? Daß dies so ist oder jedenfalls annähernd so ist, wurde in der bisherigen Diskussion stillschweigend unterstellt, denn nur unter dieser Voraussetzung bietet das Modell des Urzustandes ein Verfahren zur Generierung von Normen, die realen Akteuren mit Aussicht auf Akzeptierung vorgeschlagen werden können; tatsächlich aber ist es eine offene Frage.

Bevor diese Frage in II.6 genauer beleuchtet wird, ist in einem *fünften Schritt* zu prüfen, ob die genannten zwei Voraussetzungen, unter denen G unter Urzustandsbedingungen als begründet zu gelten hätte, realisiert sein können. Die Frage ist, ob man sich Gefahrensituationen vorstellen kann, in denen diese Bedingungen tatsächlich gegeben sind und damit ein Vorgehen unter Berufung auf G moralisch gerechtfertigt sein kann. Dies ist durchaus der Fall: Eine einfache Kalkulation, orientiert am persönlichen Nutzen, kann ohne weiteres zu dem Ergebnis gelangen, dass die Gefahr, beispielsweise bei einer gerechtfertigten Tötung eines

Tyrannen (bzw. totalitären Diktators) unter den unschuldigen Opfern zu sein, geringer zu veranschlagen ist als die Gefahr, die vom Weiterwirken des Tyrannen für das eigene Wohl auszugehen scheint (erste Voraussetzung). Gegen den Gewinn, den der einzelne durch die Beseitigung der Gefahr verbuchen kann, muß außerdem noch die Einbuße an Rechtssicherheit (mit ihren psychischen Effekten) verrechnet werden, die daraus resultiert, daß eine prinzipielle Erlaubnis besteht, große Gefahren unter Inkaufnahme der Tötung unbeteiligter Dritter zu beseitigen (siehe hierzu V.2). Hier ist es nun von Bedeutung, daß Notsituationen, wie wir sie im Auge haben, zugleich Ausnahmesituationen sind. Dies jedenfalls zeigt die allgemeine Lebenserfahrung - ein Wissen, das man auch im Urzustand hat. Macht man sich des weiteren klar, welche Gefahren von einer Tyrannen- oder totalitären Herrschaft ausgehen können, halte ich es für berechtigt, von der Möglichkeit einer Überkompensation der Nachteile, die aus der Rechtssicherheitseinbuße sowie einer eventuellen Angst vor Anschlägen resultieren, auszugehen (zweite Voraussetzung). Wenn wir diese zweite Voraussetzung für prinzipiell erfüllbar halten, nehmen wir an, daß es extreme Gefahrensituationen gibt, in denen die aus der Zulassung G-konformer Gefahrenabwehren resultierende Erschütterung unseres Vertrauens in die Moralordnung, welche die vorsätzliche Tötung unschuldiger Menschen tabuisiert, ein hinnehmbares Übel darstellt.

Da beide Voraussetzungen gemeinsam erfüllt sein können, heißt dies, daß tatsächlich jeder rational urteilende und sein Eigeninteresse maximierende Mensch unter den kognitiven Bedingungen des Urzustandes Grund hätte, die Handlungsnorm „G“ in bezug auf Tyrannentötungen zu akzeptieren. Da man sich nun unschwer verdeutlichen kann, daß ähnliche Konstellationen auch bei den in den Abschnitten I.4 und I.5 angeführten Falltypen (dem Verteidigungskrieg, der Humanitären Intervention, dem Widerstand gegen den Versuch, den demokratischen Verfassungsstaat zu beseitigen, dem Widerstand gegen eine ungerechte oder illegitime Herrschaft, dem Kampf gegen den Terror) und darüber hinaus in anderen Gefahrensituationen denkbar sind, muß G im allgemeinen als begründet gelten. Weil jeder ein Interesse an der Abwehr immenser Gefahren hat, ist - bei vernünftiger

Kalkulation – auch jeder bereit, den Preis zu zahlen, daß es ihn bei einem Abwehrversuch treffen kann.

Eine Norm ist begründet heißt in diesem Zusammenhang, es wäre moralisch nicht zu kritisieren, sie zu akzeptieren und zu befolgen. Die so verstandene Begründetheit einer Norm schließt konkurrierende ethische Argumentationen nicht aus, die ihrerseits Normen begründen, die mit dieser unvereinbar sind; sie bedeutet nur, daß derzeit keine ethische Argumentation bekannt ist, die logisch zwänge, die Argumentation, die zur Begründung jener Norm führt, zu verwerfen.[7]

4. Der Charakter der Begründung

Diese kontraktualistische Begründung ist nicht-utilitaristisch, denn das Kriterium an dem sich das Zustandekommen der Übereinkunft orientiert, ist nicht das „größtmögliche Glück der größtmöglichen Zahl", sondern der mutmaßliche Gewinn, den *jeder einzelne* für sich *erhoffen* kann. (Dies schließt nicht aus, daß G auch utilitaristisch begründet ist.) Jeder einzelne hat in Verfolgung seines Interesses an der persönlichen Interessenverwirklichung einen hinreichenden Grund, dem Grundsatz „G" (unter dem Schleier des Nichtwissens) zuzustimmen. Die vorgeschlagene Begründung ist des weiteren nicht kompatibel mit dem Versicherungsprinzip, da ein Beitritt zu einer Versicherung in Kenntnis der eigenen Präferenzen und Lebenslage und unter Abwägung der persönlichen Risiken und Kosten, also gerade nicht unter dem Schleier des Nichtwissens erfolgt. Gleichwohl hat diese Begründung von G Gemeinsamkeiten mit den anderen Begründungsmodellen: Wie bei einer utilitaristischen Begründung geht es um die Maximierung des Nutzens und wie bei einer versicherungstheoretischen Begründung besteht für jeden die Hoffnung, daß er von der Regelung profitieren wird, obwohl von vornherein klar ist, daß manche auch verlieren werden.

G folgt des weiteren nicht der entscheidungstheoretischen Maximin-Regel, nach der aus einer Menge von Problemlösungen, die jeweils zu verschiedenen Ergebnissen führen können, diejenige vorgezogen wird, deren ungünstigste Variante die vergleichsweise beste ist. Denn wer bei einer Gefahrenabwehr den Tod findet, ist in einer schlechteren Position als wenn er bis zum Eintritt der Gefahr weiterlebte.

Rawls zufolge weist der Urzustand Eigenschaften auf, die es für alle Beteiligten vernünftig machen, die von der Maximin-Regel ausgedrückte konservative Haltung (bei der Wahl der Gerechtigkeitsgrundsätze) einzunehmen. Dies allerdings ist in bezug auf den fraglichen Handlungsgrundsatz „G" zur Bewältigung von Notstandssituationen zu bestreiten.

Rawls nennt drei Eigenschaften, die seiner Auffassung nach die Wahl dieser Regel als einleuchtend erscheinen lassen.[8] Da, erstens, die Beteiligten unter dem Schleier des Nichtwissens keine Kenntnis der wahrscheinlichen Beschaffenheit der Gesellschaft oder ihres Platzes in ihr und somit keine Grundlage für Wahrscheinlichkeitsberechnungen haben, ist es für sie sinnvoll, einer Regel zu folgen, die die Wahrscheinlichkeit der möglichen Zustände unberücksichtigt läßt. Der Grund für eine Maximin-Entscheidung liegt also in der Natur der gegebenen Urzustandssituation, in der eine Kenntnis der Wahrscheinlichkeiten unmöglich oder zumindest unsicher ist. Weil man – entscheidungstheoretisch gesprochen – unter Unsicherheit[9] eine Wahl hinsichtlich der institutionellen Grundstruktur der Gesellschaft zu treffen hat, kommt eben, so Rawls, nur eine Orientierung am Maximin-Prinzip in Betracht. Nur Maximin-Entscheidungen können gegenüber denjenigen gerechtfertigt werden, für die der ungünstigste Fall eingetreten ist.[10] Dieser Grund, die Maximin-Regel zu bevorzugen, entfällt aber nun, wenn es um eine Entscheidung für oder gegen G geht. Da es bei G um eine Regel für außergewöhnliche Notsituationen und nicht um Grundsätze der Konstitution einer dauerhaft existierenden Gesellschaft geht, ist von vornherein bekannt, daß die Position der Schlechtestgestellten (der unschuldigen Opfer einer Gefahrenabwehr) im ungünstigsten Fall nur selten vergeben wird. In dieser wesentlichen Hinsicht besteht kein Schleier der Unwissenheit. Um sich für G entscheiden zu können, ist es noch nicht einmal erforderlich zu wissen, ob Situationen, in denen die Opferung weniger Menschen sehr viele retten kann, real auftreten werden. G selbst sichert, daß es nur dann (legitimerweise) zur Opferung unschuldiger Dritter kommt, wenn vergleichsweise viele gerettet werden. Daher gibt es keinen zwingenden Grund, zur Begründung von Handlungsgrundsätzen, die die Bewältigung von Notstandssituationen regeln sollen, der Maximin-Regel im Urzustand zu folgen.

Der zweite in Anschlag gebrachte Punkt ist für eine G-artige Problemlage ebenfalls nicht einschlägig. Rawls stellt sich als Entscheidungsträger einen Menschen vor, dem es gleichgültig oder jedenfalls nicht der Mühe wert ist, einen über das durch die Maximin-Regel gewährleistete Minimum hinausgehenden Vorteil zu suchen, vor allem dann, wenn es sein kann, daß er auf diese Weise schmerzliche Verluste zu tragen hat. Nun ist der Verlust, den man zu tragen hat, falls man G nicht zustimmt, der Verzicht auf die mögliche Rettung des eigenen Lebens. Es ist daher höchst unplausibel, daß der in Aussicht stehende Gewinn des Lebens keinen Vorteil darstellen soll, der es für einen sich entscheidenden Menschen vernünftig macht, einen über das ansonsten sicher erreichbare Minimum (Unantastbarkeit des Individualrechts auf Leben) hinausgehenden Nutzen anzustreben.[11]

Drittens werden mit der Wahl der Maximin-Regel Möglichkeiten (Gerechtigkeitsgrundsätze, Gesellschaftszustände, Institutionen) abgelehnt, die für die Beteiligten unannehmbar wären, wie etwa Sklaverei oder Leibeigenschaft. Um aus der Kenntnis dieses Zusammenhangs einen Grund für die Bevorzugung der Maximin-Regel zu gewinnen, muß man allerdings bereits wissen, daß Sklaverei oder Leibeigenschaft generell unannehmbar sind. Für die Frage, ob G im Urzustand akzeptierbar ist, leistet diese Überlegung daher nichts. Denn es wäre zirkulär zu sagen, der Grundsatz „G" sei im Urzustand nicht begründbar, weil er bei Annahme der Maximin-Regel nicht ableitbar ist. Was bei dieser Argumentation fehlte, ist ein Grund für die Notwendigkeit, die Maximin-Regel zu akzeptieren. Dieser Grund könnte – nach der Argumentation in diesem dritten Punkt – nur in dem Umstand bestehen, daß die Konsequenzen der Befolgung von G für die Beteiligten unannehmbar wären. Dies kann aber nicht ohne weiteres unterstellt werden (siehe II.11).

Zusammenfassend läßt sich sagen, daß aus der Nichtinanspruchnahme der Maximin-Regel folgt, daß sich Grundsätze begründen lassen, die mit dem Rawlsschen Differenzprinzip unvereinbar sind. Der Gedanke des Differenzprinzips ist es, daß günstigere Aussichten für die in einer Gesellschaft Bevorzugten nur dann eingerichtet und realisiert werden dürfen, wenn dadurch auch die weniger Bevorzugten besser gestellt werden. Offensichtlich stellt G keine Regelung dar, die man - so wie das Differenzprinzip - auch dann akzeptieren könnte, wenn einem der eigene Feind einen Platz zuweisen könnte.[12]

5. Unparteilichkeit und rationales Eigeninteresse

Ausgangspunkt für unsere kontraktualistische Begründung von G war die Überlegung, daß sich nur Normen, die das Kriterium der Unparteilichkeit erfüllen, als allgemein zustimmungsfähig erweisen werden. Folgt daraus, daß jeder aufgeklärte und urteilsfähige Akteur in der lebenspraktischen *Normalsituation* rational gezwungen ist, unparteiische Normen grundsätzlich anzuerkennen und für ihre gesellschaftliche Ingeltungsetzung zu votieren? Muß nicht vielmehr mit der Möglichkeit gerechnet werden, daß dann, wenn ein einzelner Dinge weiß, die er unter den informationellen Bedingungen des Urzustandes nicht weiß, auch die unter diesen Bedingungen rational zustimmungspflichtigen Normen für ihn keineswegs rational zustimmungspflichtig sind? Mit dieser Möglichkeit ist in der Tat zu rechnen. Nur weil diese Möglichkeit besteht, mußte nach einem speziellen Normengenerierungsverfahren gleichsam außerhalb der lebenspraktischen Normalsituation gesucht werden, welches allgemein zustimmungsfähige Normen abzuleiten gestattet. Die informationellen Beschränkungen des Urzustandes sichern die Unparteilichkeit des Verfahrens. Warum aber sollten Menschen von sich aus die Interessen aller Betroffenen so berücksichtigen, als wären es ihre eigenen, wenn doch die allgemeine Befolgung der jeweiligen so erzeugten Norm sich für sie selbst möglicherweise gar nicht auszahlt? Jedenfalls: Aus einem Gedankenexperiment als solchem folgen - was auch Rawls gesehen hat - keine Verpflichtungen für wirkliche Menschen.

Im folgenden sollen deshalb Gründe vorgelegt werden, die es auch für Akteure ohne kognitive Beschränkungen des Urzustandes begründet erscheinen lassen, unter Unparteilichkeitsbedingungen abgeleitete Normen zu akzeptieren. Der hierbei in Anschlag gebrachte Begriff der Begründetheit – der sich hinsichtlich des vorausgesetzten Wissens des Normadressaten von dem Begriff in II.3 unterscheidet – läßt sich wie folgt einführen: Eine Norm (genauer gesagt: ihre Anerkennung oder Ingeltungsetzung) ist für einen einzelnen in der normalen Realsituation *subjektiv* begründet, wenn er ein rationales Interesse an ihrer allgemeinen Befolgung hat. Normen, die in der lebenspraktischen Normalsituation in jedermanns rationalem Interesse sind, sind *intersubjektiv* begründet. Begründet in diesem realistischen Sinne – das heißt ohne die künstlichen informationellen Beschränkungen, wie sie das Urzustands-Modell auferlegt – sind nur solche Normen, die unter realen Normalbedingungen des praktischen Lebens – das heißt im hier diskutierten Fall des Grundsatzes „G“: außerhalb einer realen Gefahrensituation – für rationale Akteure zustimmungsfähig sind. Für die Annahme nun, daß G für die allermeisten auch unter *Realbedingungen* – das heißt in der lebenspraktischen Normalsituation, in der keine Gefahrensituation besteht – zustimmungsfähig ist, lassen sich mindestens zwei Gründe anführen.

Erstens kann eine Bereitschaft, unparteiische Normen anzuerkennen, bei denjenigen unterstellt werden, die überhaupt in einer durch Normen geregelten Gesellschaft leben möchten und an der sozialen Geltung bestimmter moralischer Normen interessiert sind – von Normen, die einen bestimmten Lebensbereich regulieren bzw. im Dienste der Realisierung bestimmter Interessen zu bestimmten Handlungen oder Unterlassungen auffordern. Alle diese Menschen – und nicht nur der die jeweilige Norm Vorschlagende – werden, weil sie wissen, daß nur konsensfähige Normen Aussicht auf weitverbreitete Zustimmung haben, bereit sein, den Standpunkt der Unparteilichkeit einzunehmen – denjenigen Standpunkt, den wir auch als den „moralischen Standpunkt“ bezeichnen können. Menschen, die in einer normengeleiteten Gesellschaft leben wollen, haben einen Grund, unparteilich entworfene Normen anzuerkennen und sie, nebenbei gesagt, auch unparteilich anzuwenden.

Diese Bereitschaft muß offenbar nicht aus einem vorauszusetzenden moralischen Impuls oder einem Willen zur Moralität abgeleitet werden. Diese Bereitschaft dürfte vielmehr den meisten am eigenen Weiterleben interessierten und vernünftig urteilenden Menschen unterstellt werden, die sich die Problematik des gesellschaftlichen Zusammenlebens endlicher und in ihrer Existenz gefährdeter Wesen unter dauerhaft knappen Existenzbedingungen klargemacht haben und in dieser Hinsicht als aufgeklärt gelten können. Wer sich dies klar gemacht hat, dem drängt sich die Vermutung auf, daß die Vorteile, in einer Normenordnung zu leben, langfristig die Nachteile überwiegen, die dadurch entstehen, daß man sich durch die Anerkennung von Normen selbst bindet. Solche Menschen werden ihr Interesse an der Etablierung von Normen erkennen, die die Handlungsfreiheit aller im Interesse jedes einzelnen in gleicher Weise beschränken. Sie werden diese Beschränkung, Handlungen nicht ausführen zu dürfen, die sie vielleicht hin und wieder ausführen möchten, hinzunehmen bereit sein, weil der Nutzen, der ihnen daraus erwächst, daß sich alle anderen in gleicher Weise verhalten, größer ist als der Nutzen, den die verbotene Handlungsweise erbringen könnte.

Für das Verständnis ist dabei folgendes wesentlich: Der zur Ableitung und Begründung solcher (moralischen) Normen einzunehmende Standpunkt der Unparteilichkeit würde aus rein zweckrationalen Überlegungen gewählt. Es geht nicht darum, daß der einzelne in seinem *und* gleichzeitig im Interesse aller anderen wünscht, daß die Mitglieder einer Gemeinschaft ein bestimmtes, eben normgemäßes Verhalten an den Tag legen. Genaugenommen wünscht er sich, daß sich alle anderen – und zwar in seinem Interesse – in bestimmter Weise verhalten.[13] Da er aber weiß, daß die gewünschte Verhaltensregulation der anderen (sofern sie nicht schon existiert) nur durch eine gesellschaftliche Ingeltungsetzung entsprechender Verhaltensnormen induzierbar ist und eine solche Ingeltungsetzung begriffsnotwendig auch Pflichten ihm gegenüber begründet, ist er bereit, sich diesen Normen zu unterwerfen, genauer gesagt: die Bereitschaft dazu zu signalisieren. Wer ein Interesse hat, daß die anderen Normen befolgen, hat also selbst gute Gründe, diese Normen zu befolgen

– allerdings nur deshalb, weil er an der Verankerung dieser Normen in einer von ihm geteilten Lebenspraxis interessiert ist. Ob er darüber hinaus auch aus einem Sinn für Gerechtigkeit heraus, also aus Fairneß, sich die Maxime bildet, sozial geltende Moralnormen in jedermanns Interesse anzuerkennen – weil er aus der allen nützlichen Normenordnung durch parasitäres Verhalten nicht einseitig Vorteile ziehen, sondern den anderen geben will, was er selbst nimmt –, ist eine andere Frage. Diese, im eigentlichen Sinne *moralische Einstellung* ist möglich (und zudem weit verbreitet), sie ist aber weder anthropologisch universell noch logisch zwingend. Zunächst gilt jedoch: Der einzelne hat ein Interesse an der *Etablierung* der betreffenden Normen und nicht eigentlich daran, diese selbst zu befolgen. Dieser Zusammenhang schließt nicht aus, daß sich das „Trittbrettfahren" im Einzelfall lohnen kann (siehe auch VI.9). Wünscht aber nun der einzelne die Ingeltungsetzung von Normen, weil er von der Befolgung dieser Normen durch die anderen profitieren möchte, und schlägt er entsprechende Normen vor, so werden eben nur solche Vorschläge Aussicht auf Erfolg haben, die dem Kriterium der Unparteilichkeit genügen. Nicht weil er selbst unparteilich sein möchte, sondern weil er ein Interesse an einer etablierten Normenordnung hat, bezieht der einzelne den Standpunkt der Unparteilichkeit. Dieser Standpunkt bietet die einzig denkbare Perspektive zur Generierung von (allgemein und personenunspezifisch geltenden) Normen, die auf *freiwillige* Zustimmung *aller Informierten* und *Urteilsfähigen* stoßen können. Der einzelne, der an der Etablierung einer für ihn günstigen Normenordnung interessiert ist, ist daher – ebenso wie der unabhängige Zuschauer, der im allgemeinen Interesse einen Normenvorschlag unterbreitet – von Anfang an genötigt, nach Normen zu suchen, die im Interesse aller liegen. Auch er wird somit ein Entscheidungsmodell zur Generierung von unparteiischen Normen akzeptieren.

Akteure dieser Art vermeiden Illusionen über ihre persönliche Macht oder die Macht ihrer Gruppe; sie bauen nicht darauf, ihre Interessen machtgestützt durchzusetzen; sie wünschen demgemäß, in einer normengeregelten Gemeinschaft zu leben, und haben daher, weil nur konsensfähige Normen eine freiwillige und allgemeine Zustimmung erwarten lassen, ein Interesse an der

Identifikation und Ingeltungsetzung konsensfähiger Normen. Akteure dieses geistigen Zuschnitts betrachten Normen, die unter Unparteilichkeitsbedingungen – also den kognitiven Beschränkungen des Urzustandes – abgeleitet wurden, auch für sich selbst als subjektiv begründet – und zwar obwohl sie über ein Wissen über ihre eigene Person und ihre Stellung in der Gesellschaft verfügen, das ihre Zustimmung zu der unter Urzustandsbedingungen abgeleiteten *einzelnen* Norm *möglicherweise* verhinderte. Es handelt sich um Akteure, die eine allgemeine Bereitschaft entwickelt haben, den moralischer Standpunkt einzunehmen. Für sie ist G kontraktualistisch in dem Sinne begründet, daß sie in einer Gesellschaft, in der das Gebot der Einhaltung von Verträgen bereits Geltung hat, G vertraglich vereinbaren würden.[14]

Zweitens herrscht auch im realen Leben – im Vergleich zum fiktiven Urzustand – immer noch weitgehende Unwissenheit darüber, wie die Positionen und Eingriffsmöglichkeiten in einer Gefahrensituation verteilt sein werden. Der Grundsatz „G" reguliert Ausnahmesituationen, und über solche ist eben im Normalfall a priori wenig bekannt. Auch für Menschen aus Fleisch und Blut – also Menschen, die wir uns *nicht* unter den kognitiven Beschränkungen des Urzustandes vorstellen – dürfte es daher rational sein, G zu akzeptieren. Dies gilt für alle aufgeklärten und urteilsfähigen Menschen, die mit Blick auf ihre fundamentalen allgemein-menschlichen Bedürfnisse sich bewußt gemacht haben, daß sie nicht wissen, was die Zukunft ihnen bringen wird.

Wenn diese Überlegung richtig ist, drängt sich die Frage auf, ob G dann nicht ebenso unter Realbedingungen „abgeleitet" werden könnte – also ohne, daß sich der Normenkonstrukteur die Akteure unter den informationellen Beschränkungen des Urzustandes vorstellen müßte. Eine bejahende Antwort, würde eine Normengenerierung unter einem künstlichen Schleier des Nichtwissens überflüssig erscheinen lassen.

In der Tat muß bei allgemeinen und grundlegenden Normen – wie etwa dem Tötungs- und dem Lügeverbot oder dem Hilfegebot – auch in der Realität gleichsam unter einem Schleier des Nichtwissens überlegt werden. Wer sich unter *Realbedingungen* fragt, ob er an der sozialen Geltung eines allgemeinen Tötungsverbots interessiert ist, weiß genausowenig wie unter Urzustandsbedingungen, ob er, *ohne Geltung dieser Norm*, jemals mit einem Angriff auf sein Leben konfrontiert wäre, und er weiß auch nicht, ob er jemals selbst das Interesse hätte, einen anderen Menschen zu töten. Er kann jedoch auf der Basis allgemeinen Wissens vermuten, wie unter Urzustandsbedingungen auch, daß er insgesamt gesehen mit dieser Regelung besser dastehen würde, und wird ihr deshalb vernünftigerweise zustimmen. Daß sich allerdings der zu erwartende Vorteil auch für den konkreten einzelnen niederschlägt, dies bleibt allemal eine *Vermutung* – eine Kalkulation unter einem *Schleier des Nichtwissens in der Realsituation*. Prognostische Unsicherheiten vergleichbarer Art werden sich vor allem dann niederschlagen, wenn man über die Begründetheit noch nicht in Geltung befindlicher Normen nachdenkt.

Zudem erweist es sich, daß man auch dann, wenn man Normen, und so beispielsweise auch das Tötungsverbot, im Rahmen einer interessenfundierten und individualistischen Ethik[15] begründen will, auf *anthropologische Annahmen* zurückgreifen muß, die zum Teil nur bedingt empirisch untermauert sind. Wenn man davon ausgeht, daß die Überlegungen, die das Tötungsverbot stützen, *von nahezu allen* in gleicher Weise angestellt würden und diese Norm daher *intersubjektiv* begründet ist, so muß man unterstellen, daß diejenigen, für die die Vorstellung, nach Macht oder nach Lust und Laune töten zu können, eine derartige Suggestivkraft hat, daß sie dafür bereit sind, jedes Risiko zu tragen, eine verschwindende Minderheit ausmachen. Dafür mag im vorliegenden Fall einiges sprechen – das Beispiel zeigt jedoch die Problematik dieser an Plausibilitäten appellierenden und sich häufig nur auf vermutete Mehrheitsverhältnisse stützenden Begründungsart.[16]

Eine solche Begründungskonzeption geht – allgemein gesprochen – von der Annahme aus, daß das Leben in einer Normenordnung (Rechtszustand) insgesamt genommen für jeden besser ist als das Leben in einer Gruppe, deren Beziehungen durch Macht und Unterwerfung, durch Willkür und Angst stabilisiert sind (Naturzustand). Diese Annahme erscheint uns vertraut, ja nahezu evident; sie ist aber durchaus voraussetzungsvoll und kaum direkt überprüfbar. Strenggenommen erforderte ihre Überprüfung einen Vergleich zwischen dem Rechtszustand und dem seit Menschengedenken nicht mehr existierenden Naturzustand. Daß ersterer letzterem nicht unter allen Bedingungen und jedenfalls nicht aus logischen Gründen vorzuziehen sein muß, macht eine einfache Überlegung klar: Würden Tiere beispielsweise vereinbaren, sich wechselseitig nicht mehr zu töten, so würde dies mit Notwendigkeit zum Aussterben der nur fleischfressenden Arten führen. Zumindest für die Individuen dieser Arten ist es vorteilhafter, auf die Etablierung eines Tötungsverbots zu verzichten, auch wenn sie dabei in Kauf nehmen müssen, selbst ein Tötungsopfer werden zu können. Daß der Übergang in eine Normenordnung intersubjektiv begründet ist, ist also durchaus an Voraussetzungen gebunden, und ob diese Voraussetzungen vorliegen, ist eine empirische Frage. Im Falle des Tötungsverbots in der menschlichen Gesellschaft ist dies vor allem eine Frage der Tötungsbereitschaft von Menschen, die im Naturzustand leben – also nicht durch eine entsprechende Norm am Töten „gehindert" würden. Da in Gruppen zusammenlebende Menschen – soweit wir wissen – grundsätzlich in Normenordnungen leben, spricht freilich sehr viel für die Vermutung, daß die Akzeptanz von Moralnormen intersubjektiv begründet ist. Allerdings wissen wir damit nicht, was der Grund dafür ist! Auch hier sind wir auf Annahmen und Vermutungen angewiesen. Es dürfte zum Beispiel ein Unterschied sein, ob das Tötungsverbot innerhalb einer authochton lebenden Gruppe akzeptiert wird (sich also schon innerhalb einer Gruppe für die meisten rechnet) oder ob die Akzeptanz des Tötungsverbots innerhalb einer Gruppe ihren Grund darin hat, daß diese Gruppe in Feindschaft mit anderen Menschengruppen existiert (das Tötungsverbot sich mithin erst durch den zusätzlichen Außenkonflikt für die meisten rentiert).

Mit diesen Überlegungen sollen nun nicht etwa die Annahmen, die für die Begründung des Tötungsverbots sowie überhaupt für die Akzeptanz einer unter Unparteilichkeitsbedingungen entworfenen Normenordnung konstitutiv sind (und die ich selbst in II.3 unterstellt habe), bestritten werden. Vielmehr sollen diese Überlegungen zweierlei deutlich machen: zum einen, daß in Behauptungen über das Begründetsein von Normen Vermutungen eingehen; zum anderen, daß wir es zumindest zum Teil mit Annahmen zu tun haben, die bei Begründungsargumentationen sowohl unter Realbedingungen (also ohne daß auf das Denkmodell des Urzustandes zurückgegriffen wird) als auch im – den Unparteilichkeitsstandpunkt garantierenden – Urzustand als gültig unterstellt werden. Durch diesen Hinweis läßt sich allerdings kein Argument gegen eine individualistische Begründungskonzeption[17] gewinnen, nach der die Normenvertretung eines Individuums ausschließlich in dessen (aufgeklärtem) Interesse liegt. Es zeigt sich nur, daß die Entscheidungsbedingungen im fiktiven Urzustand und im realen Leben – zumindest wenn es um die fundamentalen Moralnormen geht – beträchtliche Ähnlichkeiten aufweisen.

Eine solch weitgehende Übereinstimmung in der informationellen Ausstattung zwischen einer Entscheidung unter Urzustands- und unter Realbedingungen wird nun allerdings um so prekärer werden, um so spezifischer und komplizierter die fragwürdige Norm jeweils ist. Man denke hier etwa an Normen, die den Umgang mit Minderheiten (unterschiedliche Interessenlagen!) oder mit Schwächeren (unterschiedliche Interessendurchsetzungsmacht!) regeln. In derartigen Fällen können die Interessen realer Menschen so unterschiedlich sein (oder – zumindest teilweise – auch nur so unterschiedlich empfunden werden), daß es nicht ohne weiteres möglich ist, konsensfähige Normen zu konstruieren – Normen, von deren intersubjektivem Begründetsein auch die tonangebende Mehrheit oder die Starken und Schlauen überzeugt werden können. Ähnliches gilt, wenn eine Regelung für Notsituationen zu finden ist. Hier können insbesondere die verschiedenen Positionen, die die Akteure im gesellschaftlichen Leben besetzen, ein unterschiedliches Gefährdungspotential aufweisen. In solchen Situationen – in denen ein Regelungsbedarf angemeldet wird und in denen die Realsituation keine oder nicht wenigstens annähernd eine Situation der Unwissenheit ist – kann am ehesten das gedankliche Hineinversetzen in Urzustandsbedingungen zur Konstruktion unparteiischer Normen führen und zudem die mentale Bereitschaft fördern, diese anzuerkennen. Und nur solche Normen können dann für alle – jedenfalls für alle, die in einer normengeleiteten Gesellschaft leben möchten und deshalb bereit sind, den moralischen Standpunkt zu beziehen – subjektiv begründet sein.

Alles in allem läßt sich zusammenfassen, daß unter Unparteilichkeitsbedingungen identifizierte (und deshalb konsensfähige) Normen dann, wenn sie in einer realen Gesellschaft Geltung erlangt hätten, jeden oder nahezu jeden oder jedenfalls eine deutliche Mehrheit in eine Position versetzen, die alles in allem günstiger ist als diejenigen Positionen, die, ohne daß diese Norm befolgt würde, erreichbar sind. Insofern besteht eine starke Vermutung, daß eine unter Unparteilichkeitsbedingungen begründete Norm auch für die allermeisten „realen" (das heißt: unter informationeller Normalausstattung entscheidenden) Menschen subjektiv begründet ist - und zwar deshalb, weil diese Norm als Ausdruck des Interesses eines jeden auf Weiterleben bedachten Menschen verstanden werden kann.[18] Unter diesen Denkvoraussetzungen abgeleitete Normen gelten, weil rational kalkulierende menschliche Wesen - als Wesen, die an der Ingeltungsetzung einer Normenordnung und also an konsensfähigen Normen interessiert sind - immer und überall gerade diese Ergebnisse erzielen würden und deshalb jedem anderen vernünftig überlegenden menschlichen Wesen mit Argumenten zeigen könnten, daß die gesellschaftliche Etablierung dieser Normen auch in seinem Interesse liegt.

Das Modell des Urzustandes kann daher als ein mögliches heuristisches Instrument zur Generierung von konsensfähigen Normen aufgefaßt werden - als ein Instrument, von dem zunächst der Normenkonstrukteur Gebrauch macht. Darüber hinaus aber ist dieses Instrument geeignet, jedem einzelnen zu verdeutlichen, daß er gerade unter Berücksichtigung seiner fundamentalen allgemein-menschlichen Interessen und der allgemeinen Tatsache der Unsicherheit allen Zukunftswissens (der Starke kann unversehens abhängig, der Reiche arm und die Mehrheit Minderheit werden) bestimmte Normen anerkennen und ihre Ingeltungsetzung auch als „realer" Mensch wünschen sollte.

6. Der Schleier des Nichtwissens wird gelüftet

Mit der Akzeptanz von G ist – in Abhängigkeit von der jeweils vorliegenden Situation – ein um die Erlaubnis der Tötung unbeteiligter Dritter *erweitertes* Notwehr-, Nothilfe- oder Widerstandsrecht begründet. Es dürfte klar sein, daß sämtliche mit der Begründung des Widerstandsrechts verbundenen Probleme auch bei der Begründung eines erweiterten Widerstandsrechts auftreten.

Diese Problematik soll im folgenden jedoch nicht interessieren. Statt dessen möchte ich auf einen Gesichtspunkt hinweisen, der sowohl die Praktikabilität von G als auch dessen Verbindlichkeit für den einzelnen in Frage stellte, sobald G in die Normenordnung einer realen Gesellschaft übernommen worden wäre, mithin die Beseitigung einer immensen Gefahr unter Inkaufnahme der Tötung Unschuldiger – bei Vorliegen bestimmter Bedingungen – als legitim gälte. Nehmen wir nun an, wir lebten in einer Gesellschaft, in der die Norm „G“ Geltung besitzt und damit ein Handeln in Übereinstimmung mit ihr moralisch erlaubt ist.

Man stelle sich vor, ein Anwendungsfall von G sei gegeben – es herrsche eine Gefahrensituation, in der ein Akteur sich in Übereinstimmung mit G zur Abwehr der Gefahr entschließt und zum aktiven Eingriff aufmacht. In einer solchen, realen Handlungssituation gewinnt der Umstand, daß G seine Begründung aus den fiktiven Bedingungen des Urzustandes bezieht, eine erhebliche Bedeutung. Im praktischen Leben nämlich und insbesondere in einer realen Gefahrenabwehrsituation wird der Schleier des Nichtwissens ganz oder teilweise gelüftet. Die im Urzustand vorausgesetzte und selbst die in der Normalität unter Realbedingungen anzunehmende Unwissenheit kann in bezug auf sämtliche Aspekte in Gradabstufungen aufgehoben sein.

In einer realen Gefahrenabwehrsituation ist der Schleier des Nichtwissens zunächst grundsätzlich dahingehend gelüftet, daß der Gefahrenabwehrer „T“ seine Position kennt – das heißt, er weiß, daß er Täter ist und nicht ein unschuldiges Opfer „U“ sein wird. Sodann sind folgende Konstellationen zu unterscheiden: Erstens besteht die Möglichkeit, daß der Täter nicht weiß, wer unter den unschuldig Betroffenen sein wird, und die Betroffenen selbst dies auch nicht wissen. Zweitens ist der Fall denkbar, daß zwar der Gefahrenabwehrer weiß, wer unschuldig Mitbetroffener sein wird, diese selbst jedoch über dieses Wissen nicht verfügen. Drittens ist es denkbar, daß zwar der Gefahrenabwehrer nicht weiß, welche unbeteiligten Personen es treffen wird, dafür aber unschuldig Mitbetroffene wissen (bzw. während der Tatausführung bemerken), daß sie Betroffene sein werden. Und viertens kann es sein, daß sowohl der angreifende Gefahrenabwehrer als auch die Betroffenen wissen, wer zu den unschuldig Mitbetroffenen gehören wird.

Fall 1: Weder T noch U wissen, wer U sein wird. (G/1)
Fall 2: Nur T weiß, wer U sein wird. (G/2)
Fall 3: Nur U weiß, wer U sein wird. (G/3)
Fall 4: T und U wissen, wer U sein wird. (G/4)

Interessant sind vor allem die Fälle 3 und 4. Hier stellt sich die Frage, zu welchen Handlungen ein voraussichtlich Mitbetroffener berechtigt ist. Darf jemand, der als Unschuldiger von einem gegenwärtigen und von seinem Ziel her legitimen Gefahrenabwehrversuch (beispielsweise einem Angriff auf einen illegitimen oder totalitären Diktator) mitbetroffen ist, diesen Versuch (der zugleich ein Angriff auch auf seine Person ist) vereiteln und darf er dazu nötigenfalls auch Notwehr gegen den Gefahrenabwehrer üben?

Natürlich erfordert die Beurteilung konkreter Fälle eine genauere Bestimmung des Begriffs des voraussichtlich Mitbetroffenen. Ob jemand als ein solch Mitbetroffener gilt, muß davon abhängig gemacht werden, mit welcher Wahrscheinlichkeit er mitbetroffen sein wird und mit welcher Sicherheit er dies weiß. Dies kann jedoch auf der Ebene der Prinzipien-Diskussion offen bleiben. Vorausgesetzt wird im folgenden lediglich, daß das für den Urzustand charakteristische Unwissen entsprechend der Falltypen 3 und 4 in einem nicht näher bestimmten Maße aufgehoben ist.

7. Eine normenlogische Konsequenz

Die folgende *Contra-Argumentation* soll die sozialethische Legitimiertheit des Grundsatzes „G" problematisieren, indem über mögliche Konsequenzen seiner realen Befolgung nachgedacht wird.

Rechte einer Person (sowohl Abwehr- als auch Anspruchsrechte) korrelieren mit Pflichten für andere Personen. Rechte dieser Art formulieren Ansprüche an das Tun und Unterlassen anderer. So entspricht meinem Recht auf Leben eine Pflicht für jeden anderen, meine Tötung zu unterlassen. In derselben Weise korrelieren Erlaubnisse für die eine Person mit Verboten für andere Personen. Wenn es einer Person erlaubt ist, eine bestimmte Handlung auszuführen, ist es normenlogisch allen anderen Personen untersagt, die Ausführung genau dieser Handlung zu verhindern. Übertragen auf unseren Beispiel-Fall: Jemanden unter bestimmten Umständen für moralisch legitimiert zu halten, aufgrund einer selbständig getroffenen Entscheidung einen totalitären Diktator zu beseitigen und dabei Unschuldige zu opfern, bedeutet, ihm eine entsprechende Erlaubnis zu diesem Handeln einzuräumen. Dieser Erlaubnis auf seiten des Handelnden entspricht normenlogisch ein Verbot auf seiten der von der Handlung Betroffenen, die Ausführung dieser Handlung zu unterbinden.

Zur Unterlassung welcher Handlungen wären die unschuldig Betroffenen also moralisch verpflichtet? Die moralisch erlaubte Handlung des Attentäters wäre offenbar unterbunden, wenn sich ihr Ziel nicht mehr realisieren ließe. Es ist weder das Ziel des Attentats noch die Absicht des Attentäters, Unbeteiligte zu töten; die mögliche oder auch sichere Tötung Unbeteiligter wird lediglich in Kauf genommen, um das Ziel, die Beseitigung der totalitären Herrschaft, zu erreichen. Demnach wäre es den mutmaßlichen Opfern zwar ohne weiteres erlaubt, sich selbst (ohne Aufsehen zu erregen) in Sicherheit zu bringen, es wäre ihnen aber moralisch verboten, sich gegen den Angreifer zur Wehr zu setzen oder den Angriff als solchen zu vereiteln – indem man etwa eine Bombe entschärft oder vor dem Anschlag warnt.

Aus der gesellschaftlichen Akzeptanz von G ergäben sich mithin weitgehende Duldungspflichten für diejenigen, denen unversehens gewahr wird, unschuldige Opfer einer (G-konformen) Gefahrenabwehr zu werden. Wenn es unter Umständen moralisch erlaubt ist, eine Gefahr unter Inkaufnahme der Tötung Unbeteiligter abzuwehren, kann es den unbeteiligt Betroffenen nicht ebenso erlaubt sein, die Gefahrenabwehr zu verhindern, geschweige denn gegen den Gefahrenabwehrer Notwehr auszuüben. Sofern sie keine Möglichkeit hätten, sich persönlich dem Angriff zu entziehen, ohne dadurch die beabsichtigte Gefahrenabwehr zu gefährden, wären die Betroffenen vielmehr moralisch verpflichtet, Verteidigungshandlungen jeder Art, insbesondere einen Gegenangriff auf den Gefahrenabwehrer (den sie als Angreifer erleben), zu unterlassen und ihre Opferung im Interesse der durch die Gefahrenabwehr zu Rettenden zu dulden. Diese Duldungspflicht für die Betroffenen implizierte, daß deren Recht auf Leben in der Situation eines Angriffs durch den Gefahrenabwehrer suspendiert wäre.

8. Ist eine Selbstopferung im Interesse Dritter Pflicht?

Akzeptiert man eine Pflicht für einen unschuldig Mitbetroffenen, die eigene Opferung im Interesse Dritter hinzunehmen (Variante 1), ist die Selbstrettung durch Notwehr moralisch *nicht erlaubt*. Zu fragen ist dann lediglich, ob ein Zuwiderhandeln auch moralisch *vorwerfbar* sein soll. Hier wird man zu bedenken haben, was es für einen Menschen bedeutet, in Pflichterfüllung auf eine ihm mögliche Selbstrettung zu Gunsten Dritter zu verzichten. Eine Vergegenwärtigung der damit verbundenen menschlichen Herausforderung dürfte moralische Vorwürfe als weitgehend unangemessen erscheinen lassen.

Die moralische Überzeugung, daß Selbstrettungshandlungen auch dann nicht vorwerfbar sind, wenn dadurch andere Unschuldige zu Tode kommen (weil sie – in unserem Beispiel – infolge der dadurch unterbleibenden Beseitigung der totalitären Herrschaft nicht gerettet werden), findet eine Parallele im geltenden Recht. Nach § 35 Abs. 1 Strafgesetzbuch („Entschuldigender Notstand") handelt ohne *Schuld*, wer „in einer gegenwärtigen, nicht anders abwendbaren Gefahr für Leben, Leib oder Freiheit eine rechtswidrige Tat begeht, um die Gefahr von sich, einem Angehörigen oder einer anderen ihm nahestehenden Person abzuwenden". Danach sind *rechtswidrige*, jedoch zur Rettung erforderliche Rettungshandlungen (und zwar nicht nur zur Rettung des Handelnden selbst) in der Regel straffrei gestellt – sogar solche, die im Extremfall das Leben Unschuldiger kosten. Ein in dieser Weise Handelnder ist juridisch *nicht* gerechtfertigt, aber entschuldigt. Das heißt: Die Tat wird, weil nicht erlaubt, mißbilligt, aber dem Täter aufgrund seiner außergewöhnlichen Lage, die eine normgemäße Selbststeuerung erschwert, nachgesehen.[19]

Man mag sich nun entschließen, die ethische Argumentation analog zu diesem Rechtsverständnis zu konstruieren, und die für das deutsche Strafrecht zentrale Unterscheidung zwischen Rechtfertigung und Entschuldigung übernehmen: Danach bliebe die Selbstrettung unschuldig Mitbetroffener im Falle einer Situation vom Typ „G/3" ein Verstoß gegen das moralisch Gebotene, und ein Fehlverhalten würde lediglich nicht geahndet. Entscheidend ist jedoch, daß Variante 1 damit zugleich eine Toleranz gegenüber Notwehrhandlungen des angegriffenen Angreifers implizierte, die dieser gegen sich selbst rettende Unschuldige ausübt.

Inwieweit eine solche Konzeption tatsächlich trägt, möchte ich offenlassen. In ihr wären moralisch unrechtmäßige Handlungen denkbar, die moralisch nicht getadelt würden. Dies hieße, moralische Unrechtmäßigkeit ist nur eine notwendige und noch keine hinreichende Bedingung für moralische Vorwerfbarkeit.[20] Eine moralisch unerlaubte Handlung moralisch nicht vorzuwerfen erscheint jedenfalls in höherem Grade paradox oder gar widersprüchlich als eine rechtswidrige Tat, die im Bewußtsein ihrer Rechtswidrigkeit begangen wurde (dies schließt § 35 nicht aus[21]), nicht zu bestrafen. Es fragt sich nämlich, ob der Grund für die Überzeugung, eine pflichtwidrige Selbstrettung sei nicht zu tadeln, nicht gleichzeitig ein Grund dafür ist, eine Pflicht zur Selbstopferung nicht stipulieren zu können. Denn wenn man es für eine Überforderung hält, einer Pflicht zur Selbstopferung im Falle „G/3" nachzukommen, dann scheint eine solche moralische Pflicht auch nicht begründbar zu sein.

Für die Auffassung, daß im Unterschied hierzu die Straffreistellung einer rechtswidrigen Tat weniger paradox und jedenfalls nicht widersprüchlich ist, spricht die Deutung eines Falles von entschuldigendem Notstand („Brett des Karneades") durch Kant. Kant nämlich hielt die „gewalttätige Selbsterhaltung" zu Lasten eines Unschuldigen (ein Schiffbrüchiger, der mit einem anderen in gleicher Lebensgefahr schwebt, stößt diesen von der rettenden Planke, um sich selbst zu retten[22]), nicht etwa für „unsträflich", sondern lediglich für „unstrafbar". Die Handlung entspricht nicht dem, was ein Gesetz vorschreiben würde. Die Situation ist nur derart, daß mittels Strafgesetz auf die handelnden Personen nicht eingewirkt werden kann. Denn, da die gesetzlich angedrohte (und zudem ungewisse) Strafe das ansonsten (wenn man die verbotene Handlung unterließe) mit Sicherheit und zudem noch früher eintretende Übel des Verlustes des Lebens nicht überwiegen kann, könnte ein entsprechendes Strafgesetz nicht die beabsichtigte Wirkung erzielen.[23] Diese Straffreistellung könnte im Sinne von Kant als ein unvermeidliches Rechtsversagen gedeutet werden, das seinen Grund darin hat, daß „die Befugnis zu zwingen durch kein Gesetz bestimmt werden kann"[24], mithin das Recht seine Präventionsfunktion nicht wahrnehmen kann. Die Wirkungslosigkeit der Strafandrohung ist dabei a priori gewiß (während sie bei sonstigen Straftaten nur ex post festgestellt werden kann).[25] Mit der Straffreistellung erlangt der Täter lediglich Nachsicht vor Gericht, ohne daß damit eine Aussage über den moralischen Wert der Handlung getroffen wird. Vielmehr gilt, daß der Täter, da er die Tat „als unrecht beurteilen muß"[26], vor dem eigenen Gewissen keineswegs schuldlos dasteht. Die Argumente, die zur Entschuldigung führen, gelten nur vor einem äußeren Gerichtshof.[27]

9. Ist eine Selbstrettung durch Notwehr erlaubt?

Neben dieser ersten Möglichkeit, auf die normenlogischen Konsequenzen einer sozialmoralischen Akzeptanz von G zu reagieren, kommt eine weitere in Betracht (Variante 2). Denn: Was zwingt uns, eine Pflicht, die eigene Opferung im Interesse Dritter hinzunehmen, überhaupt zu akzeptieren? Weder das geltende Recht noch die philosophische Tradition im allgemeinen etablieren eine Pflicht, auf mögliche Selbstrettungshandlungen zu verzichten.[28] Und auch die christliche Theologie begründet unter Berufung auf den unvergleichlichen inneren Wert des Lebens und das anspruchsvolle Gebot der Nächstenliebe („Du sollst deinen Nächsten lieben wie dich selbst" [*Mk* 12,31]) eine „Verpflichtung, sich selbst nicht weniger Liebe entgegenzubringen als den anderen" und damit „ein wirkliches Recht auf Selbstverteidigung".[29] Oder steht eine Pflicht zur Selbstopferung wenigstens in Übereinstimmung mit moralischen Intuitionen?

Die Antwort auf die letztere Frage dürfte zwiespältig ausfallen – abgesehen davon, daß es unrealistisch ist, bei allen Menschen übereinstimmende Intuitionen vorauszusetzen. Vermutlich würden viele ihre Antwort von dem Zahlenverhältnis der durch die Selbstopferung Geretteten abhängig machen. Für viele nämlich dürfte es einen Unterschied ausmachen, ob sie durch ihren Verzicht auf Selbstrettungshandlungen in einer Situation vom Typ „G/3" oder „G/4" *zwei* Menschen, *einhundert* Menschen, *eine Million* Menschen oder *die Menschheit* retten. Dementsprechend werden sie auch unterschiedliche moralische Forderungen an andere stellen, die sich in einer solchen Situation befinden.

Wo genau auch der einzelne die für ihn persönlich maßgebende Grenze ziehen mag und abgesehen von Extremfällen, in denen einer allein die Menschheit retten könnte: Die Selbstopferung im Interesse einer Mehrzahl und selbst einer Vielzahl von Mitmenschen pauschal zu fordern, entspricht nicht allgemein geteilten moralischen Intuitionen. Deshalb sind die Konsequenzen, die sich in einer G/3- oder G/4-Situation für die unschuldig Mitbetroffenen ergeben (Pflicht, den Angriff des Gefahrenabwehrers zu erdulden), nach meinem Dafürhalten nicht akzeptabel. Ein Mensch, der sich durch Umstände, die er nicht zu verantworten hat, plötzlich in eine Situation gestellt sieht, in der er G-konform in seine Opferung einwilligen soll, steht vor einer existentiellen Entscheidung. Diese Entscheidung ist aufgrund der Irreversibilität des Verlustes des Lebens von grundsätzlich anderer Qualität als wenn es gilt, etwa einen Eigentumsverlust oder eine Freiheitseinbuße wissentlich hinzunehmen. Nicht alle, ja vielleicht nur wenige Menschen sind fähig, sich zu einer Selbstopferung durchzuringen und diesen Schritt bewußt zu vollziehen.

Es ist die Nichtkompensierbarkeit des individuellen Schadens, die eine Aufforderung an andere, sich im Interesse der Allgemeinheit zu opfern, als eine inhumane Überforderung erscheinen läßt - als eine Zumutung, die nicht Inhalt eines moralischen Gebots sein kann. Das Streben nach Selbsterhaltung ist eine naturgegebene Verhaltensdisposition, die die Forderung des Selbstopfers zu einer enorm anspruchsvollen, um nicht zu sagen „übermenschlichen" Herausforderung macht. Auch wenn sich diese anthropologische Invariante immer nur kulturspezifisch realisieren mag und entsprechende Ausnahmen zuläßt (man denke an Kamikaze-Piloten oder Selbstmordattentäter - zwei Phänomene, die allerdings ausschließlich in nicht-okzidentalen Kulturen angetroffen werden[30]), kann es keine allgemeine moralische Pflicht geben, sich zu Rettungszwecken selbst zu opfern.[31] Dies gilt um so mehr, als der unschuldige Dritte durch die Aktion des Gefahrenabwehrers (zu dessen Pflichten siehe vor allem IV. 8) in diese Entscheidungssituation versetzt wird. Gleichwohl ist der Verzicht auf Selbstrettung gesellschaftlich erwünscht, also moralisch gut.

Selbst dann, wenn man sich dem Gefährdeten gegenüber in der Rolle des Garanten befindet, ist keine moralische Pflicht zur Selbstopferung allgemein anerkannt. Zwar erwarten wir von einem Kapitän und seinen Seeleuten, daß sie sich im Falle eines Schiffbruchs für ihre Passagiere „aufopfern" und sich nicht zu deren Lasten retten[32], wir werden sie aber, falls sie in einer zugespitzten Lage doch schwach geworden sind, nicht verachten. Sich für andere zu opfern verdient Respekt und Bewunderung, kann aber nicht vorgeschrieben sein.[33] Um dies zu akzeptieren, muß man nicht so weit gehen, jeder Selbstrettung Reflex- oder Instinktcharakter zuzuschreiben und ihr damit die Qualität einer intentionalen Handlung abzusprechen.[34]

Mit der Auffassung, daß moralisch keine Pflicht zur Aufopferung des eigenen Lebens besteht, steht - wie erwähnt - auch die Rechtsordnung in Übereinstimmung.[35] Ein Beispiel dafür bietet insbesondere § 6 Wehrstrafgesetz. Obwohl in Ausnahmefällen auch Befehle militärisch sinnvoll sein können, deren Ausführung dem Untergebenen keine Überlebenschance lassen, ist kein Soldat gezwungen, in den unabwendbaren Tod zu gehen.[36] Die soldatische Pflicht fordert das Bestehen von Gefahren - was begriffsnotwendig voraussetzt, daß eine, wenn auch nur geringe, Möglichkeit gegeben sein muß, den Einsatz zu überleben;[37] sie verlangt aber in keinem Fall die bewußte Selbstaufopferung.[38] Gefahrtragungspflichten sind keine Aufopferungs-, sondern nur Risikopflichten.[39] Gleichzeitig beweist, so Josef Isensee, die Wehrverfassung, die den Einsatz des Lebens fordert, daß nach den Wertungen des Grundgesetzes das Opfer des Lebens nicht schlechthin unverhältnismäßig ist.[40]

Jedenfalls: Jemandem das moralische Recht zur Selbstverteidigung abzusprechen hieße, im Falle des Zuwiderhandelns eine Normverletzung konstatieren zu müssen. Wer moralische Normen ohne Rechtfertigungsgrund verletzt, verdient im Normalfall Kritik und Tadel. Angesichts der notorischen Schwäche des Menschen mag man – wie in den Ausführungen zur Variante 1 bereits erörtert – im Falle einer so exzeptionellen Pflicht, wie der zur Selbstopferung, darauf verzichten. Eine solche „präventive Generalamnestie" stellte jedoch die Gültigkeit der entsprechenden Norm in Frage.

In Übereinstimmung mit verbreiteten moralischen Intuitionen sowie unserer üblichen Moralpraxis erscheint daher nur die Variante 2 als eine angemessene Reaktion auf die normenlogischen Konsequenzen einer gesellschaftlichen Akzeptanz von G: Auch in einer (G-konformen) Gefahrenabwehrsituation ist das subjektive Lebensrecht der unschuldig Mitbetroffenen nicht suspendiert. Sie verfügen gegen den Angreifer über ein (moralisches) Selbstverteidigungsrecht. Dieses moralische Recht auf Verteidigung erlaubt es ihnen, den Angreifer zu töten, wenn dies erforderlich ist, um ihr Leben zu retten (siehe auch VI.2).

Handelt es sich bei einer (G-konformen) Gefahrenabwehr um eine Situation vom Typ „G/4", so begründete diese Contra-Argumentation *aus der Sicht der real Mitbetroffenen* eine Pflicht des Gefahrenabwehrers, die Gefahrenabwehr zu unterlassen. Ein Angriff, den der Angegriffene nicht zu dulden braucht, ist moralisch nicht erlaubt. Diese Pflicht stünde in Konkurrenz zur Erlaubnis zu einer G-konformen Gefahrenabwehr (wie sie mit der Pro-Argumentation begründet wurde).

10. Ein scheinbares Dilemma

Die Argumentation pro und contra G führt anscheinend in ein Dilemma. Solange man unter dem Schleier des Nichtwissens über die Dinge nachdenkt, muß es einerseits jedem vernünftig erscheinen, G zu akzeptieren. Sobald aber der Schleier zerrissen ist, erscheint es andererseits unzumutbar, von unschuldig Betroffenen eine Einwilligung in ihre Opferung zu verlangen. Das entstandene Problem läßt sich so beschreiben: Sollte sich aus der Akzeptanz von G tatsächlich eine Pflicht ergeben, die Opferung seiner selbst im Interesse anderer Menschen zu dulden, so gerät der unter den Bedingungen der Gleichheit für jeden akzeptable Handlungsgrundsatz G in Widerspruch zu weit verbreiteten intuitiven moralischen Grundüberzeugungen, sobald sich die (theoretisch angenommenen) Bedingungen, die eine Gleichstellung aller Menschen garantieren, in einer realen Handlungssituation in der Weise „auflösen", daß nunmehr die Notwendigkeit der Selbstopferung für einzelne unschuldig Betroffene erkennbar wird.

Wie läßt sich dieser Widerspruch auflösen? Offenbar kommen auch hier zwei grundsätzliche Möglichkeiten in Betracht: Man kann entweder versuchen, die Contra-Argumentation als gegenstandslos oder nicht schlüssig zu erweisen, oder man kann versuchen, die Pro-Argumentation auszuhebeln (II.11), indem man das vertragstheoretische Begründungsverfahren generell oder die Begründetheit von G in Zweifel zieht.

Eine erste Möglichkeit, die Contra-Argumentation anzugreifen und das entstandene Dilemma aufzulösen, bestünde darin, unsere üblichen Moralvorstellungen zu überprüfen und unter dem Gesichtspunkt der strikten Unparteilichkeit eine Pflicht für jedermann zu begründen, sich im Interesse der Gemeinschaft notfalls opfern zu lassen, wenn ein mindestens gleich großer Schaden für entweder mehr als eine Person oder – je nach dem (siehe II.9) – eine große oder sehr große Anzahl von Personen anders nicht zu verhindern ist.

Im Rahmen einer rationalen Normenbegründung können Normen (und ebenso Rechte und Pflichten) jedoch nur unter Bezugnahme auf Interessen von Betroffenen begründet werden.[41] Dies schließt es aus, ihnen eine Existenz in einem überpositiven Sinne zuzuschreiben. Welche Normen sich rational begründen lassen, hängt davon ab, welche Interessen – zum Beispiel als Ausdruck anthropologischer Invarianten – man unterstellt. Eine Pflicht der genannten Art, nämlich zur Selbstopferung (ob im Eigen- oder Fremdinteresse), einsichtig zu machen scheint nur schwer möglich. Wer eine Pflicht zur Selbstopferung in definierten Situationen begründen möchte, müßte zeigen, daß derjenige Irrtümern aufsitzt oder sich selbst widerspricht, der etwa wie folgt argumentiert: „Ohnehin sind alle Menschen sterblich. Warum sollte ich es nicht hinnehmen, daß andere früher sterben, wenn ich es dadurch für mich selbst vermeiden kann, vor der Zeit gehen zu müssen? Der Verlust meiner Lebenszeit ist für mich nicht verrechenbar gegen den Nicht-Verlust von Lebenszeit anderer. Und selbst wenn die Gattung auf dem Spiele stünde – was liegt daran, daß das Universum auch übermorgen noch von Menschen bevölkert wird? Schließlich muß es in Zukunft auch auf mich verzichten." Verfügen wir hingegen über keine allgemein akzeptierte Begründung einer Selbstopferungspflicht bleibt nur eine Konsequenz: Selbst in einer G-konformen Gefahrenabwehr-Situation ist es nicht unmoralisch, sich gegen seine Opferung zur Wehr zu setzen. Die Contra-Argumentation wäre insoweit durchschlagend.

Einen zweiten Weg, dem Dilemma zu entgehen, könnte man versucht sein aus der Ermahnung zu gewinnen, daß, wer einräumen muß, G unter dem Schleier der Unwissenheit vernünftigerweise zustimmen zu müssen, seine Zustimmung nicht zurückziehen könne, wenn sich herausstellt, er werde zufälligerweise Betroffener sein. Um zu dieser Konsequenz rational verpflichten zu können, müßte etwa gezeigt werden, daß man durch diesen Rückzug entweder das Eigeninteresse verletzt, oder sich in einen Selbstwiderspruch verwickelt. Daß ein Eigeninteresse verletzt wird, ist zumindest in jenen Fällen nicht plausibel zu machen, in denen der Rückzug die Lebensrettung bedeutet. Wie steht es aber um die vermutete Selbstwidersprüchlichkeit des Rückzugs?

Zunächst ist daran zu erinnern, daß die Zustimmung zu G nicht wirklich von jedem real erteilt sein muß. Wir waren in II.3 und II.5 lediglich zu der Auffassung gelangt, daß jeder urteilsfähige und aufgeklärte Akteur hinreichende Gründe hat, für die Ingeltungsetzung des unter Unparteilichkeitsbedingungen abgeleiteten Grundsatz „G" zu votieren. Ist eine Norm in diesem Sinne intersubjektiv begründet, ist ein Handeln in Übereinstimmung mit ihr moralisch legitim und ihre gesellschaftliche Ingeltungsetzung gerechtfertigt. Eine Frage könnte dann sein, ob die jeweils in Rede stehende Norm bereits Geltung erlangt hat, also von den Mitgliedern einer Gesellschaft weithin anerkannt wird. Nur wenn dies der Fall ist, werden Handlungen unter Berufung auf diese Norm auch entsprechend moralisch bewertet. Ist die Ingeltungsetzung der Norm (hier: G) nicht erfolgt, wird ein normkonformes Handeln (hier: die Tötung weniger Unschuldiger, um eine immens große Gefahr abzuwehren) nicht geduldet oder verurteilt. Allerdings: Auch dann, wenn eine Norm gesellschaftliche Anerkennung erlangt hat und ein normkonformes Handeln überwiegend als erlaubt oder geboten gilt, bedeutet dies nicht, daß jeder einzelne ihre Ingeltungsetzung tatsächlich als begründet erkannt und ihr zugestimmt haben müßte. Unter dieser Voraussetzung jedoch, nämlich daß ein einzelner weder real zugestimmt noch innerlich sein Einverständnis gegeben hat, kann er sich auch nicht durch einen Rückzug selbst widersprechen. Offenbar geht es hier nicht um Widersprüche im logischen Sinne. Man könnte einem solchen Akteur sagen, auch er würde bei vernünftiger Überlegung einsehen, daß eine Ingeltungsetzung von G in seinem wohlverstandenen Eigeninteresse liegt, man könnte ihm aber nicht vorwerfen, ein gegebenes Versprechen gebrochen zu haben.

Nun, diese Argumentation wird man wohl akzeptieren müssen. Gleichwohl kommt man jedoch an der Einsicht nicht vorbei, daß jeder rationale Akteur hinreichende Gründe hat, unter Unparteilichkeitsbedingungen abgeleitete Normen anzuerkennen und ihre gesellschaftliche Etablierung zu wünschen. Ist die Frage, ob jemand bewußt und ausdrücklich der Ingeltungsetzung zugestimmt hat oder nicht und ob sich überhaupt eine Ingeltungsetzung bereits vollzogen hat oder nicht, nicht sekundär? Ist es nicht entscheidend, daß jedem rationalen Menschen in einem vernünftigen Gespräch die Einsicht vermittelt werden könnte, daß die Etablierung von G in seinem aufgeklärten Interesse liegt? Und würde sich nicht ein solcher Mensch durch den genannten

Rückzug in der realen Gefahrensituation in einen Widerspruch verwickeln und einen Vertrag brechen? Auch hier, glaube ich, muß die Antwort letztlich „nein" lauten. Allerdings kommt es auf die genaue Begründung an.

Die vermutete Selbstwidersprüchlichkeit des Rückzugs könnte man zunächst unter Hinweis darauf bestreiten wollen, daß sich die Wissensbasis geändert hat, auf der entschieden wird. Denn es scheint einen Unterschied zu machen, ob man nur über einen hypothetischen Fall (hier: man wird das unschuldige Opfer eines Gefahrenabwehrversuchs) urteilt oder weiß, daß der hypothetische Fall für einen selbst zur Realität zu werden droht. Falls man diese Argumentation akzeptiert, fragt es sich allerdings, wozu man als vernünftig Urteilender seine Zustimmung gegeben hat. Was sollte der Sinn einer unter den kognitiven Beschränkungen des Urzustandes getroffenen Vereinbarung sein, die man befugt wäre im Ernstfall zu brechen? Hieße es nicht den Sinn der ursprünglichen (fiktiven) Übereinkunft zu verkennen, wenn man sie in einer realen Gefahrensituation nicht mehr für verbindlich hielte?

Die Frage nach der Selbstwidersprüchlichkeit des Rückzugs ist offenbar komplizierter und nicht einfach zu verneinen. Zu beachten ist, daß G keineswegs eine Formulierung derart enthält, wonach der Gefahrenabwehrer nur dann die Tötung Unschuldiger in Kauf nehmen dürfe, wenn diese generell im vorhinein unbekannt seien oder wenigstens diese selbst nicht wissen, daß sie zu den Opfern gehören werden. Die Zustimmung zu G impliziert daher *nicht nur* eine Zustimmung zur *möglichen* Tötung der eigenen Person unter der Bedingung, daß man *nicht* weiß, ob man selbst ein Opfer sein wird. Wer G zugestimmt hätte, hätte also sehr wohl die Möglichkeit ins Auge fassen müssen, daß er in der Gefahrenabwehrsituation gewahr wird, ein Betroffener zu sein. Da außerdem die psychologische Tatsache bekannt ist, daß Menschen in akuten Bedrohungssituationen zu anderen Abwägungsergebnissen gelangen oder gar zu unparteilichen Abwägungen nicht fähig sind, mußte eine jede aufgeklärte und rationale Diskussion von G den Unterschied zwischen einem hypothetischen Fall und einem realen Vorkommnis mitbedenken. Insofern geht an der Diagnose der Selbstwidersprüchlichkeit eines Rückzugs anscheinend kein Weg vorbei.

Was jedoch folgt aus der Annahme der Selbstwidersprüchlichkeit eines Rückzugs? Die naheliegende Antwort, daß sich ein solcher Rückzug demnach verbiete, scheidet offenbar aus, solange man die Contra-Argumentation für gültig erachtet, also an der Nichtbegründbarkeit einer Selbstopferungspflicht festhält. Dann aber bliebe doch nur die Möglichkeit, die Gültigkeit von G zu bezweifeln.

In diesem Zusammenhang ist nun die Forderung von Rawls wesentlich, die ursprüngliche Übereinkunft müsse als endgültig betrachtet werden und für alle Zukunft bestehen. Aus diesem Grund sind die aus dem „vertraglichen Verpflichtetsein" resultierenden Belastungen für die Vertragsparteien („strains of commitment"[42]) zu bedenken. Da es, wie Rawls formuliert, „keine zweite Möglichkeit" gibt, kann eine Vereinbarung überhaupt nur dann gültig sein, wenn man sie auch unter den ungünstigsten Umständen für einen selbst - gemessen an dem, was menschenmöglich ist - einhalten kann.[43] Dieses Ergebnis muß festgehalten werden - auch wenn man die Rawlsschen Formulierungen als eher unglücklich betrachtet.[44] Unter den kognitiven Bedingungen des Urzustandes kann nichts beschlossen werden, von dem man nicht begründet glauben kann, daß man in der Lage sein wird, es hinzunehmen.

Angenommen nun, die Forderung zur wissentlichen Selbstopferung in der Realsituation wäre unzumutbar: Ergäbe sich daraus nicht die Folgerung, daß eine allgemeine Zustimmung zu G gar nicht gültig sein könnte? Dies ist m. E. nicht der Fall, denn die fiktive Zustimmung zu G, die jedem unterstellt werden darf, der als eine rational entscheidende Person gilt, bezieht sich zum einen *nicht notwendigerweise* auf Fälle, in denen man weiß, wer Betroffener sein wird. Auch unter Realbedingungen kann dieses Wissen verborgen sein (man betrachte die verschiedenen Fälle in II.6). Zum anderen mag es sein, daß die (virtuellen) Diskutanten durchaus wissen, wie schwer es ist, sich im Interesse anderer zu opfern, aber dies für möglich halten. Die Kenntnis der Psychologie des Menschen gestattet es nicht, die Möglichkeit der Selbstopferung - gerade auch in Gestalt der Unterlassung einer möglichen Selbstrettung – auszuschließen. Zu sagen, daß eine Zustimmung zu G allein aufgrund der Kenntnis psychologischer Gesetzmäßigkeiten irrational und daher ungültig ist, ist daher nicht gerechtfertigt.[45]

Dies allerdings wirft ein neues Licht auf die Frage, ob es selbstwidersprüchlich ist, die im Urzustand gegebene Zustimmung zu G in der Realsituation zurückzuziehen. Unter dem Schleier des Nichtwissens sind zwar die psychologischen (und auch sozialen) Gesetzmäßigkeiten bekannt,[46] jedoch weiß niemand, wie er selbst in einer existentiellen Ausnahmesituation denken oder reagieren, welche der Handlungsmöglichkeiten (für deren Ergreifung bestenfalls Wahrscheinlichkeiten bestehen) er realisieren wird. Dies erkennt der Betroffene erst in der realen Gefahrensituation.[47] Erst wenn die Entscheidung zur Selbstopferung von ihm wirklich abverlangt wird, kann er erkennen, ob er einer der Starken ist, die dazu fähig sind. Ein solches Wissen über *individuelle Dispositionen* ist unter dem Schleier des Nichtwissens – also im Urzustand, aber möglicherweise auch in der lebenspraktischen Normalsituation – grundsätzlich unverfügbar. In den Situationen „G/3" und „G/4" gewinnen die unschuldig Betroffenen ein diesbezügliches Zusatz-Wissen. Das aber heißt, daß sich die Wissensbasen im Urzustand und in der realen Gefahrensituation *in dieser Hinsicht* tatsächlich unterscheiden können und *in einem solchen Fall* schon deshalb *nicht* von einer Selbstwidersprüchlichkeit des Rückzugs gesprochen werden kann. Der bloße Umstand allerdings, daß Betroffene gewahr werden, Betroffene zu sein, ist irrelevant; er rechtfertigt nicht den Rückzug.

Damit ergibt sich: G läßt sich *nicht generell* als ungültig erweisen. Und: Für den Fall, daß ein unschuldig Betroffener erkennen muß, nicht stark genug zu sein, um den angreifenden Gefahrenabwehrer gewähren zu lassen und in die eigene Opferung durch Stillhalten einzuwilligen, kann ein Vorwurf der Pflicht- bzw. Vertragsverletzung nicht begründet werden (siehe aber V.5).

11. Zur Problematik vertragstheoretischer Begründungen

Vertragstheoretische Begründungen von Handlungsgrundsätzen sind keineswegs selbstverständlich. So mag man die Auffassung vertreten, daß der sich ergebende Konflikt zwischen Pro- und Contra-Argumentation nicht überraschen könne, da sich zumindest einige der weit verbreiteten moralischen Überzeugungen – etwa: „Niemand ist verpflichtet, sich selbst zu opfern!" – auf Handlungssituationen beziehen, in denen den von einer Handlung Betroffenen ihre besondere Position bekannt ist. Insofern bietet es sich an, die Berechtigung und insbesondere die *Verbindlichkeit* vertragstheoretischer Begründungen von Handlungsgrundsätzen generell in Zweifel zu ziehen. Warum eigentlich – so kann man fragen – soll jemand, der tatsächlich seine Fähigkeiten, seine Wünsche, seine Position, seine Macht und Einflußmöglichkeiten innerhalb der Gesellschaft bzw. der Handlungssituation kennt, sein Handeln an Grundsätzen ausrichten, die er akzeptieren müßte, wenn er dies alles nicht wüßte?[48] Diese Frage gewinnt an Dringlichkeit und Plausibilität, wenn man bedenkt, daß die realen Akteure, die zu bestimmten Handlungen moralisch ermächtigt, vor allem aber *verpflichtet* werden sollen, den vertragstheoretisch begründeten Handlungsgrundsätzen selbst nicht real zugestimmt haben. Virulent wird diese Frage spätestens in einer realen Gefahrenabwehrsituation, in der man feststellen muß, einer der unschuldig Betroffenen zu sein. Dieses Problem stellt sich selbst für denjenigen, der sich die Vernünftigkeit und Gerechtigkeit von G irgendwann einmal klar gemacht und vielleicht auch seine innere Zustimmung erteilt hat.[49] Jedenfalls: Legt man sich auf das in dieser Frage enthaltene Argument fest, hat man den Versuch einer vertragstheoretischen Begründung von G faktisch aufgegeben. Es kommt dann eher ein versicherungstheoretisches Modell in Betracht.

Sich auf vertragstheoretische Begründungen zu stützen heißt eben, eine bestimmte Art der Rechtfertigung von Regeln, Institutionen und Entscheidungen zu akzeptieren. Aber um welche „Art der Rechtfertigung" handelt es sich dabei genau? Offenbar hängt die moralphilosophische Beurteilung des vertragstheoretischen

Begründungsverfahrens vom Verständnis dieses Verfahrens ab: Was leistet dieses Verfahren? Können und, gegebenenfalls, wie können kontraktualistisch begründete Normen reale Menschen moralisch verpflichten?

Ohne auf diese Fragen ausführlich einzugehen, möchte ich an dieser Stelle eine mögliche Interpretation zurückweisen. In letzter Zeit hat Hartmut Kliemt die Problematik vertragstheoretischer Begründungen erörtert und dabei vor der Gefahr gewarnt, daß Zwangsausübungen gegen Individuen „zum Ausfluss fiktiver freiwilliger Zustimmungsakte geadelt" werden.[50] Einem solchen Verständnis des Kontraktualismus möchte ich mich nicht anschließen. Es kann nicht darum gehen, *allein* unter Bezugnahme auf eine angenommene fiktive freiwillige Zustimmung die Anwendung realen Zwangs zu rechtfertigen. Die Aufgabe ist vielmehr folgende: Es geht darum, vorgeschlagene Normen hinsichtlich ihrer rationalen Zustimmbarkeit unter Unparteilichkeitsbedingungen *und* ihrer Aussicht, soziale Geltung zu erlangen, zu prüfen. Zuerst ist zu fragen, ob die Vermutung begründet werden kann, daß unter dem Schleier des Nichtwissens beliebige rational kalkulierende Individuen der jeweiligen Norm zustimmen würden. Ist diese Frage zu bejahen, kann die betreffende Norm – in unserem Falle also G – für die gesellschaftliche Ingeltungsetzung vorgeschlagen werden. Handelt es sich um eine bereits geltende Norm, liefert dieses Verfahren eine Rechtfertigung für ihre Geltung. Das Modell des Vertrages ist ein Denkmittel, Normen, die dem Kriterium der allgemeinen Zustimmbarkeit unter dem Schleier des Nichtwissens genügen, zu identifizieren. Nun allerdings ist folgendes zu bedenken: Normen gelten, wenn sie in einer Gesellschaft oder Bevölkerungsgruppe weithin vertreten und akzeptiert werden – wenn sie mithin als Verhaltensmaßstäbe weitgehende Zustimmung finden. Geltende Normen sind in der Regel auch mehr oder weniger wirksam, das heißt: sie werden im Normalfall befolgt. Wann aber erlangen Normen Geltung in diesem Sinne? Damit ist nur dann zu rechnen, wenn die jeweilige Norm mit weithin geteilten moralischen Intuitionen kompatibel ist. Erst unter diesen Voraussetzungen lassen sich Handlungen rechtfertigen, die reale Bedeutsamkeit für wirkliche Menschen haben. Aus der – von Theoretikern behaupteten – fiktiven Zustimmung ergeben sich allein weder Erlaubnisse zu bestimmten Handlungsweisen noch Verpflichtungen, sich in bestimmter Weise zu verhalten. Erlaubnisse und Verpflichtungen resultieren vielmehr daraus, daß eine Moralnorm gesellschaftliche Geltung erlangt hat. Im Falle einer Erlaubnis zur Tötung Unschuldiger mit dem Ziel, andere zu retten, gibt es nun jedoch - so unsere Annahme in I.4 - keine klaren Intuitionen. Dies mag - derzeit - auch für G gelten, obschon deren Aussichten, soziale Geltung zu erlangen, aufgrund der geforderten drastischen Unverhältnismäßigkeit zwischen Geopferten und Geretteten besser stehen dürften. Aber wie dem auch sei: Die kontraktualistische Begründung von G zeigt, daß diese Norm unter Unparteilichkeitsbedingungen ableitbar ist und daher ein vernünftiger Grund besteht, sie der gesellschaftlichen Akzeptanz zu empfehlen.

Natürlich ist es nun ebenso möglich, die *Begründetheit* von G, das heißt seine intersubjektive Akzeptierbarkeit, in Zweifel zu ziehen. Dazu kann man versuchen, die ethische Neutralität des Rawlsschen Normenbegründungs-Verfahrens zu bestreiten, indem man zeigt, daß bei der Fixierung der Bedingungen des Urzustandes Vorentscheidungen eingeflossen sind, die bestimmte Moralvorstellungen von vornherein als unbegründbar erscheinen lassen.[51] Dieser Weg ist in der Tat aussichtsreich, da einerseits die Bestimmung der Urzustandsbedingungen letztlich darüber entscheidet, welche Normen als intersubjektiv gültig abgeleitet werden, andererseits aber die dem Urzustand per definitionem beigelegten moralisch relevanten Merkmale vertragstheoretisch selbst nicht zu rechtfertigen sind. Damit sind die im Urzustand gewählten Grundsätze nur für denjenigen gültig, der die den Urzustand konstituierenden normativen Bedingungen akzeptiert.[52]

Des weiteren könnte man versuchen, den *Typ* des in der Pro-Argumentation verwendeten vertragstheoretischen Begründungsverfahrens zu diskreditieren, indem man zeigt, daß sich mit einem solchen Verfahren auch Grundsätze theoretisch rechtfertigen lassen, die von den allermeisten intuitiv abgelehnt werden dürften. Eine gesellschaftliche Praxis, von der *nicht* gezeigt werden könnte, daß der von ihr in Anspruch genommene Grundsatz im Urzustand verworfen würde, wäre etwa - so ließe sich *ver-*

suchsweise behaupten - die folgende („Organspendenfall“[53]): „Von einem legitimierten Gremium werden nach einem Zufallsprinzip Menschen ausgesucht und zum Zwecke der Organgewinnung getötet, wenn es dadurch möglich wird, jeweils mehreren kranken Menschen zu helfen, und auf diesem Wege die persönliche Lebenserwartung eines jeden Gesellschaftsmitgliedes mit einer bestimmten Wahrscheinlichkeit steigt.“ Unter einem Schleier des Nichtwissens, da man weder weiß, ob man Bedürftiger oder Betroffener sein wird, könnte jeder damit rechnen, daß er von einer gesellschaftlichen Praxis, die diesem Grundsatz folgt, *wahrscheinlich* profitiert (obwohl gleichzeitig feststünde, daß nicht jeder davon profitiert).[54] Außerhalb des Urzustandes allerdings würden diesem Grundsatz vermutlich nur wenige zustimmen. Psychologisch sind viele Menschen eher bereit, die Folgen von „schicksalhaften“ Ereignissen, wie etwa Krankheiten oder Katastrophen, zu ertragen als das, was ihnen durch Handlungen von Menschen vorsätzlich angetan wird. Bewußte aktive Schädigungen werden im Vergleich zu - selbst aufhaltbaren - naturwüchsig ablaufenden Schädigungen als bedrohlicher wahrgenommen.[55] Ein weiterer und der möglicherweise entscheidende Grund jedoch, warum die menschliche Praxis weder freiwillige noch Zwangs-Versicherungen unter Einsatz des Lebens kennt, ist die Unerträglichkeit der Vorstellung, sich im Versicherungsfall wissentlich selbst opfern bzw. eine legitimierte Zwangstötung hinnehmen zu müssen (von der Angst vor Mißbrauch ganz abgesehen). Regelungen, die im rationalen Selbstinteresse eines jeden liegen, können mit den „menschlichen Möglichkeiten“ kollidieren. Der Widerspruch zwischen Pro- und Contra-Argumentation ist Ausdruck dieser Diskrepanz. Bestünde diese „existentielle“ Besonderheit - der exzeptionelle Zumutungscharakter der Forderung nämlich, im für den einzelnen ungünstigen Ernstfall um fremder oder kollektiver Vorteile willen mit dem eigenen Leben einzustehen - nicht, wäre es sehr viel fraglicher, warum ein rationales Wesen nicht auf die Einhaltung von Regeln moralisch verpflichtet sein sollte, die es unter Bedingungen strenger Unparteilichkeit selbst wählen würde.

Wenn es aber möglich ist - wie ich hier, um die Gegenposition stark zu machen, unterstelle -, im Urzustand Regeln zu rechtfertigen, die wir außerhalb desselben ablehnen, wirft dann die vermutete Ablehnung nicht überhaupt ein ungünstiges Licht auf diesen Begründungstyp? Oder anders gefragt: Beweist der Umstand, daß von in der normalen Lebenspraxis abgelehnten Grundsätzen nicht generell gezeigt werden kann, daß sie auch im Urzustand verworfen würden, nicht die Unbrauchbarkeit des hier in Anschlag gebrachten Normenbegründungsverfahrens?

Dies ist nicht zwingend, denn eine solche Divergenz könnte ebensogut gegen manche unserer Intuitionen sprechen. Aber dieses Problem steht hier nicht zur Debatte. Von Interesse ist vielmehr, daß es einen Weg gibt, ein mit verbreiteten intuitiven moralischen Überzeugungen nicht übereinstimmendes Ergebnis zu vermeiden. Dazu ist es im hier betrachteten Fall lediglich notwendig, die genannte psychologische Ausstattung in die Bedingungen, die den Urzustand definieren, mitaufzunehmen.[56] Wir müßten dann sagen: Im Urzustand soll nicht nur unter dem Schleier des Nichtwissens und der anderen von Rawls erwähnten Bedingungen geurteilt werden (so etwa fordert Rawls zusätzlich, daß vernunftgeleitete Akteure keinen Neid kennen[57]), sondern auch in dem Bewußtsein, daß Interessenverletzungen, die zum Beispiel auf das Wirken von Naturkräften zurückgehen, uns weniger ängstigen als solche, die das Resultat menschlichen Handelns sind. Es zeigte sich dann, daß die in II.3 (vierter Begründungsschritt) genannte zweite Voraussetzung für die Akzeptanz des Grundsatzes „G" Faktoren enthält, deren angemessene Berücksichtigung bei der Nutzenkalkulation eine Ablehnung zur Diskussion stehender Normen erzwingen kann.

Das Verfahren, die Definitionsmerkmale des Urzustandes der Natur der menschlichen Psyche anzupassen, deckt sich mit der bereits genannten Rawlsschen Voraussetzung, daß die Vertragsparteien auch unter dem Schleier des Nichtwissens alle allgemeinen Tatsachen über die menschliche Gesellschaft sowie die Gesetze der Psychologie des Menschen kennen. Wird dieses Wissen bei der ursprünglichen Formulierung der Handlungsgrundsätze berücksichtigt, scheiden bestimmte Grundsätze, die unter Realbedingungen allen unzumutbar erschienen, von vornherein aus – also auch die als Beispiel eingeführte Organgewinnungs-Praxis (siehe auch IV.3). Das Problem wird jedoch sein, im einzelnen zu ermitteln, welches Wissen unter diese „allgemeinen Tatsachen", „die sich aus dem Alltagsverstand und allgemein anerkannten Analysemethoden ergeben"[58], fällt.[59] Um G als unbegründet darzutun, könnte man also versuchen zu zeigen, daß die Zumutung, sich für die Allgemeinheit zu opfern (und auf Notwehr gegen den Gefahrenabwehrer zu verzichten), *grundsätzlich* (in jedem Einzelfall) eine Überforderung darstellt und dieses Wissen um die conditio humana daher eine gedankliche Voraussetzung jeder gültigen ursprünglichen Übereinkunft der Vertragspartner ist.

Allein, dies plausibel zu machen dürfte angesichts der Beispiele selbstloser Aufopferung, die die menschliche Geschichte kennt, nicht leicht sein. Pater Maximilian Kolbe ging im Konzentrationslager Auschwitz freiwillig und bewußt in den Tod. Ohne Not trat er aus dem angetretenen Block hervor und bat den gefürchteten Lagerkommandanten anstelle eines Familienvaters in die Hungerbaracke gehen zu dürfen.[60] Im brennenden World Trade Center, so wird berichtet, traten Menschen von den rettenden Fahrstühlen zurück, um Jüngeren den Vortritt zu lassen. Bereits diese Beispiele zeigen: Es kann keine Rede davon sein, daß das Selbstopfer menschenunmöglich im wörtlichen Sinne wäre. Es ist eine – zweifellos eine äußerste – Möglichkeit des Menschentums, die in vielfältigster Weise unter Beweis gestellt wurde (siehe auch den „Drot"-Fall in III.10). Hierher gehört ebenso der in der japanischen *samurai*-Kultur anzutreffende Freitod zur Rüge bzw. Ermahnung. Um wirkungsvoll vor einer Gefahr zu warnen und andere zum Handeln zu bewegen oder moralisch zur Umkehr zu zwingen, wurden die Ernsthaftigkeit und die Aufrichtigkeit der Warnung durch den Selbstmord bekräftigt.[61] Jedenfalls : Es gibt keinen Anhaltspunkt für die Überzeugung, daß eine bewußte Selbstopferung im Fremdinteresse ausgeschlossen wäre, dafür aber die allseits geteilte Intuition, daß es nicht erlaubt ist, sie vorzuschreiben.

Hinzu kommt noch ein Weiteres: Selbst wenn sich plausibel machen ließe, daß eine *wissentliche* Selbstopferung (wie in den Fällen 3 und 4) *grundsätzlich* etwas Unerträgliches, Menschen-Unmögliches verlangte, blieben immer noch die Fälle, in denen ein von einer G-konformen Handlungsweise Betroffener ohne

Vorankündigung und ohne dem Geschehen gewahr zu werden im Zuge einer Gefahrenabwehr mitgetötet wird (wie in den Fällen 1 und 2). Die diskutierten psychologischen Eigenheiten oder moralischen Intuitionen werden vermutlich nicht ausreichen, um G auch in diesen Fällen als von vornherein ungültig zu erweisen – wenn man bedenkt, welcher ungeheure Gewinn sich durch ein G-konformes Handeln für viele einzelne oder die Gemeinschaft unter Umständen erzielen läßt.

Die Strategie, G als generell unbegründet zu erweisen, hat damit nicht gefruchtet, so daß G auch weiterhin für intersubjektiv begründet gehalten werden kann.

12. Die Lösung

Angenommen nun, man akzeptierte das Pro- und das Contra-Argument, hielte also sowohl G für begründet als auch eine Pflicht zur Selbstopferung für *nicht* begründet: Wie wäre unter dieser Voraussetzung die Abwehr einer Gefahr mit nichtbeabsichtigter, aber entweder vorausgesehener oder zumindest billigend in Kauf genommener Tötung Unschuldiger (U) zu beurteilen, wenn sich der Gefahrenabwehrer (T) zu Recht auf G berufen könnte *und* Unbeteiligte wüßten, daß sie als Person Betroffene sein werden (G/3 oder G/4)? Wie läßt sich der skizzierte normenlogische Widerspruch, der in den Fällen 3 und 4 – nämlich dann, wenn die Betroffenen nicht in ein Vorgehen nach G einwilligen – auftreten kann, auflösen?

Ich schlage folgende *Lösung* vor: Die *Gefahrenabwehr nach G/3* ist moralisch erlaubt und T daher moralisch gerechtfertigt. U hat ein moralisches Selbstverteidigungsrecht gegen T. T hat kein Recht auf Verteidigungshandlungen gegen U (insoweit dessen Verteidigungsmaßnahmen darauf gerichtet sind, den von T ausgehenden Angriff abzuwehren).

Diese Lösung erscheint zwar paradox, ist aber logisch widerspruchsfrei (siehe auch VI.3). Sie wird beiden, in derselben Handlungssituation aufeinanderprallenden Sichtweisen sowie den in ihnen zum Ausdruck kommenden moralischen Intuitionen gerecht: *Aus der Sicht unschuldig Betroffener*, die wissen, daß sie

Betroffene sein werden, aber nicht fähig sind, sich in ihr Schicksal zu fügen, setzt der Gefahrenabwehrer, indem er ihr Unvermögen, in die Opferung einzuwilligen, übergeht und ihre (voraussichtliche oder mögliche) Tötung in Kauf nimmt, zwar ein *moralisches Unrecht* in die Welt. Ungeachtet dessen ist aber die Handlung von T in der vorliegenden Notstandssituation erlaubt, und er selbst ist moralisch ohne Schuld. Weil T selbst nicht wußte, welche unbeteiligten Dritten unschuldige Opfer sein werden und ob diese die Stärke besitzen werden, sich in ihre Opferung zu fügen, war sein Vorgehen insoweit erlaubt und damit er selbst gerechtfertigt. Und obwohl er (durch G) moralisch gerechtfertigt ist und ihm objektiv keine Vorwürfe zu machen sind, muß er das Risiko tragen, daß sich die unschuldig Betroffenen gegen seinen Angriff gerechtfertigterweise zur Wehr setzen. Er ist verpflichtet, diesen Angriff (und damit die Verhinderung seiner *moralisch erlaubten* Tat) zu dulden, weil seine Tat - ohne daß er dies wissen kann - objektiv ein Unrecht in die Welt bringt. Sein Vorgehen bringt in einer G/3-Situation dann und nur dann ein Unrecht in die Welt, wenn die unschuldig Betroffenen nicht in ihre Opferung einwilligen. Wir haben hier den Fall eines *moralisch erlaubten Unrechttuns*. Daß es sich bei der G-konformen Gefahrenabwehr im Fall 3 bei Nichteinwilligung von U um ein moralisches Unrecht handelt, ergibt sich aus dem Wissen wahrscheinlich Betroffener, daß sie ihre Opferung nicht hinnehmen können. Es ist ein Unrecht, unschuldige Menschen zu töten, die wissen, daß sie getötet werden, es aber nicht fertigbringen, ihrer Tötung aus einem übergeordneten Interesse zuzustimmen. Die Objektivität dieses Unrechts resultiert mithin aus einem faktischen subjektiven Unvermögen in einer existentiellen Angelegenheit. Von zentraler Bedeutung ist die in der Bedrohungssituation wahrgenommene intellektuelle oder affektive Unerträglichkeit, auf die mögliche Selbstrettung zu verzichten.

Ich vermute, es ist dieses Wissen um die Grenzen altruistischen Verhaltens, welches der Intuition zugrunde liegt, daß die Selbstopferung keine moralische Pflicht sein kann (siehe aber auch V.6). Und nur weil die Tat als ein moralisches Unrecht gilt, können die von ihr unschuldig Betroffenen über ein Selbstverteidigungsrecht verfügen. Ob T ein moralisches Unrecht in die Welt setzt (wie unter besonderen Umständen im Fall 3) oder nicht (wie im Fall 1, in dem weder er noch die Betroffenen wissen, wer betroffen sein wird), ist nicht davon abhängig, was er tut. Denn: Die Beschreibung der Handlung aus der Innenperspektive von T ist in den Fällen 1 und 3 identisch. Deshalb ist er nicht nur im Fall 1, sondern auch im Fall 3 moralisch gerechtfertigt. Gleichwohl - so können wir formulieren - verkörpert das moralische Unrecht, das im Falle eines erfolgreichen Gefahrenabwehrversuchs vom Typ „G/3" entstehen kann, einen objektiven Tatbestand - und zwar deshalb, weil subjektive Rechte von U (dann, wenn die Betroffenen sich ihrer Opferung widersetzen wollen) real verletzt werden.

Die moralphilosophische Betrachtungsweise begründet mithin für eine Situation vom Typ „G/3" ein moralisches Recht zur Selbstverteidigung für die durch den Gefahrenabwehrer angegriffenen unbeteiligten Dritten. Dieses Selbstverteidigungsrecht kann man als eine moralische Form des Notwehrrechts auffassen. Die Spezifik dieses *moralischen Notwehrrechts* zeigt sich erstens darin, daß die Gefahr für das bedrohte Gut (Leben des U) nicht - wie es § 32 StGB fordert - aus einem *unrechtmäßigen* menschlichen Verhalten (Angriff des T zur Gefahrenabwehr) resultieren muß.[62] Zweitens kommt es - im Gegensatz zu einer rechtlichen Würdigung[63] - auf die Gründe an, warum U von seinem Selbstverteidigungsrecht Gebrauch macht. Dies ergibt sich daraus, daß die die Selbstverteidigung rechtfertigende Sachlage erst durch die individuelle Disposition des Angegriffenen konstituiert wird, die vorsätzliche Tatbestandsverwirklichung (Verteidigung gegen den Angriff von T) also wesentlich *subjektiv* gerechtfertigt ist.[64] Drittens ergibt sich aus der unterstellten G-Konformität der Gefahrenabwehr eine notwendige *Einschränkung* des moralischen Notwehr- bzw. Selbstverteidigungsrechtes im Vergleich zum Notwehrrecht des § 32 StGB. Nach deutschem Notwehrrecht ist grundsätzlich jede Verteidigung erlaubt, die erforderlich ist, um einen gegenwärtigen rechtswidrigen Angriff zurückzuschlagen - übrigens ohne, daß es dazu einer Abwägung zwischen dem verteidigten und dem durch die Notwehr gefährdeten Interesse des Angreifers bedarf.[65] Im Unterschied zu diesem ist bei der Ausübung des moralischen Notwehrrechts vom Angegriffenen zu fordern, daß er, sofern dies ohne Risiken für das Leben möglich ist, der Gefahr ausweicht. Das Ausweichen ist allen anderen Mitteln vorzuziehen, da die Gefahrenabwehr T moralisch erlaubt ist. Das moralische Notwehrrecht verlangt eine nicht anders abwendbare Gefahr. Es geht bei seiner Ausübung allein um den Schutz des individuell bedrohten Menschen und *nicht* – wie beim Notwehrrecht des § 32 – immer auch um die Verteidigung der überpersönlichen Normenordnung. Da bei einem G-konformen Gefahrenabwehrversuch auch der Angreifer „T" moralisch gerechtfertigt ist, kann der Ausübung des moralischen Notwehrrechts durch U kein eigenständiger Wert zugeschrieben werden. Damit gibt es für die Konstruktion eines „Normenbewährungsprinzips" – in Analogie zum „Rechtsbewährungsprinzip" des Notwehrrechts – keine Grundlage.[66] Viertens ist in Erinnerung zu rufen, daß hier ausschließlich Fälle von Gefahrenabwehrversuchen behandelt werden, bei denen Unschuldige befürchten müssen, *zu Tode* gebracht zu werden. Das moralische Notwehrrecht bezieht sich daher nicht auf die Verletzung anderer Güter (körperliche Unversehrtheit, Freiheit usw.). Eine Duldung G-konformer Gefahrenabwehrversuche, bei denen (andere) Güter unbeteiligter Dritter bedroht, Tötungen aber faktisch ausgeschlossen sind, halte ich für zumutbar. Auch in dieser Hinsicht ist also das moralische Notwehrrecht gegenüber dem Notwehrrecht des § 32 – aber auch gegenüber dem Notrecht des § 34 StGB – eingeschränkt. Schließlich ist es in der Tat sinnvoll von einem moralischen „Notwehr-" und nicht nur „Selbstverteidigungsrecht" zu sprechen, da bei anderen Fallkonstellationen nicht nur die Selbstverteidigung, sondern auch die Verteidigung anderer unschuldig Betroffener erlaubt sein *kann*. Dies ist allerdings nur dann der Fall, wenn diese Betroffenen – auch nur indirekt durch ihr Verhalten – zu erkennen geben, daß sie sich nicht opfern lassen wollen. Ein *Selbst*betroffener kann mithin anderen Betroffenen – unter der genannten Voraussetzung – zu Hilfe eilen und braucht mit Verteidigungshandlungen nicht zu warten, bis er selbst „an der Reihe" ist. Dies ergibt sich bereits daraus, daß die Verteidigung anderer, nämlich das Zurückschlagen des Angriffs von T, zugleich auch die eigene Verteidigung des Hilfeleistenden ist. Zudem ist kaum einzusehen, wie eine Handlung vorwerfbar sein könnte, die einen anderen bei der Wahrnehmung eines *moralischen Rechts* unterstützt. Daher sollte es auch einem *Nicht*betroffenen erlaubt sein, Betroffene zu verteidigen, wenn diese ihre Nichtbereitschaft zur Selbstopferung signalisiert haben. Ein solcher Nichtbetroffener unterstützte nicht nur eine moralisch nicht sanktionierte, sondern eine moralisch rechtmäßige Handlung. Umgekehrt ist es für einen unbeteiligten Dritten allerdings unzulässig, T beizuspringen, indem er seinerseits den Erfolg der erforderlichen Notwehrhandlung von U zu unterbinden versucht.[67]

Daß sowohl der Gefahrenabwehrer als auch die unschuldig Betroffenen moralisch gerechtfertigt sind, ist kein Widerspruch, da sich die Rechtfertigungen auf verschiedene Wissensbasen beziehen: T ist nichts vorzuwerfen angesichts seines Nichtwissens darüber, wer betroffen sein wird (und daher auch, ob die Betroffenen die Stärke besitzen, sich opfern zu lassen); U ist gerechtfertigt, weil er als Betroffener weiß, daß er nicht die Kraft aufzubringen vermag, auf die ihm mögliche Gegenwehr zur Selbstrettung zu verzichten. Analoges gilt für die Erlaubnis eines Nichtbetroffenen Betroffene, die dies wünschen, zu retten. Auch hier besteht kein Widerspruch zur Rechtfertigung von T, da der Nichtbetroffene, der vom Rettungswunsch Betroffener erfährt, etwas weiß, was T in einer G/3-Situation nicht weiß.

Im übrigen ist die Rechtfertigung von T unabhängig davon, ob die Gefahrenabwehr faktisch gelingt. Sie hängt ausschließlich vom Vorliegen der Bedingungen ab, die einen Gefahrenabwehrversuch im Sinne von G erlauben. Allerdings muß T bei seinen Planungen ein mögliches Scheitern seines Rettungsversuches bedenken und dafür Sorge tragen, daß auch in diesem Fall eine Beeinträchtigung der Interessen Dritter, so weit es geht, vermieden wird (siehe IV.8).

13. Die Lösung (Fortsetzung)

Bei einer *Gefahrenabwehr nach G/4* befindet sich T gegenüber U in einer relevant anderen Situation: Er weiß (ebenso wie im Fall 2), welche konkreten Personen unter den Opfern sein werden. Damit hat sich die Position von T gegenüber U insofern verändert, als T die Möglichkeit hat, in Abhängigkeit vom Vermögen des U, in seine Opferung einzuwilligen, von dem Gefahrenabwehrversuch zurückzutreten. Voraussetzung ist nur, daß er davon Kenntnis erhält. Allerdings handeln T und U selbst im Falle des Situationstyps „G/4" nicht notwendigerweise auf derselben Wissensbasis. T weiß zwar, wer Betroffener ist, die Beschreibung des Situationstyps „G/4" läßt jedoch zweierlei offen: zum einen, ob T überhaupt weiß, daß der Betroffene weiß, daß er Betroffener ist, und zum anderen, ob er weiß, ob dieser seine Opferung hinnimmt. Nimmt man der Einfachheit halber an, T weiß, daß U weiß, daß er Betroffener ist, sind zwei Fälle zu unterscheiden: T weiß lediglich, wer die Betroffenen sind (G/4a); T weiß, wer die Betroffenen sind *und* ob diese ihre Opferung hinnehmen oder nicht (G/4b). Im Situationstyp „G/4a" weiß T, welchen Personen er *möglicherweise* (vorausgesetzt, sie lehnen sein Vorgehen ab) ein Unrecht zufügt; im Situationstyp „G/4b" weiß T, daß er bestimmten Personen (vorausgesetzt, sie lehnen sein Vorgehen ab) ein Unrecht zufügt. Von daher stellt sich die Frage, ob im Falle 4 ein Gefahrenabwehrer überhaupt gerechtfertigt sein kann.

Ich schlage folgende *Lösung* vor: Eine Gefahrenabwehr vom Typ „G/4b" ist, wenn die Betroffenen ihrer Opferung widersprechen, moralisch *nicht* erlaubt und T daher moralisch nicht gerechtfertigt. Ein Handeln im Bewußtsein, ein moralisches Unrecht in die Welt zu setzen, kann nicht erlaubt sein. Wer ein moralisches Unrecht bewußt produziert, tut etwas moralisch Unrechtes. Im Unterschied zum Fall 3 verfügt der Gefahrenabwehrer in der Situation „G/4b" über ein Wissen, auf das er mit einem Zurücktreten von seinem geplanten Vorgehen reagieren kann. Sobald Betroffene signalisieren, daß sie nicht bereit sind, sich in einem übergeordneten Interesse opfern zu lassen, ist T moralisch verpflichtet, den Gefahrenabwehrversuch zu unterlassen bzw. abzubrechen. Setzt er die Gefahrenabwehr fort, wird er moralisch schuldig.[68] Auch in einem solchen Fall jedoch, wäre die Forderung an U, sofern möglich auszuweichen, *nicht* aufgehoben. Diese Einschränkung des moralischen Rechts auf Verteidigung im Vergleich zum Notwehrrecht des § 32 StGB bleibt erhalten, da die Legitimität der *Intention* des Gefahrenabwehrversuchs von der Nichteinwilligung U's in seine Opferung nicht berührt wird.

G/4a ist im Prinzip zu behandeln wie G/3. Im Falle 4a handelt T zwar im Bewußtsein, ein Unrecht in die Welt setzen *zu können*. Und auch wer bewußt in Kauf nähme, ein moralisches Unrecht zu produzieren, würde etwas moralisch Unrechtes tun. Entscheidend ist jedoch, ob ein Gefahrenabwehrer generell davon auszugehen hat, daß die Betroffenen in ihre Opferung *nicht* einwilligen werden. Ihn auf diese Annahme zu verpflichten hieße, die Gültigkeit von G in Zweifel zu ziehen. Wenn man jedoch annimmt, daß eine Akzeptanz von G im Urzustand möglich ist, und außerdem weiß, daß G als Moralnorm gesellschaftliche Geltung besitzt, muß man es auch für möglich halten, daß Betroffene in der Realsituation in ihre Opferung einwilligen und Notwehrhandlungen unterlassen (vgl. II.10). Gleichwohl bleibt die Situation ambivalent, weil man eben auch weiß, daß Selbstopferungen Menschen tendenziell überfordern. Von daher sollte sich ein Gefahrenabwehrer in der Situation „G/4a" verpflichtet fühlen, das Wissen zu beschaffen, um in die Situation „G/4b" zu gelangen – also zu wissen, ob die Betroffenen, die wissen, daß sie Betroffene sind, ihrer Opferung widersprechen oder nicht.

Dies heißt nicht, daß das mutmaßliche Opfer ausdrücklich zustimmen müßte und vom Gefahrenabwehrer daher zu fordern wäre, daß er sich um eine ausdrückliche Zustimmung des Betroffenen bemüht. T kann vielmehr eine Einwilligung unterstellen, wenn U nicht widerspricht. Insofern haben wir es hier mit einer „Widerspruchslösung" zu tun.

Gleichwohl hat T die Pflicht, sich möglichst zu informieren. Allerdings müssen die an die Erfüllung dieser Informationspflicht zu stellenden Anforderungen der Gefahr sowie der Bedrohungssituation angemessen sein. In Gefahrenabwehrsituationen wird häufig schnell oder konspirativ gehandelt werden müssen. Zudem sind *pauschale* Erklärungen potentiell, aber nicht aktuell Betroffener, das eigene Leben möge nicht gefährdet werden, für T kaum verbindlich. Maßgeblich für eine eventuelle Pflicht, vom Gefahrenabwehrversuch zurückzutreten, ist ausschließlich das Publikwerden der Erkenntnis des sich in einer realen Gefahrenabwehrsituation befindlichen mutmaßlichen unschuldigen Opfers, nicht die Stärke zur Selbstaufopferung zu besitzen.

In der vom Fall-Typ „G/2" erfaßten Konstellation – T weiß, wer betroffen sein wird; die Betroffenen wissen es nicht – ergibt sich keine Frage nach dem Notwehrrecht von U, sondern nur die nach der moralischen Rechtfertigung von T durch G. Die bloße Tatsache jedoch, daß T weiß, wer Betroffener sein wird, kann der Berechtigung zu einem G-konformen Vorgehen keinen Abbruch tun. Denn G ist begründet, wenn angenommen werden muß, daß dieser Grundsatz im Urzustand gewählt würde und darüber hinaus jeder vernünftig überlegende reale Mensch hinreichende Gründe hat, seine gesellschaftliche Ingeltungsetzung zu wünschen. Ist diese tatsächlich erfolgt, so berechtigt die gesellschaftliche Akzeptanz von G zu der Annahme, U habe seine Einwilligung dazu erteilt, daß es auch ihn unversehens treffen kann. Und über den zentralen Punkt, der die Entscheidung unter Realbedingungen auf eine neue Wissensbasis stellen könnte, nämlich ob ein Betroffener die Stärke besitzt, an seiner (fiktiv) gegebenen Zustimmung zur möglichen Selbstopferung im übergeordneten Interesse festzuhalten, herrscht nach wie vor Unwissen. Eine solche Erfahrung setzte voraus, daß Betroffene bemerken, daß sie Betroffene sein werden. Daher ist kein Grund ersichtlich, aus dem davon zu sprechen wäre, daß T mit seinem Vorgehen ein moralisches Unrecht an U ausübe.

Ist aber ein Vorgehen nach G/2 moralisch erlaubt, so gilt dies erst recht für ein Vorgehen nach G/1 – das heißt für Fälle, in denen weder T noch die Betroffenen wissen, wer zu den Betroffenen gehören wird.[69]

14. Urzustand und reale Gefahrensituation

Die Schwierigkeit, mit der wir es in der hier behandelten Art von Fällen zu tun haben, ergibt sich, weil zum einen das praktische Handeln Tatsachen schafft und zum anderen in realen Gefahrensituationen individuelle Verhaltensdispositionen konkreter Menschen erkennbar werden. Dies eliminiert die fiktive Unwissenheit des Urzustandes sowie die Unwissenheit der normalen Realsituation (II.5). In dem Maße, in dem sich die Position und Verhaltensdisposition eines Beteiligten klärt, gewinnt er gleichsam eine zweite, nunmehr aber reale Chance zur Entscheidung. Während unter dem Schleier des Nichtwissens als Träger der rationalen Wahl ein allgemeines Subjekt ohne individuelle oder Partikularinteressen fungiert,[70] entscheiden unter Realbedingungen Menschen aus Fleisch und Blut über ihre eigenen Geschicke und die anderer. Ihnen ist es nur bedingt möglich, streng unparteiische Entscheidungen eines reinen Vernunftwesens lebenspraktisch Wirklichkeit werden zu lassen. Davon kann eine normative Ethik nicht abstrahieren. Die für G/3 und G/4 vorgeschlagenen Lösungen ergeben sich aus der gleichberechtigten Berücksichtigung der in der Pro- (Begründung von G) und der in der Contra-Argumentation (Verteidigung des Selbstverteidigungsrechtes Unschuldiger) vertretenen Prinzipien.

Ginge es – wie bei Rawls – nur darum, welche Art von Gesellschaft man vernünftigerweise zu wählen hätte, bliebe, nachdem eine Gesellschaft in Übereinstimmung mit Grundsätzen, die im Urzustand gewählt würden, konzipiert und etabliert worden wäre, nichts anderes übrig (jedenfalls zunächst), als sich zu arrangieren, gleichgültig welche Position man in ihr einnimmt. Hingegen ist es im Falle der Konfrontation mit einem bedrohlichen Gefahrenabwehrversuch praktisch nicht ausgeschlossen, daß man als unschuldig Betroffener die Chance hat, sich durch Notwehrhandlungen zu retten. Die Handlungsmöglichkeiten, die in einem solchen Fall zur Verfügung stehen, sind gänzlich unabhängig davon, ob irgendwer glaubt oder geglaubt hat oder die Bedrohten davon überzeugen könnte, daß G rational begründet ist, das heißt von ihnen selbst im Urzustand gewählt würde, und sie sind ebenso unabhängig davon, ob ein Vorgehen nach G in der jeweiligen Gesellschaft als erlaubt gilt.

In einer solchen Situation ist vielmehr die Frage aufgeworfen: Warum sollte jemand, der um seine Lage und Verhaltensdispositionen weiß, moralisch verpflichtet sein, seine Entscheidung von einem Grundsatz abhängig zu machen, dem er zwar – so mag er einräumen – im Urzustand (und vielleicht selbst in der Realsituation) zustimmte, in dem aber seine persönlichen Verhaltensdispositionen, seine individuell-typische Reaktionsweise in für ihn bedrohlichen Situationen, nicht berücksichtigt sind und auch nicht berücksichtigt werden konnten? Während ein einzelner eine Gesellschaft nicht ohne weiteres ändern kann, hat er in einer Situation, in der er von einem Gefahrenabwehrversuch, etwa einem Attentat, bedroht ist, eventuell die Möglichkeit, sich „neu" zu entscheiden. Dieser praktische Unterschied läßt die Verbindlichkeit der Zustimmung zu G, die er (unter dem Schleier des Nichtwissens) vernünftigerweise geben müßte, fraglich werden. Deshalb ist die Rawlssche Antwort auf die Frage, warum der fiktive Urzustand und die in ihm gerechtfertigten Grundsätze überhaupt von Interesse sein sollten, nämlich, weil die Bedingungen, die diesen Zustand ausmachen, tatsächlich akzeptiert werden[71], für einen Falltyp wie den hier verhandelten unbefriedigend. Diese Akzeptanz, die wir jedem vernunftgeleiteten Wesen unterstellen, bezieht sich eben nur auf den Zustand des Unwissens über die individuelle Standhaftigkeit, Hingabe- und Leidensfähigkeit. Würde G deshalb als rational akzeptierbar gelten, weil die Resultate eines G-konformen Handelns nach irgendeinem ethisch-normativen Maßstab richtig sind, wäre das hinzugetretene Wissen belanglos. So aber gilt G als gültig, weil die Resultate, die eine Befolgung von G vermutlich zeitigen würde, für alle rational akzeptierbar sind.[72] Diese Gültigkeitsvoraussetzung kann aber durch das in der Realsituation hinzutretende Wissen aufgehoben werden.

Nur in den Fällen 1 und 2 ist G uneingeschränkt gültig. In den Fällen 3 und 4 kann die Gültigkeit von G *aus der Sicht der unschuldig Betroffenen* aufgehoben sein. Diese wissen, daß sie Betroffene sein werden, und können daher das im Urzustand voraussetzungsgemäß unverfügbare Wissen gewonnen haben, daß sie nicht die Stärke besitzen, auf ihre Selbstrettung zu verzichten. Unter dieser Voraussetzung verfügen die Betroffenen über ein (eingeschränktes) Notwehrrecht gegen den Gefahrenabwehrer. Da aber in der Innenperspektive von T die Fälle 1 und 3 nicht unterscheidbar sind – jedenfalls dann nicht, wenn T nicht nur nicht weiß, wer Betroffener sein wird, sondern auch nicht weiß, daß es überhaupt Betroffene gibt, die wissen, daß sie Betroffene sein werden –, muß das Vorgehen von T nach G/3 als moralisch erlaubt gelten. Analoges gilt für T im Situationstyp „G/4a", sofern es diesem nicht gelingt, die nötigen Informationen zu beschaffen, um in eine Situation vom Typ „G/4b" zu gelangen. Im Fall 4b hingegen ist (sofern die Betroffenen in ihre Opferung nicht einwilligen) ein Vorgehen nach G *nicht* erlaubt; T ist verpflichtet, den Gefahrenabwehrversuch abzubrechen. Damit ergibt sich: Mit Ausnahme des Situationstyps „G/4b" ist es unter der Bedingung der Anwendbarkeit von G erlaubt, Unschuldige zu töten, um unverhältnismäßig viele zu retten.

Ich plädiere dafür, daß das in der Gefahrenabwehrsituation gewonnene Wissen, daß man selbst zu den Betroffenen gehören und nicht die Stärke zur Selbstopferung besitzen wird, auch moralisch dazu legitimiert, sich zur Wehr zu setzen - und zwar selbst dann, wenn einem bewußt wäre, daß man G vernünftigerweise zustimmen muß und der Gefahrenabwehrer moralisch gerechtfertigt ist. Sobald Wissen über die eigene Position und Reaktionsweise erlangt wurde (zum Beispiel durch das Handeln eines Attentäters), sind die Voraussetzungen der Zustimmung zu G (Nichtwissen, ob man die Kraft hat, der als rational erkannten Übereinkunft in der realen Gefahrensituation treu zu bleiben) aufgehoben. Dabei muß die „Erkenntnis", zum Verzicht auf Selbstrettung nicht stark genug zu sein, nicht zwingend als das Ergebnis einer bewußten Selbstprüfung und eines darauf folgenden wohlüberlegten Entschlusses aufgefaßt werden. Vielmehr ist auch das Opfer, das sich in seiner psychischen Bedrängnis spontan zur Wehr setzt, in derselben Weise gerechtfertigt.

Angesichts dessen, daß das moralische Notwehrrecht von U an eine Verhaltensdisposition geknüpft ist, mag man auf die Idee kommen, daß es sich hierbei vielmehr um einen Rechtfertigungsgrund handelt, der unter dieser Voraussetzung bei einer Verletzung der Pflicht zur Selbstopferung eingreift. Dieser Interpretation ist jedoch nicht zuzustimmen - und zwar deshalb, weil sie in eklatanter Weise weithin geteilten moralischen Intuitionen widerspricht (II.9). Sich für andere zu opfern ist moralisch vorbildlich; wer dies nicht schafft, verletzt aber keine Pflicht, für deren Verletzung er sich zu rechtfertigen hätte. Wenn nun aber die Selbstopferung in G-konformen Gefahrenabwehrsituationen vorbildlich und gesellschaftlich erwünscht ist, ist man dann nicht - sofern dafür Zeit und Gelegenheit besteht - moralisch verpflichtet, ernsthaft zu versuchen, sich selbst zu einer Selbstopferung zu bestimmen? Ich glaube, daß diese Form der Verpflichtung unbedingt einzuräumen ist. Daraus folgt jedoch nicht, daß demjenigen, der bei diesem Versuch scheitert, etwas vorgeworfen werden dürfte.

Zu sagen, jeder sei moralisch legitimiert, sich selbst zu retten, heißt, daß es keine intersubjektiv akzeptierte Norm gibt, welcher dieses Verhalten widerspräche. G taugt – mit den angegebenen Einschränkungen – zur Rechtfertigung der Tötung Unschuldiger, nicht aber dazu, diese zur Selbstopferung zu verpflichten. Das moralische Notwehrrecht als aufgehoben zu betrachten käme der Postulierung einer Pflicht gleich, sich an der Gefahrenabwehr durch Unterlassen zu beteiligen. Mit der Begründung von G ist aber nur eine Erlaubnis und keine Pflicht zur Gefahrenabwehr begründet (siehe auch V.5).

15. Das Ergebnis

Die Untersuchung hat gezeigt, daß ein Vorgehen nach G und damit die Tötung Unschuldiger nicht grundsätzlich illegitim sein muß. G ist als ein allgemeiner Grundsatz für bestimmte Situationstypen gerechtfertigt. Damit wissen wir zwar noch nicht, welche *konkreten* Bedingungen gegeben sein müssen, damit ein Vorgehen nach G erlaubt ist, G also angewendet werden darf. Gleichwohl ist dieses Ergebnis von Nutzen. Es zeigt, daß eine Gefahrenabwehr nicht allein deshalb moralisch zu verurteilen ist, weil bei ihr die Tötung Unschuldiger in Kauf genommen wurde.

Welche Anwendungsbedingungen erfüllt sein müssen, damit eine Gefahrenabwehr unter Inkaufnahme der Tötung Unschuldiger moralisch legitim ist, ist noch immer weitgehend offen. Die Legitimität eines G-konformen Vorgehens hängt von einer Reihe moralisch bedeutsamer Kriterien ab, die im praktischen Handeln erfüllt sein müssen. Die Formulierung des Grundsatzes „G“ enthält lediglich zwei – allerdings wichtige – Kriterien: Die bei der Abwehr der Gefahr bewirkte Schädigung Unschuldiger muß in einem bestimmten Verhältnis zum erzielten Nutzen der Gefahrenabwehr stehen (Kriterium der Verhältnismäßigkeit). Und: Die Hinnahme der Tötung Unschuldiger kann nur dann erlaubt sein, wenn keine andere Möglichkeit der Gefahrenabwehr besteht (Kriterium der Erforderlichkeit). Diese Kriterien sind sehr allgemein und bedürfen der Präzisierung. Darüber hinaus haben weitere Anwendungsbedingungen als notwendig zu gelten.

Konkretisierungsbedarf besteht mindestens in dreierlei Hinsicht. G wird seinen kollektiven Nutzen nur dann entfalten können, wenn die Erkenntnis der Gefahr bzw. die Entscheidung zur Gefahrenabwehr (Kapitel III), die Natur der Gefahr sowie die Art und Weise der Abwehr der Gefahr (Kapitel IV) bestimmten Kriterien (Anforderungen/Qualitäten) genügen. Diese Kriterien sind zugleich notwendige Bedingungen dafür, daß eine Tötung Unschuldiger moralisch legitimiert ist. Wie aussichtsreich es ist, daß die legitimierenden Bedingungen lebenspraktisch überhaupt erfüllbar sind, ist eine Frage für sich - eine Frage, die nicht in den Bereich der Moralphilosophie fällt.

Festzustellen bleibt des weiteren, daß die behandelten Fälle 1 bis 4 aus einer Außenperspektive konstruiert sind. Die Beschreibung der Fälle läßt offen, ob jeweils die eine Partei (T oder U) weiß, was die andere Partei (U oder T) weiß oder nicht weiß. Wird dieser Gesichtspunkt berücksichtigt, so ergeben sich für die Fälle 1–3 jeweils zwei und im Falle 4 vier Unterfälle.

Dies sind: G-/1-A-/B (lies: „im Fall ‚G/1' mit der Variante ‚A' bzw. ‚B' gilt"): T weiß/weiß nicht, daß kein U weiß, daß er Betroffener ist; G/2-A/B: T weiß/weiß nicht, daß U nicht weiß, daß er Betroffener ist; G/3-A/B: U weiß/weiß nicht, daß T nicht weiß, wer Betroffener ist; G/4-A/B: T weiß/weiß nicht, daß U weiß, daß er Betroffener ist; G/4-C/D: U weiß/weiß nicht, daß T weiß, daß U weiß, daß er Betroffener ist.

Inwieweit sich durch Beachtung dieser Unterfälle modifizierte Bewertungen ergeben, lasse ich offen. Im Falle des Situationstyps „G/4" wurde jedoch strenggenommen bereits ein solcher Unterfall als gegeben angenommen (II.13), nämlich der Fall, T weiß, daß die Betroffenen wissen, daß sie Betroffene sind.

Der eingangs konstatierte Widerspruch zwischen unserer Rechtsordnung, die das Gut des Lebens für prinzipiell nichtabwägungsfähig erklärt (womit quantitative Aufrechnungen sowie Nützlichkeitserwägungen entfallen), und der verbreiteten moralischen Intuition, die genau dies in Ausnahmefällen für erlaubt, ja womöglich für geboten hält, ist damit noch nicht aufgelöst (siehe V.3). Die vorgenommene Prüfung hat lediglich die Begründbarkeit der moralischen Intuition erwiesen, in Ausnahmefällen könne auch die Tötung Unschuldiger moralisch erlaubt sein.

Im Kapitel V werden weitere Probleme diskutiert, wobei auch einige Fragen offengelassen werden. Kapitel VI schließlich zieht die wesentlichsten Konsequenzen.

III.

Gefahrenarten und Gefahrenerkenntnis

1. Überblick

Die Frage, ob es unter Umständen erlaubt sein kann, zum Zwecke der Abwehr einer Gefahr für das Leben von Menschen notfalls auch die Tötung von Unschuldigen in Kauf zu nehmen, wurde im Kapitel II dieser Untersuchung auf der Ebene moralischer Prinzipien diskutiert. Dabei wurden zwar bereits Konsequenzen der Anwendung von G bedacht, es wurden aber die praktischen Schwierigkeiten, eine konkrete Realsituation als eine Anwendungssituation von G zu identifizieren, ausgeblendet. Daß die gesellschaftliche Etablierung von G in dieser Hinsicht ganz erhebliche Probleme aufwirft, ist offensichtlich. Zudem wurde im Kapitel II stillschweigend unterstellt, daß die potentiellen Opfer mit der Gefahrenerkenntnis des Gefahrenabwehrers übereinstimmen. Eine solche Übereinstimmung ist keineswegs selbstverständlich und auch nicht der Regelfall. Daraus ergeben sich Konsequenzen.

Würde in einer Gesellschaft G akzeptiert und danach gehandelt, so brächte dies nur dann Nutzen, wenn die identifizierten Gefahren auch objektiv existierten, also nicht nur eingebildet sind. Offenbar ist eine Zustimmung zu G (hinter dem Schleier des Nichtwissens) für jeden einzelnen nur dann rational, wenn die in G allgemein formulierten Bedingungen eine solche Interpretation erfahren, daß kontraproduktive Berufungen auf G in der Realsituation in einem hinreichenden Maße ausgeschlossen werden. Ein solches Maß ist dann erreicht, wenn der Gesamtnutzen, der aus der Etablierung von G entsteht, abzüglich der Verluste, die aus dem Risiko von Fehlinanspruchnahmen resultieren, positiv ist.

Im folgenden wird zunächst deutlich werden, daß es sinnvoll ist, die Frage der Erlaubtheit eines Vorgehens nach G unter dem Gesichtpunkt der Anforderungen, die an die Gefahrenerkenntnis gestellt werden können, zu diskutieren (III.2). Eine Diskussion dieser möglichen Anforderungen wird zeigen, daß eine Rechtfertigung von G unter bestimmten Voraussetzungen auch einen wohlwollenden Diktator legitimieren kann (III.3) und selbst Erkenntnis- und Entscheidungsprozesse in Gruppen keineswegs zu akzeptablen Ergebnissen führen müssen (III.4). Aus der Erkenntnis, daß nicht sämtliche Gefahren objektiv sind, werden sodann Beschränkungen hinsichtlich der Gültigkeit von G abgeleitet (III.5). Zusätzliche Beschränkungen ergeben sich aus dem weltanschaulichen Pluralismus (III.6) sowie aus Übereinkünften hinsichtlich des in einer Gesellschaft erlaubten Risikos (III.7). Schließlich wird eine Lösung vorgetragen (III.8), bewertet (III.9, III.10) und eingeordnet (III.11).

2. Sorgfaltspflichten und Erkenntnisanforderungen

Zweifellos liegt es im Interesse eines jeden Menschen, Fehlinanspruchnahmen von G zu vermeiden. Es ist daher vernünftig, die Zustimmung zu G an strengste Forderungen hinsichtlich der Qualität der Entscheidungsfindung einer Person (oder Gruppe) zu binden, die sich zu einer Gefahrenabwehr im Sinne von G selbst bestimmt. Zu fragen ist: Mit welcher Wahrscheinlichkeit muß die Realisierung der Gefahr prognostiziert und wie kann diese Wahrscheinlichkeit festgestellt werden? Dabei wird die geforderte Prognosesicherheit abhängig sein vom Ausmaß der Gefahr.

Die Formulierung in G „Jeder, der eine hinreichend große gegenwärtige Gefahr [...] wahrnimmt [...]“ kann vernünftigerweise nur solche potentiellen Gefahrenabwehrer legitimieren, die bei der Identifizierung von Gefahren die gebotenen Sorgfaltspflichten beachtet haben. Damit soll mit möglichst hoher Wahrscheinlichkeit gewährleistet werden, daß die Gefahr, die der Gefahrenabwehrer zu beseitigen trachtet, immens ist, tatsächlich besteht und bereits droht. Auf einen Nenner gebracht: Wir erwarten von einem Gefahrenabwehrer, daß er seine kognitiven Pflichten erfüllt hat. Kognitive Pflichten formulieren Anforderungen, die man erfüllen muß, um zu einer möglichst objektiven Erkenntnis sowie zu einer rationalen Urteils- und Willensbildung zu gelangen. Diese Anforderungen sind zu spezifizieren. Was es konkret heißt, seine kognitiven Pflichten zu erfüllen und welche

Anforderungen an den Entscheidungsfindungsprozeß zu stellen sind, soll im folgenden nicht interessieren.[1] Festzuhalten ist an dieser Stelle nur, daß eine Gefahrenabwehr, die zum Zeitpunkt ihrer Vorbereitung und Durchführung auf zutreffenden Einschätzungen seitens des Gefahrenabwehrers beruhte, nicht dadurch illegitim wird, daß die Entwicklung anders verlaufen ist als dies ex ante nach allgemeiner Lebenserfahrung – gegebenenfalls auf der Grundlage des verfügbaren wissenschaftlichen Wissens – diagnostizier- bzw. prognostizierbar war (vgl. aber auch IV.5).[2]

Zunächst ist jedoch fraglich, unter welchen Bedingungen man vernünftigerweise davon ausgehen soll, daß eine zu beseitigende Gefahr tatsächlich besteht und damit ein Vorgehen nach G gerechtfertigt ist. Welche Anforderungen sind an das *Erkanntsein* oder das *Erkennbarsein* der Gefahr zu stellen? Ist zu fordern, daß die Gefahr, die beseitigt werden soll, (1) von (praktisch) jedermann erkannt oder (2) von einer großen Mehrheit erkannt oder (3) im Prinzip für jedermann, der seine kognitiven Pflichten erfüllt, unter den gegebenen Bedingungen erkennbar sein soll? Oder darf einer auch dann handeln, wenn (4) nur er allein aufgrund irgendeiner Besonderheit, die seine Erkenntnisfähigkeit und Überzeugungsbildung betrifft, die Gefahr zu erkennen in der Lage ist?

Anforderung 1: Die Gefahr muß von (praktisch) jedem erkannt worden sein. (a)

Anforderung 2: Die Gefahr muß von einer Mehrheit erkannt worden sein. (b)

Anforderung 3: Die Gefahr muß (im Prinzip) für jeden erkennbar sein. (c)

Anforderung 4: Die Gefahr muß überhaupt erkennbar und von wenigstens einem erkannt worden sein. (d)

Vorauszuschicken ist, daß der Personenkreis, der für die Feststellung einer Gefahr relevant ist, sich nicht auf die Mitglieder des Gemeinwesens beschränkt, in dem die betreffende Gefahr existiert oder von dem sie ausgeht. Vielmehr sind damit alle Personen gemeint, die potentielle Opfer der Gefahr sind und sich – wenn sie es darauf anlegen – über die Lage ein Urteil bilden können. Ob als Gefahrenabwehrer nur ein potentielles Opfer in Frage kommt oder jeder, der die Gefahr sieht, lasse ich an dieser Stelle noch offen (siehe dazu IV.3).

Die Bedingung „a" ist sehr streng. Bereits geschichtliche Erfahrungen sprechen dafür, daß selbst akute Gefahren für ganze Gemeinwesen keineswegs von jedermann erfaßt werden. Würde a zur notwendigen Voraussetzung erklärt, wären G-konforme Gefahrenabwehren praktisch ausgeschlossen.

Aber auch b und c könnten sich als zu streng erweisen. Es lassen sich nämlich Situationen nicht ausschließen, in denen die bestehende Gefahr von nur einem oder wenigen erkannt werden *kann* - auch wenn alle anderen ihre kognitiven Pflichten erfüllen. Das wird etwa dann der Fall sein, wenn zur Gefahrenwahrnehmung Spezialwissen vonnöten ist, über das - im Extremfall - nur einer verfügt und das auch von anderen nicht zu beschaffen ist. Zu vermuten ist sogar, daß sich gerade nicht-offenkundige Gefahren als besonders gefährlich erweisen könnten. Man denke etwa an einen Mitverschwörer, der in einen noch geheim ablaufenden Versuch involviert ist, die demokratische Grundordnung umzustürzen, sich aber eines Besseren besinnt. Ist in solchen Fällen der Informierte zum G- konformen Handeln berechtigt?

3. Legitimierung des wohlwollenden Diktators?

Ein solcher Fall ist zunächst deshalb brisant, weil die Allgemeinheit und erst recht die von der Gefahrenabwehr unmittelbar Mitbetroffenen aufgrund fehlender Einsicht in die Gefahr die G-Konformität des Vorgehens des Gefahrenabwehrers in der Realsituation nicht erkennen können.

Des weiteren jedoch besteht folgender Zusammenhang: Angenommen, man hielte ein Vorgehen nach G unter der Bedingung „d" (G/d) für legitim, so bedeutete dies, auch den wohlwollenden Diktator zu legitimieren, der sich auf Erkenntnisvorsprünge oder spezielle Einsichten beruft, die er zur Abwehr einer Gefahr für die Allgemeinheit, zur Bekämpfung eines großen Übels oder zur Minimierung des Leidens großer Massen zu nutzen gedenkt und zu diesem Zwecke die politische Macht ergreift. Ein solcher Diktator in spe (oder auch eine Diktatorengruppe) befindet sich in einer strukturell ähnlichen Situation wie ein Gefahrenabwehrer in den genannten Ausnahmefällen. Auch er beabsichtigt wie diese, einem Übel abzuhelfen oder vorzubeugen, welches weiterhin andauert oder voraussichtlich eintritt, wenn er die Handlungen zur Gefahrenabwehr unterläßt. Natürlich erfolgte eine Legitimierung objektiv nur dann, wenn die Erkenntnisansprüche zu recht erhoben würden. Man wird jedoch sagen müssen, daß allein mit der Zulassung von Selbstlegitimierungen unter der Bedingung „d“ die Wahrscheinlichkeit wächst, daß es zu ungerechtfertigten Selbstlegitimierungen dieser Art kommt.

Die Zustimmung zu G scheint somit die Möglichkeit einer Legitimierung des gutmeinenden Diktators, der mit der formal unrechtmäßigen Ergreifung der politischen Macht eine große Gefahr abwehren möchte und dazu opferträchtige Mittel einsetzt, zu implizieren. Dies gilt jedenfalls dann, wenn man G noch nicht einmal an die – im Vergleich zu a und b schwächere – Bedingung „c“ bindet. Nur wenn *zumindest* c als notwendige Bedingung eines G-konformen Vorgehens gilt, bietet die Berufung auf Spezialwissen oder exklusive Erkenntnisse keine anerkannte Legitimation. Unter G/d (lies: „bei einem Vorgehen unter Berufung auf den Grundsatz ‚G‘ unter der Bedingung ‚d‘“) hingegen ist selbst der eine höhere Einsicht reklamierende wohlwollende Diktator zum opferträchtigen Handeln zumindest subjektiv legitimiert.

Über diesen Zusammenhang Klarheit zu gewinnen ist deshalb von großer Bedeutung, weil es diese Art der (Selbst-)Legitimation ist, von der auch die kommunistischen Parteien Gebrauch machten. Unter Berufung auf Einsicht in die Gesetzmäßigkeiten der gesellschaftlichen Entwicklung und das angebliche Fortbestehen ideologischer Verblendungen unter den unaufgeklärten Massen fühlten sie sich zu einem opferträchtigen Handeln im Dienste der Minimierung der Gesamtopferzahlen ermächtigt, mit denen zu rechnen wäre, wenn die Abkürzung der „Geburtswehen“ der neuen Gesellschaft unterbliebe. Die Geschichte des Kommunismus – aber nicht nur diese – gemahnt, Selbstermächtigungen dieser Art ausgesprochen kritisch zu betrachten.

Noch einmal: Natürlich setzt eine (objektive) Legitimiertheit voraus, daß die behauptete Gefahrenerkenntnis tatsächlich besteht. Da aber ein Gefahrenabwehrer unter der Bedingung „d“

sich nur auf seine subjektive Anschauung der Gefahr verlassen kann, beinhaltet die Akzeptanz von G/d die Erlaubnis für den Gefahrenabwehrer, sich ausschließlich auf seine subjektive Erkenntnis der Gefahr zu stützen. Daß aus einem solchen Verfahren selbst wiederum immense Gefahren für die Allgemeinheit herrühren, ist ohne weiteres plausibel. Diese Gefahren müssen offenbar in einer Gesamtkalkulation berücksichtigt werden. Da aber nach wohl allen Erfahrungen kaum etwas dafür spricht, Gefahrenabwehrer zu dulden, die sich auf nicht allgemein nachvollziehbare Erkenntnisarten oder nicht allgemein zugängliche Erkenntnisquellen (gewisse Einschränkungen mögen im Falle des staatlichen Handelns erlaubt sein, weil der exklusive Zugang zu gewissen Informationen hier in der Natur der Sache liegt) stützen, führt diese „allgemeine Tatsache" – vielleicht von extremen Ausnahmefällen abgesehen – zur Nicht-Akzeptanz von G/d.

Somit ergibt sich folgendes *Zwischenergebnis*: Möchte man die Möglichkeit einer Selbstlegitimation unter Berufung auf höhere Einsicht oder Spezialkenntnisse vermeiden, kann die Erlaubnis zu einem G-konformen Handeln nicht (lediglich) an die Bedingung „d" gekoppelt werden. Statt dessen bietet sich (zunächst) die weniger strenge Bedingung „c" an: Die Gefahr muß unter den bestehenden Bedingungen im Prinzip von jedem, der seinen kognitiven Sorgfaltspflichten nachkommt, *erkannt werden können*; es kann aber sein, daß nur einer oder wenige sie *tatsächlich erkennen* (Bedingung „b" muß nicht erfüllt sein). Bindet man die Zustimmung zu einem G-konformen Vorgehen an das Vorliegen der Bedingung „c" (G/c), ist ein Gefahrenabwehrer auch dann zum Handeln moralisch befugt, wenn nur er die Gefahr tatsächlich erkennt, obwohl sie im Prinzip jeder erkennen könnte. Allerdings trägt er die Beweislast für die allgemeine Erkennbarkeit der Gefahr.

4. Das Risiko ungerechtfertigter Selbstlegitimierungen

Angenommen nun, c wäre als hinreichende Bedingung allgemein anerkannt und G/c damit als Handlungsnorm gesellschaftlich etabliert: Wäre die daraus entspringende gesellschaftliche Praxis akzeptabel? Dies setzte voraus, daß sich jeder einzelne von der gesellschaftlichen Etablierung von G/c einen Gewinn versprechen kann, der das Risiko, daß er bei einem Gefahrenabwehrversuch zu Tode gebracht werden könnte, als tragbar erscheinen läßt.

Man wird sich einer Antwort auf diese Frage nähern, indem man die Bedingung „c" einer genaueren Prüfung unterzieht und dabei im Auge behält, daß G/d deshalb als unakzeptabel zu beurteilen war, weil es zu Selbstlegitimierungen unter Berufung auf Geheim- oder Spezialwissen oder „höhere" (oder auch „tiefere") Einsichten führt. Nach G/c darf ein einzelner - zur Bekämpfung massiven (politischen oder moralischen) Unrechts - notfalls auch dann Gewalt anwenden und dabei die Tötung Unschuldiger in Kauf nehmen, wenn nur er (oder auch eine Gruppe) die Gefahr erkennt, die Gefahr jedoch von jedem, der seine kognitiven Pflichten erfüllt, erkennbar ist. Versetzt man sich in die Situation eines einsamen Gefahrenabwehrers, der als möglicherweise einziger die betreffende Gefahr sieht, so wird allerdings deutlich, daß der Gefahrenabwehrer in letzter Instanz selbst zu entscheiden hat, ob die Gefahr allgemein wahrnehmbar ist. Sobald es nicht als ausgeschlossen gilt, daß nur einer erkennt, was im Grunde genommen jeder erkennen könnte - dies auszuschließen scheint mir sowohl aus logischen als auch empirischen Gründen unmöglich zu sein -, muß auch (bei Vorliegen von c) zugelassen werden, daß einer allein darüber befindet, daß alle anderen ihren kognitiven Pflichten nicht nachgekommen sind. Würde dies aber nicht zu einer ähnlichen Art der Selbstlegitimierung führen, wie wir sie in bezug auf G/d abgelehnt haben? Sind nicht auch hier dem Mißbrauch oder Irrtum Tür und Tor geöffnet, wenn ein einzelner sich den Umstand, daß er allein eine Gefahr sieht, mit der Hypothese erklären kann, alle anderen hätten ihre kognitiven Pflichten nicht erfüllt?

Nun wird man die Überprüfung einer solchen Hypothese wiederum bestimmten Anforderungen unterwerfen können. Die Hypothese wäre offenbar dann zu akzeptieren, wenn ihr Protagonist über eine Argumentationsstrategie verfügte, jeden rationalen und über die empirischen Sachverhalte aufgeklärten Dialogpartner dazuzubringen, seine Gefahrendiagnose anzuerkennen. Nur wenn er über eine solche verfügt, wäre seine Erklärung haltbar, die Nichtanerkennung der von ihm gesehenen Gefahr durch andere Personen, sei auf deren Pflichtverletzungen zurückzuführen. Allerdings: Ob er über eine solch leistungsfähige Argumentationsstrategie verfügt, wäre wiederum nur durch ihn selbst zu entscheiden. (Sobald ein *realer* Dialog mit rationalen und aufgeklärten Partnern stattgefunden, aber nicht zur Einigung geführt hätte, wäre klar geworden, daß die Annahme in c, die Nichterkennbarkeit der Gefahr beruhe auf der Verletzung kognitiver Pflichten, falsch ist. Wenn es aber zu einer Einigung gekommen wäre, wäre nicht mehr Bedingung „c" gegeben.) Auf der Basis einer detaillierten Reflexion über seine eigne Gefahrenwahrnehmung hätte sich jeder potentielle Gefahrenabwehrer die Frage vorzulegen, ob er davon ausgehen kann, jeden vernünftigen Diskutanten vom Vorliegen der Gefahr argumentativ zu überzeugen.

Die damit verbundene Reflexion auf die Gründe der eigenen Überzeugung, würde das Risiko ungerechtfertigter Selbstlegitimierungen sicherlich mindern. Dieses Risiko würde abermals reduziert, wenn es sich bei T um eine *Gruppe* von Gefahrenabwehrern handelte, die sich in einer *freien und rationalen Diskussion*, in der sämtliche relevanten Informationen und Überlegungen eingebracht werden dürfen, auf das Vorliegen der Gefahr geeinigt hätten. Aber auch dann bliebe es eine Selbstlegitimierung!

Mithin: Der Übergang von d zur auf den ersten Blick deutlich schärferen Bedingung „c" bringt offenbar nicht *den* Zuwachs an Sicherheit, den man zunächst erhoffen konnte. Zwar richtet c vor der Selbstlegitimierung eine zusätzliche Hürde auf (man muß sich fragen, ob die Gefahr, die zu beseitigen man sich anschickt, tätsächlich allgemein erkennbar ist), sich selbst davon zu überzeugen, man sei der einzig Hellsichtige, ist jedoch im Bedarfsfalle immer möglich.

Damit erscheint G/c als nicht allgemein akzeptierbar. Damit G/c für rationale Akteure akzeptierbar wird, müßten außerordentlich strenge Anforderungen an die Qualität der Gefahrenerkenntnis gestellt werden. Ich glaube *nicht*, daß wir bereit sind, die dazu notwendige Kompetenz Einzelpersonen zuzusprechen. Wahrscheinlich werden wir diese Kompetenz auch *nicht* bei kleinen verschworenen, sich ad hoc konstituierten Gemeinschaften vermuten – und zwar deshalb, weil die Kenntnis bestimmter „allgemeiner Tatsachen" es uns verbietet, darauf zu setzen, daß in solchen informellen, nach außen abgeschirmten Gruppen eine objektive Gefahrenerkenntnis in einem Maße gewährleistet sein könnte, welches das Tragen des Restrisikos vernünftig erscheinen läßt.

G/c könnte vermutlich nur dann gerechtfertigt sein, wenn der Erkenntnisprozeß innerhalb der Gruppe institutionellen Absicherungen unterworfen ist. Wir wissen allerdings aus Erfahrung, daß diese Bedingung selbst im Innern der Regierung eines demokratischen Verfassungsstaates in der Realsituation nicht wirksam realisiert sein muß. Um legitimerweise auf der Grundlage von G/c vorgehen zu können, müßten also noch weitere – hier nicht zu diskutierende – Anforderungen erfüllt sein.

Des weiteren wäre zu fragen, inwieweit gesichert ist, daß zutreffende Erkenntnisse auch tatsächlich entscheidungswirksam und nicht von sachfremden Motiven überlagert werden. Dafür, daß auch in dieser Hinsicht Institutionen versagen können, bietet der Entscheidungsprozeß über den Atombombenabwurf innerhalb der US-Administration ein durchaus beredtes Beispiel.

Neuerdings zugängliche Dokumente über den US-amerikanischen Abwurf der Atombombe in Hiroshima und Nagasaki zeigen, daß die Entscheidung für deren Einsatz „nicht primär militärischen Erwägungen oder militärischen Ratschlägen" entsprang.[3] Vielmehr ist anzunehmen, daß bei der Entscheidung für den Einsatz atomarer Gewalt (und für die dabei in Kauf genommene Vernichtung der Zivilbevölkerung zweier Großstädte) diplomatisches Kalkül in den Beziehungen zur Sowjetunion eine Rolle gespielt hat. Alarmierend ist in diesem Zusammenhang, daß die Entscheidung über den Atomwaffeneinsatz „von einer ganz kleinen Gruppe getroffen (wurde) – im Grunde von nur zwei Männern, die fast auf eigene Faust und, was Schlüsselfragen betraf, gegen den Rat praktisch der gesamten Führung der übrigen US-amerikanischen und der britischen Regierung handelten"[4]. Gar Alperovitz: „Allein die Tatsache, daß erst heute, ein halbes Jahrhundert später, hinreichende Dokumente zugänglich sind, die beweisen, daß die Atombombe nicht notwendig war (und fast mit Sicherheit schon damals als nicht notwendig erkannt worden ist), läßt weitreichende Schlüsse über die Macht von Eliten zu, Informationen von überragender nationaler und internationaler Bedeutung zu kontrollieren. [...] Wie kann es dementsprechend ‚demokratische' Entscheidungsfindungen über Leben und Tod geben, über Fragen, die die ganze Erde erschüttern, wenn die Informationen, die für intelligente Entscheidungen erforderlich sind, der übergroßen Mehrheit der Bevölkerung von winzigen Eliten so leicht vorenthalten werden können?"[5]

5. *Objektive und subjektive Gefahren*

Die bisherigen Überlegungen haben gezeigt, daß die Legitimität eines Vorgehens nach G maßgeblich von der Objektivität der Gefahrenerkenntnis abhängt. Dabei wurde implizit unterstellt, daß Gefahren *grundsätzlich* objektiv existieren. Diese Unterstellung ist unzutreffend. Es ist vielmehr wichtig, die Frage nach der *Objektivität der Erkenntnis der Gefahr* von der nach der *Objektivität der Gefahr* zu unterscheiden. Ich schlage vor, zwei Arten von Gefahren sowie zwei Arten der Überzeugung, daß eine Gefahr existiert,[6] auseinanderzuhalten.

Zum einen gibt es offenbar Gefahren, die - wenn man sich über die empirischen Tatsachen geeinigt hat - von allen oder fast allen Menschen für Gefahren gehalten werden. Die ontische Grundlage der übereinstimmenden Gefahrenidentifikation sind die menschlichen Grundbedürfnisse. Zu den Gefahren, die allgemein als Gefahren identifiziert werden, gehören etwa Angriffe auf Leib und Leben (Totschlag, Folter, Vergewaltigung, Krieg), Beschränkungen der persönlichen Freiheit und Selbstbestimmung (Behinderungen der Freizügigkeit, Verbote, seinem individuellen Lebensplan zu folgen, Versklavung) oder auch die

Vernichtung der Lebensgrundlagen (Raub, ökologische Zerstörungen). Diese Gefahren sind *objektiv* in dem Sinne, daß jeder, der seine kognitiven Pflichten erfüllt hat, sie als Gefahren erkennt, das heißt: zu der Überzeugung gelangt, es handle sich hier um eine Gefahr oder ein Übel (Kriterium der Objektivität). Nur wer die Existenz solcher objektiven Gefahren einräumt, wird einen Handlungsgrundsatz wie G überhaupt für diskussionswürdig halten.

Zum anderen aber ist stets mit der Möglichkeit zu rechnen, daß Ereignisse, Vorkommnisse, Zustände, die ein einzelner oder Gruppen als Gefahren oder als Übel identifizieren, von anderen - und zwar obwohl Einigkeit über die empirischen Tatsachen besteht - nicht als solche bewertet werden. So etwa kann ein sich ausbreitender Atheismus von dem einen als großes Übel (nämlich als Bedrohung des individuellen Seelenheils oder auch der moralischen Grundlagen des Zusammenlebens), von dem anderen aber als ein Fortschritt (etwa als Befreiung aus Unmündigkeit oder Durchbruch zur Wahrheit) betrachtet werden. Je nach Betrachtungsweise wird sich der einzelne zu ganz unterschiedlichen Reaktionen berufen fühlen. Es handelt sich hierbei um Gefahren, über deren Bestehen oder Nicht-Bestehen auch dann keine Einigkeit erzielbar sein muß, wenn beide Parteien ihre kognitiven Pflichten erfüllt haben. Diese Gefahren sind im definierten Sinne nicht objektiv, das heißt, sie werden als solche nicht intersubjektiv anerkannt; es sind *subjektive* Gefahren.

Die Wahrnehmung bzw. Identifikation subjektiver Gefahren beruht auf Überzeugungen, die man nicht teilen muß, das heißt: die sich nicht jedem vernünftigen Menschen „andemonstrieren" lassen. Gefahren dieser Art korrelieren *nicht unmittelbar* (nicht auf eine hinreichend direkte Weise) mit elementaren Grundbedürfnissen, die - in aller Regel - jeden Menschen bestimmte Zustände, Ereignisse oder Handlungen als gefährlich oder bedrohlich, als ablehnenswert oder bekämpfungswürdig erleben lassen (auch wenn die Intensität dieses Erlebens oder die Bereitschaft, diese Gefahren hinzunehmen oder sie im Lichte „höherer" Ziele gar zu mißachten, variieren mag). Es gibt mithin Vorkommnisse, die jeden Menschen dazubringen, im wesentlichen dieselben Überzeugungen über diese Vorkommnisse auszubilden. Vorkommnisse dieser Qualität sind objektive Gefahren.

Objektive Gefahren gefährden die Befriedigung menschlicher Grundbedürfnisse. Allerdings könnte sich der Begriff „menschliches Grundbedürfnis" als zu vage und zu umfangreich erweisen, um zu einer kulturübergreifend konsensfähigen Bestimmung einer objektiven Gefahr zu gelangen. Als universell anerkannte Gefahren können wohl am ehesten Vorkommnisse gelten, die die Befriedigung „transzendentaler Bedürfnisse" gefährden. „Transzendental" können jene menschlichen Bedürfnisse genannt werden, deren Befriedigung Bedingung der Möglichkeit des individuellen Weiterlebens ist.[7] Die Befriedigung transzendentaler Bedürfnisse sichert die unmittelbare Fortexistenz des Menschen als einer Einheit von Natur-, Gesellschafts- und Vernunftwesen. Es sind Bedürfnisse, die der Mensch hat, sofern er Mensch und an der Erhaltung seiner Existenz interessiert ist. Allerdings: Nicht sämtliche Grundbedürfnisse sind transzendentale Bedürfnisse.[8] Schon deshalb ist zu vermuten, daß ein G-konformer Schutz sämtlicher Bedürfnisse, die man üblicherweise zu den menschlichen Grundbedürfnissen rechnet, nicht universell zustimmungsfähig ist (siehe auch IV.2). Zu beachten ist aber auch, daß eine universelle Zustimmungsfähigkeit im Einzelfall nicht gefordert sein braucht. Für die Berechtigung einer Gefahrenabwehr nach G ist die *faktische* Zustimmung der eventuell Betroffenen zur Gefahrenanalyse hinreichend.

Welche Bewandtnis hat es nun mit Vorkommnissen, die diese Qualität nicht aufweisen, die vielmehr Gegenstand verschiedener, bisweilen entgegengesetzter Stellungnahmen sind? Welche Faktoren sind ausschlaggebend dafür, daß ein und dasselbe – und als solches objektive – Vorkommnis unterschiedlich bewertet wird? Ausschlaggebend sind hierfür unterschiedliche metaphysische Annahmen oder inkommensurable individuelle Präferenzen, die etwa divergierende Vorstellungen über letzte Ziele und höchste Werte, verschiedene weltanschauliche oder religiöse Grundüberzeugungen oder sonstige unentscheidbare Auffassungsunterschiede bedingen. Verletzungen kognitiver Pflichten sind jedenfalls in diesem Zusammenhang irrelevant, da die Überzeugungen über die Existenz von Gefahren dieser Art – annahmegemäß – auch dann divergieren, wenn alle Akteure ihre kognitiven Pflichten erfüllt haben. Gerade dieser Umstand ist es, der uns diese Gefahren als „subjektiv" kennzeichnen läßt. Da subjektive Gefahren nicht objektiv existieren, werden sie – sobald man in einer Gesellschaft unterschiedliche metaphysische Annahmen akzeptiert oder die Akteure individuell verschiedene Präferenzen verfolgen – auch nicht von jedermann als Gefahren angesehen. Damit aber ist die notwendige Voraussetzung für die Gültigkeit von G, nämlich eine objektive Gefahrenerkenntnis, nicht in allen Fällen, in denen jemand eine Gefahr wahrnimmt, gegeben.[9]

Um sich über die Berechtigung, G/c zu folgen, ein Urteil bilden zu können, ist mithin zu klären, ob die Nichtidentifikation einer Gefahr bzw. Meinungsunterschiede über das Bestehen von Gefahren auf unterschiedliche metaphysische Annahmen bzw. nicht intersubjektiv geteilte Präferenzen einerseits oder auf die Verletzung kognitiver Pflichten andererseits zurückzuführen sind. Dies zu klären ist entscheidend dafür, ob überhaupt eine unter G subsumierbare Handlungssituation vorliegt. Im ersteren Falle müssen Meinungsunterschiede offenbar ertragen werden, weil eine Entscheidung zwischen ihnen rational nicht herbeiführbar ist. Das heißt, das Bestehen einer Gefahr oder eines Übels ist nicht allgemein erkennbar bzw. nicht intersubjektiv identifizierbar und damit ein Vorgehen nach G nicht gerechtfertigt. Wer gefährliche Zustände oder Prozesse wahrnimmt, die von anderen kompetenten Beurteilern nicht als Gefahren eingeschätzt werden, muß auf deren Bekämpfung verzichten. Gefahren, die auf rein persönlichen, nicht allgemein begründbaren Überzeugungen beruhen, sind – auch wenn diese Überzeugungen von vielen geteilt werden – nicht legitim abwehrfähig. Würde hingegen der zweite Fall vorliegen (Nichterkennen der Gefahr/des Übels aufgrund von Pflichtverletzungen), bestünde die Möglichkeit des Vorgehens nach G/c.

Auch hier stellt sich allerdings die Frage, wer beurteilen soll, welcher der zwei Fälle gegeben ist. Praktisch dürfte es in der Regel darauf hinaus laufen, daß der potentielle Gefahrenabwehrer sich die Entscheidung anmaßt. Dafür spricht die Erfahrung, daß viele Menschen dazu neigen, das Andersdenken Andersdenkender primär oder gar ausschließlich mit der Verletzung kognitiver Pflichten (wenn nicht mit Dummheit, Verblendung oder bösem Willen) zu erklären. Diese Neigung befördert ungerechtfertigte Selbstlegitimierungen, indem sie die erste Möglichkeit (Auffassungsunterschiede infolge verschiedener metaphysischer Annahmen) zu Unrecht oder vorschnell ausschließt. Ein Gefahrenabwehrer glaubt dann fälschlicherweise, Bedingung „c" sei erfüllt und somit er selbst zum Losschlagen berechtigt.

6. Unaufhebbare Meinungsunterschiede oder Verletzung kognitiver Pflichten?

Ich vermute nun, daß in einer weltanschaulich pluralistischen Gesellschaft diese psychologische Tatsache (die in der Entscheidungssituation des Urzustandes zu berücksichtigen wäre) selbst zu einer immensen Gefahr wird, falls G/c akzeptiert würde. Gerade unter den Bedingungen eines weltanschaulichen Pluralismus ist verstärkt mit nichtvermittelbaren Auffassungsunterschieden in den verschiedensten Bereichen des Lebens zu rechnen.[10] Greift unter diesen Bedingungen die beschriebene Neigung Platz, Meinungsunterschiede zuallererst auf die Verletzung kognitiver Pflichten durch die Andersdenkenden zurückzuführen, bietet G/c Raum für mannigfache Selbstlegitimierungen zu opferträchtigem Handeln.

Von der Akzeptanz von G/c ginge mithin in doppelter Hinsicht eine Bedrohung aus. Zum einen ist ein potentieller Gefahrenabwehrer, der eine *objektive* Gefahr zu erkennen meint, die andere nicht sehen, stets der Versuchung ausgesetzt, diesen Umstand auf vermeidbare kognitive Defizite auf seiten der Nichterkennenden zurückzuführen. Er wird dazu neigen, Verletzungen von kognitiven Pflichten durch andere leichtfertig zu unterstellen, ohne dies hinreichend plausibel machen zu können. Zum anderen kann einem potentiellen Gefahrenabwehrer verborgen bleiben, daß er lediglich eine *subjektive* Gefahr abwenden möchte. In diesem Falle wird er den die Gefahr Nichterkennenden fälschlicherweise eine Verletzung kognitiver Pflichten vorwerfen. In beiden Fällen gilt: Nichts ist leichter als sich einzureden, die anderen würden die Gefahr oder das Übel ebenfalls sehen, wenn sie denn nur ihre kognitiven Pflichten erfüllt hätten.

Beispiele für diese Denkweisen müssen nicht erfunden werden. Man erinnere sich (zum einen) an den Fall des als „Unabomber" bekannt gewordenen Mathematikers Theodore Kaczynski, welcher Bomben zündend mehrere Jahre lang die US-amerikanische Öffentlichkeit mit dem Ziel in Atem gehalten hat, die Menschheit vor einer verhängnisvollen Entwicklung zu warnen, auf die sie, seiner Einsicht nach, infolge von Technisierung und Industrialisierung zusteuert, und der dabei drei Menschen tötete und 29 verletzte.[11] Oder man denke (zum anderen) an die in den USA operierenden militanten Abtreibungsgegner, die die Legalisierung der Abtreibung als den „amerikanischen Holocaust"[12] betrachten und sich zum Widerstand dagegen verpflichtet fühlen. Mit dem Ziel, die Zahl der Abtreibungen zu vermindern, gehen manche von ihnen gegen Abtreibungskliniken und deren Personal gewaltsam vor. In beiden Fällen – so möchte ich hier jedenfalls annehmen – betrachten die Akteure ihr Vorgehen als ultima ratio – nach dem alle legalen und nicht gewaltsamen Möglichkeiten der Zielerreichung ausgeschöpft und gescheitert sind.

Im Fall des sogenannten Unabombers kann derzeit wohl niemand sagen, ob die Gefahren, die er zu sehen glaubte – Gefahren für die Freiheit und den Fortbestand der Menschheit überhaupt (jedenfalls in der uns bekannten biologischen Form) –, nicht doch real und darüber hinaus von jedermann bei ernsthaftem Bemühen mit hinreichender Klarheit wahrnehmbar waren (bzw. sind).[13] Unter dieser Voraussetzung hätte sein Vorgehen G/c entsprochen und wäre – akzeptierte man G/c – nicht notwendigerweise ungerechtfertigt gewesen (siehe aber IV.7). Trotzdem ist es – nach wohl allgemeiner Auffassung – ausgeschlossen, seine Handlungsweise zu dulden oder sie für moralisch legitim zu halten.[14] Was die militanten Abtreibungsgegner anlangt, so haben wir hier den Fall, daß metaphysisch gestützte Überzeugungen absolut gesetzt werden und damit Andersdenkende als Personen erscheinen, die kognitive Pflichten verletzen. Akzeptierte man diesen Standpunkt – statt darauf zu beharren, daß die Gegner der Abtreibung in Wirklichkeit nur eine subjektive Gefahr bekämpfen –, so wären allerdings auch diese Militanten nach G/c nicht ungerechtfertigt (sofern man unterstellt, daß durch ihre Aktionen tatsächlich weniger Abtreibungen vorgenommen werden).

7. Erlaubtes Risiko

Bei der Analyse von Gefahrenarten ist des weiteren daran zu denken, daß sich nicht wünschenswerte Zustände bzw. Risiken auch ertragen lassen. Dafür, was als erträglich gilt, bilden Gesellschaften Übereinkünfte aus, die juristisch unter der Formel „erlaubtes Risiko"[15] erfaßt werden. Darüber jedoch muß in einer Gesellschaft kein vollständiger Konsens herrschen. Es dürfte unstrittig sein, daß sich in einem solchen Fall für die nicht zustimmende Minderheit keine Erlaubnis zum Vorgehen nach G ergibt. Dabei könnte G/a auf den ersten Blick als gerechtfertigt erscheinen, denn die Gefahren, die unter die Kategorie des erlaubten Risikos fallen, müssen wohl als „von (praktisch) jedermann erkannt" gelten. Man denke etwa an die tausenden Opfer des Straßenverkehrs, die jährlich zu verzeichnen sind.

Zwar handelt es sich hierbei um ein Übel, das wohl jeder als ein Übel klassifiziert und an sich gern beseitigt wissen möchte. Wir haben es also mit einer objektiven Gefahr zu tun. Das Besondere ist jedoch, daß eine Beseitigung nicht um jeden Preis gewünscht wird. Da der motorisierte Straßenverkehr unseren Lebensstil maßgeblich prägt und eine Änderung dieses Lebensstils schwer vorzustellen, jedenfalls derzeit nicht gewollt ist, ist offenbar eine Mehrheit der Gesellschaft bereit, die unvorstellbare Zahl an Opfern aus ihrer Mitte hinzunehmen – und sind auch Eltern bereit, ihre Kinder dieser Gefahr auszusetzen. Das Führen eines Kraftfahrzeuges gehört trotz der damit verbundenen Gefahren zu den „Schemata legitimen Handelns"[16], worunter diejenigen Handlungsweisen fallen, zu deren Ausführung man nach herrschender Meinung ohne vorherige universelle Interesssenabwägung berechtigt ist (das heißt, wer sich ans Steuer setzt, ist nicht verpflichtet, Nutzen und Risiko seiner Fahrt vorher abzuwägen). Unter diesen Bedingungen bleibt einer Minderheit, die diese Praxis ablehnt und zu Recht als eine Bedrohung für sich selbst betrachtet, nichts anderes übrig, als sie vorderhand zu ertragen und mit legalen Mitteln – bestenfalls mit Methoden des zivilen Ungehorsams – auf ihre Änderung zu drängen. Dies gilt selbst dann, wenn man die Zulassung eines unerträglichen Zustandes (hier: das Autofahren einschließlich der damit häufig verbundenen Raserei) als „eine grobe Pflichtverletzung des Staats in seiner Schutzaufgabe für den einzelnen“[17] betrachtet.

Damit ist deutlich geworden, daß sich G ausschließlich auf Gefahren bezieht, deren Beseitigung tatsächlich aktuell gewünscht wird (Kriterium der aktuellen Gewünschtheit).

8. Die Lösung

Die Beispiele des Unabombers und der militanten Abtreibungsgegner zeigen nach meinem Dafürhalten, daß eine gesellschaftliche Etablierung von G/c sich zu einer unerträglichen Bedrohung steigern könnte. Die Erlaubnis, nach G vorzugehen, lediglich an die Bedingung „c“ zu koppeln bietet keine hinreichende Gewähr dafür, daß nicht ein Klima allgegenwärtiger Bedrohung und Rechtsunsicherheit entsteht. Die Bedingung „c“ schließt nicht aus, daß sich weltanschaulich Andersdenkende, Sektierer unterschiedlicher Provenienzen oder auch „Besessene“ zum gewaltsamen Vorgehen ermutigt fühlen. Das mögliche Ergebnis könnte eine nicht hinnehmbare Häufigkeit von Gefahrenabwehrversuchen sein, wobei die jeweilige Gefahr nicht allgemein als eine solche betrachtet würde.

Daraus folgt: Die Bedingung „c“ (zu einem Vorgehen nach G ist man nur dann berechtigt, wenn das zu bekämpfende Unrecht im Prinzip für jedermann sichtbar ist), bietet – vor allem in einer weltanschaulich pluralistischen Gesellschaft – kein hinreichendes Kriterium, um ein mißbräuchliches Vorgehen nach G einzudämmen. G/c ist unter Berücksichtigung der sozialen und psychologischen Gesetzmäßigkeiten nicht universalisierbar.

In einer Gesellschaft, in der der weltanschauliche bzw. metaphysische Konsens zerbrochen ist, gilt daher: G/c ist nicht zu rechtfertigen; G/a ist unwahrscheinlich und daher praktisch irrelevant; G/c macht die Frage der Akzeptanz eines Vorgehens nach G zu einer rein quantitativen Angelegenheit, womit sich die Frage nach dem Schutz von Minderheiten stellt.

Nur in den Fällen, in denen die Bedingung „a“ erfüllt ist, und in den Fällen, in denen die Bedingung „b“ erfüllt und darüber hinaus klar ist, daß das abweichende Votum der Minderheit nicht auf unentscheidbare weltanschauliche bzw. metaphysische Divergenzen, sondern auf die Verletzung kognitiver Sorgfaltspflichten zurückgeführt werden muß, kann ein Vorgehen nach G allgemein zustimmungsfähig sein. (Damit stellt sich natürlich die Frage, wer „feststellt", daß von anderen kognitive Sorgfaltspflichten verletzt wurden. Auch hier sind Irrtum und Mißbrauch möglich und daher Kriterien nötig.) Da der für die Zustimmung relevante Personenkreis sich potentiell auf alle von der Gefahr Betroffenen erstreckt (Bedingung ist lediglich, daß die Betroffenen prinzipiell die Möglichkeit haben, die Lage zu beurteilen), können nach G/c - beispielsweise - Widerstandshandlungen auch dann gerechtfertigt sein, wenn innerhalb des Gemeinwesens *nur* der Gefahrenabwehrer selbst die Gefahr, die über die Grenzen des Gemeinwesens hinaus reicht, wahrnimmt. Vorausgesetzt ist lediglich, daß eine deutliche Mehrheit der insgesamt von der Gefahr Betroffenen diese Gefahr sieht und anzunehmen ist, daß sie sie vernünftigerweise zu beseitigen wünscht.

9. Das Verbot der Selbstlegitimierung und das Bekenntnis zur Toleranz

Diese Lösung steht einerseits mit dem *demokratischen Credo* in Übereinstimmung - dem Bekenntnis, einem einzelnen nicht mehr zu trauen als der kollektiven Vernunft der Allgemeinheit. Auch wenn die Berechtigung dieses Grundsatzes nicht für den Einzelfall logisch ableitbar ist - es also durchaus passieren könnte, daß eine immense *objektive* Gefahr nur von einem gesehen wird und die Befolgung des demokratischen Credos gerade in den Untergang führt -, sollten wir dieses Risiko tragen.

Daß einer allein gegen alle anderen Recht hat, ist - man siehe auch die Wissenschaft - nicht gerade selten. Neue Ideen oder Theorien entstehen in der Regel in den Köpfen einzelner und haben es häufig schwer, sich durchzusetzen. Und weil die Wahrheit häufig nicht offenkundig ist, ist der einzelne sehr wohl berechtigt, „seine" Wahrheit gegen alle anderen zu behaupten. Er ist aber nicht berechtigt, das, was er für die Wahrheit hält, opferträchtig zu exekutieren. Dieses Verbot der Selbstlegitimierung ist, so sprechen unsere geschichtlichen Erfahrungen mit verschiedenen Formen von opferträchtigen Gefahrenabwehrversuchen – seien es die religiös motivierten Ketzerverfolgungen, der Totalitarismus des vergangenen Jahrhunderts oder der zeitgenössische Terrorismus –, das geringere Risiko.

Die vorgeschlagene Lösung steht andererseits auch mit dem *Credo des Pluralismus* in Übereinstimmung – dem Bekenntnis zur Toleranz gegenüber einer Vielzahl von Überzeugungen und Lebensformen. Daraus ergibt sich, daß nur ein Teil der in einer Gesellschaft wahrgenommenen Gefahren als objektiv und damit abwehrfähig gelten kann. Unter den Bedingungen eines weltanschaulich-metaphysischen Pluralismus und nicht ausräumbarer Divergenzen hinsichtlich letzter Ziele und höchster Werte ist es unausweichlich, daß viele Menschen mit Gefahren leben und bestimmte Übel ertragen müssen. Sie müssen die Bereitschaft und innere Stärke entwickeln, auf die Verwirklichung eines Stückes „ihrer" Wahrheit zu verzichten.

Diese Forderung stellt eine bedeutende menschliche Herausforderung dar. Von einzelnen oder auch Gruppen wird verlangt, daß sie trotz ihrer Überzeugung, G-artige Gefahren identifiziert zu haben, nicht handeln; einzelne oder Gruppen müssen in ihrer Gesellschaft Dinge dulden, die sie für unmoralisch halten oder gar als Verbrechen begreifen. Eine solche Forderung tangiert das Selbstverständnis eines moralischen Wesens. Obwohl man einen inneren Aufruf zur Gefahrenabwehr verspürt, muß man untätig bleiben. Die Selbstachtung scheint aber gerade zu fordern, das zu tun, was man als seine moralische Pflicht erkannt zu haben meint. Im Gegensatz dazu soll man erkennen und diese Erkenntnis psychisch aushalten, daß eigene Überzeugungen weder unmittelbar zum aktiven Eingreifen verpflichten noch dazu berechtigen. Daher ist auch eine pauschale, nicht substantiierte Forderung, Zivilcourage zu üben, falsch und gefährlich. Der wegen der Ermordung eines bekannten US-amerikanischen Frauenarztes und dessen Leibwächters zum Tode verurteilte und mittlerweile hingerichtete ehemalige Pastor Paul Hill war zweifellos ein von moralischen Grundsätzen geleiteter Mensch, der dem Ruf seines Gewissens gefolgt ist und im Wissen um die Gefahr der persönlichen Aufopferung (sowie in Erwartung einer jenseitigen Belohnung) ein gerüttelt Maß Zivilcourage demonstrierte. Seinem Selbstverständnis nach hat er eine moralische Pflicht erfüllt und sich (sowie den schuldigen „Abtreibungsarzt" John Britton und dessen unschuldigen Leibwächter) geopfert, um eine immens große Zahl von Menschenleben zu retten. Er hätte sich nicht mehr im Spiegel anschauen können, so ließ er sich in einem Interview am Vortag seiner Hinrichtung vernehmen, wenn er Britton nicht beseitigt hätte.

Unser Vertrauen auf die kollektive Vernunft und das Gebot der politischen Toleranz verlangen einzusehen, daß moralische Überzeugungen allein ein eingreifendes Handeln im öffentlichen Raum nicht rechtfertigen können. Es ist daher nicht auszuschließen, daß man nach eigener, durchaus begründeter und nicht nachweisbar falscher Überzeugung in einer Welt lebt, die man für lebensbedrohlich oder moralisch verachtenswert hält, und in der gleichwohl G-artige Gefahrenabwehren und selbst ein gewaltsamer Widerstand gegen die vermeintlich Schuldigen verboten sind. Was bedeutet es für die psychisch-moralische Konstitution von Menschen, in einer Gesellschaft zu leben, die derartige Haltungen von ihren Mitgliedern fordern muß?

10. Moral und Interesse

Weder die Unzulänglichkeiten menschlicher Erkenntnis noch das Faktum des Pluralismus können zu einer grundsätzlichen Ablehnung von G führen. Die Auffassung, daß die Inkaufnahme der Tötung unschuldiger Dritter im Zuge von Gefahrenabwehrversuchen angesichts beliebiger Gefahren moralisch verboten ist, gerät innerhalb einer Ethik, welche Normen aus dem Interesse der Menschen an einer wechselseitigen Beachtung ihrer Interessen begründet, in folgenden Selbstwiderspruch: Um die Gefahr, daß wir selbst oder uns nahe stehende Personen getötet werden, zu minimieren, haben wir ein Interesse an der Etablierung eines allgemeinen Tötungsverbots. Würde dieses Verbot nun absolut gesetzt, reduzierte dies unsere Wehrfähigkeit. Denn: Große Gefahren können nicht in jedem Falle so abgewehrt werden, daß die Mittötung Unschuldiger von vornherein ausgeschlossen ist. Eine reduzierte Wehrfähigkeit würde uns bestimmten Gefahren ausliefern und steigerte damit ihrerseits die Gefahr, getötet zu werden oder auch auf andere Weise das Leben zu verlieren. Dieses Ergebnis widerspräche nicht nur unserer ursprünglichen Intention, sondern zerstörte zudem unser moralisches Interesse, die Interessen anderer zu achten. Das Tötungsverbot selbst verlöre in einer entsprechenden Gefahrensituation seinen Sinn. Somit kann es nur darum gehen, für G eine vernünftige Interpretation zu finden.

Nun hat Wilfried Küper – allerdings nur für den Bereich des Rechts und hier wiederum für Fälle von Lebens-Gefahrengemeinschaften (das sind Notsituationen, in denen bei einem allseitigen Untätigbleiben alle Gefährdeten den Tod finden würden) – zwei Argumente vorgelegt, die den beschriebenen Sinnlosigkeitsverdacht, den ein zu eng ausgelegtes Tötungsverbot auf sich zieht, bestreiten. Küper behauptet zum einen, daß eine Konfliktlösung unter dem Gesichtspunkt der größeren oder geringeren Lebenserwartung von einer fragwürdigen axiologischen Prämisse Gebrauch mache – nämlich der Prämisse, daß das „zeit-quantitative Moment" der größeren Lebenserwartung einen Wertvorzug begründet. Nur wenn nachgewiesen werden könnte, daß das längere (Rest-)Leben des einen im Vergleich mit dem kürzeren oder auch sehr kurzem (Rest-)Leben des anderen den von der Rechtsordnung zu respektierenden wichtigeren Wert verkörpert, könne die zeitliche Zukunftsperspektive des jeweiligen Lebens als Abwägungsmaßstab Anerkennung finden. Da Küper offenbar annimmt, daß ein solcher Nachweis nicht in Sicht ist, hält er an dem Verbot fest, „die noch so kurze Spanne menschlichen Lebens zur Erhöhung der Lebenserwartung anderer, sonst ebenfalls ‚verlorener' Menschen weiter zu verringern"[18].

Auf den ersten Blick scheint diese Argumentation jedem Kritiker den Wind aus den Segeln zu nehmen. Denn in der Tat: Wie könnte man einen solchen Nachweis führen?[19] Allerdings scheint mir nicht klar zu sein, nach welcher Art von Begründung Küper eigentlich sucht. Reichte es denn nicht aus, daß eine entsprechende Regelung mit den moralischen Intuitionen einer übergroßen Mehrheit vereinbar wäre oder deren wohlverstandenen Interessen entspricht? Ist die Rechtsordnung nicht dazu da, die berechtigten Interessen der ihr unterworfenen Menschen zu schützen und Rahmenbedingungen für deren möglichst umfassende Erfüllung zu schaffen? Was bedarf es also mehr als des Nachweises, daß ein übereinstimmendes Interesse an der In-Geltung-Setzung einer Norm besteht - auch wenn diese Norm so beschaffen ist, daß jeder damit rechnen muß, das Opfer einer gewaltsamen Lebensverkürzung zu werden. Natürlich heißt dies nicht, daß sämtliche in die öffentliche Diskussion eingebrachten Interessen, Präferenzen oder Intuitionen kritiklos zu berücksichtigen wären. So wie wir aber die Tatsache, daß alle oder fast alle Menschen interessiert sind, nicht grundlos oder im Fremdinteresse getötet zu werden, als einen hinreichenden Grund für die Etablierung eines Tötungsverbots betrachten, verlangte auch ein übereinstimmendes Interesse an der Geltung von G keine weitere Begründung.

Zum anderen stellt Küper darauf ab, daß alle Argumentationen für eine Relativierung des Tötungsverbots unter dem Gesichtspunkt der Lebensrettung mit einer Unterstellung arbeiten müßten - nämlich der Unterstellung, daß im Falle des Unterlassens der Gefahrenabwehr das prognostizierte, zur Lebensverkürzung führende Ereignis „*sicher* und mit Notwendigkeit“[20] eintreten wird. Das Verbot, das Leben von Menschen dürfe auch dann nicht einmal minimal verkürzt werden, wenn ansonsten nicht nur die so zu Rettenden, sondern auch die Betreffenden selbst nicht überlebten, mag zwar absurd erscheinen, dieser Anschein von Absurdität entstehe aber dadurch, daß man sich über den Annahme- und Vermutungscharakter aller Aussagen über einen zukünftigen Geschehensablauf hinwegtäuscht. Wir wüßten eben nicht, sondern könnten darüber nur Mutmaßungen anstellen, ob ohne unsere Gefahrenabwehr tatsächlich alle Beteiligten hätten sterben müssen.

Nun möchte ich nicht antworten, daß wir auch nicht wirklich wissen, ob wir töten, wenn wir denken, daß wir töten - schließlich könnte auch der vom Seil abgeschnittene Bergsteiger (siehe I.2) auf eine wundersame Weise Rettung finden -, sondern erkenne den sachlichen Gehalt des Arguments ausdrücklich an. Küper greift damit auf einen Gesichtspunkt zurück, den bereits Kant in die Diskussion eingeführt hat. In seiner kleinen, aber berühmten Schrift „Über ein vermeintes Recht aus Menschenliebe zu lügen" behauptet Kant die unbedingte Geltung der (rechtsethischen) Pflicht zur Wahrhaftigkeit selbst für den Fall, daß der auf Tötung sinnende Verfolger meines Freundes mich um Auskunft über dessen Aufenthaltsort nachfragt.[21] Dabei unterstellt Kant eine gänzliche Unsicherheit in der Abschätzung der Folgen der gegebenen Antwort.[22] Mit seinem analogen Rückgriff auf die prognostische Unverfügbarkeit der Zukunft hebt nun allerdings Küper eine zentrale Voraussetzung der an verschiedenen Fällen durchexerzierten Gedankenexperimente auf und erklärt die auf diese Weise gewonnenen Ergebnisse für in der menschlichen Praxis irrelevant. Dieser Argumentationstrick lößt aber das Problem nicht. Denn selbstverständlich sind alle Abschätzungen des zukünftigen Geschehens unsicher. Das hält uns aber in der Regel nicht davon ab, unsere Entscheidungen unter Berücksichtigung der mutmaßlichen Folgen einer Handlungsweise zu treffen. Daß wir uns ausgerechnet in moralisch relevanten Handlungssituationen auf die grundsätzliche Unsicherheit der Folgenabschätzung berufen und Entscheidungen allein an der guten Maxime ausrichten sollten, läuft jedenfalls – und dies ist das Problem, dem sich ein deontologischer Ansatz zu stellen hat – weit verbreiteten Intuitionen zuwider. In gewisser Weise muß zwar jeder, der eine Entscheidung fällt, so tun, als ob er über die Sachlage Bescheid wüßte, auch dabei allerdings kann er die Tatsache und den Grad der Unsicherheit des zugrundegelegten Wissens mitberücksichtigen. Wer sich, statt die Gefahr für alle Mitglieder der Gefahrengemeinschaft eintreten zu lassen, zu einer G-konformen Rettungshandlung entscheidet, muß also sehr wohl die mögliche Asymmetrie bedenken, daß die Folgen des Handelns (hier: im Zuge der Gefahrenabwehr jetzt einige zu töten) nahezu gewiß sein können, während die Folgen des Unterlassens (hier: der spätere Untergang aller) nur mit einer geringeren Wahrscheinlichkeit voraussagbar sind. Die hier obwaltenden kognitiven Schwierigkeiten sind für sich genommen aber kein Grund, Rettungshandlungen kategorisch zu verbieten. Und übrigens: Akzeptierte man diese Betrachtungsweise nicht, müßte auch die Rechtfertigung (zumindest) für Notwehrhandlungen, die zum Tode des Angreifers führen können, entfallen – jedenfalls insoweit sich diese auf den Selbstverteidigungsgedanken gründet. Denn auch die Deutung eines Angriffs als gegenwärtigen Angriff kann ein prognostisches Element enthalten. Und selbst wenn ein gegenwärtiger rechtswidriger Angriff vorliegt, ist nicht auszuschließen, daß der Angreifer ihn in der nächsten Sekunde abbricht. Wer sich aber verteidigen will, kann nicht warten, bis sich der Finger am Abzugshahn der auf ihn gerichteten Pistole gekrümmt hat, bevor er selbst schießt.

Da auch Gefahrengemeinschaften ganz unterschiedlicher Art vorstellbar sind, wird es immer auf die konkrete Fallgestaltung ankommen. Problematisch sind insbesondere Fälle, bei denen den Geopferten die noch bestehende Rettungschance genommen wird. Eine solche Situation lag im berühmt-berüchtigten „Mignonette"-Fall[23] vor (abgesehen davon, daß die G-Konformität der Rettungshandlung in diesem Falle bereits an der geforderten quantitativen „Unverhältnismäßigkeit" zwischen Getöteten und Geretteten scheitern dürfte). Am 5. Juli 1884 war die engliche Yacht „Mignonette" in einer ungefähren Entfernung von 1600 englischen Seemeilen vor dem Kap der guten Hoffnung in einen schweren Sturm geraten und gesunken. Die vierköpfige Besatzung (der Kapitän, der Steuermann, ein Matrose und ein 17- oder 18-jähriger Schiffsjunge) konnte sich in ein kleines mitgeführtes Boot retten. Nach dem sie die letzte Woche ohne jede Nahrung und ohne jedes Trinkwasser gewesen und die Qualen immer schrecklicher geworden waren, fiel am 18. Tage nach dem Schiffbruch die Äußerung, daß eventuell einer geopfert werden müsse, um das Leben der anderen zu fristen. Der Schiffsjunge, der zu diesem Zeitpunkt infolge des Genusses von Seewasser krank und teilnahmslos im Boot lag, war bei der Beratung nicht hinzugezogen worden. Den Vorschlag des Kapitäns, das Los entscheiden zu lassen, lehnte der Matrose ab. Er selbst wolle nicht getötet werden und diesem Schicksal auch keinen anderen anheimfallen lassen. Später kamen der Kapitän und der Steuermann dahin überein, daß es, da sie selbst Frauen und Kinder hätten, besser sei, den Schiffsjungen zu opfern. Nachdem am Morgen des 20. Tages noch immer kein Schiff nahte, tötete der Kapitän im Einvernehmen mit dem Steuermann den bereits aufs Äußerste geschwächten Jungen. Einschließlich des Matrosen, der die Tötung abgelehnt hatte, tranken dann alle drei das aus der Wunde tretende warme Blut und ernährten sich von dem Fleische des Opfers bis sie schließlich vier Tage später im Zustande völliger Erschöpfung von einem deutschen Schiff an Bord genommen und gerettet wurden.[24]

Im Gegensatz zum „Bergsteiger"-Fall, bei dem der bereits unrettbar Verlorene lediglich um eine minimale Rest-Lebenszeit gebracht wird, wurde hier, wie es in der Anklage hieß, dem Schiffsjungen nicht nur das Leben, sondern auch die Chance, seine Errettung zu erleben, genommen. Auf diesen Punkt zielte auch die Urteilsbegründung ab, in der es hieß, die Angeklagten (Kapitän und Steuermann) hätten den schwachen Jungen, der sie nicht angegriffen, auf die Hoffnung hin getötet, sich von seinem Körper zu ernähren und ihm damit mit Gewißheit die Möglichkeit seiner Rettung genommen. In dieser Begründung wird mithin auf eine zweifache Unsicherheit und eine daraus resultierende Asymmetrie, die Wahrscheinlichkeit der Handlungsfolgen betreffend, verwiesen: Weder war die Nichtrettung des Schiffsjungen, noch war die Rettung der Angeklagten nach der Tat gewiß; gewiß war allein, daß mit der Tat die dem Schiffsjungen verbliebene Rettungschance genommen wurde. Die beiden Angeklagten wurden zum Tode verurteilt und dann von der Königin zu sechs Monaten Gefängnis („without hard labour") begnadigt.

Unter der Voraussetzung, daß der Schiffsjunge noch nicht unrettbar verloren war, dürfte in diesem Fall die einzige moralisch akzeptable Lösung die freiwillige Teilnahme an einem Losentscheid gewesen sein.[25] Ein Fall dieser Art ereignete sich 1899 auf dem Not-Floß der gesunkenen norwegischen „Drot" vor der Küste Floridas. Der Verlierer des Losentscheids, ein 35-jähriger Österreicher, akzeptierte sein Schicksal, bot den zwei übrig gebliebenen Gefährten die nackte Brust und wurde durch Stiche ins Herz getötet. Die beiden tranken sein Blut und wurden 20 Tage später gerettet. Durch die amerikanischen Behörden wurde weder ein Strafverfahren eröffnet, noch wurden die Überlebenden an Norwegen ausgeliefert.[26] Das Verfahren des Losentscheids garantiert allen Beteiligten eine gleichgroße Rettungschance.

Sich die Problematik von Gefahrendiagnosen deutlich zu machen ist von größter Wichtigkeit. Die Legitimität von Gefahrenabwehrhandlungen hängt maßgeblich an einer zutreffenden Beurteilung der Art und Größe der Gefahr, der Wahrscheinlichkeit ihres Eintritts sowie der Möglichkeiten ihrer Beseitigung. Das Leben stellt Menschen häufig in Gefahren, in denen nach menschlichem Ermessen nicht ausgeschlossen werden kann, daß sich schon im nächsten Moment die Bedrohung erledigt hat. Ein Fall („Holmes"-Fall), in dem die Notwendigkeit der erfolgten Gefahrenabwehr als zweifelhaft erschien, weil bald danach Rettung nahte, wurde 1842 in Pensylvania verhandelt. Dort hatten sich nach einem Schiffbruch auf offener See Passagiere und Mannschaft in die Rettungsboote geflüchtet. Als sich zeigte, daß eines selbst leck war und drohte, bei dem herrschenden Unwetter jeden Augenblick unterzugehen, ordnete der Kapitän die Schiffsmannschaft an, die ihm erforderlich dünkende Anzahl von Passagieren von dem überfüllten Boot zu werfen, um dessen Untergang zu vermeiden.[27] Als kurz darauf Rettung erschien, konnte nicht mehr klargestellt werden, ob das Boot in seinem überladenen Zustand sich die kurze Zeit noch hätte über Wasser halten können. Insofern war zweifelhaft, ob überhaupt ein Notstand existierte, der die Tat hätte rechtfertigen können.[28]

11. Unsicherheit und Unvollständigkeit des Wissens

Bisher ist die Frage der Erkenntnis bzw. der Erkennbarkeit der Gefahr ausschließlich in einem extensiven Sinne erörtert worden. Wir haben in den vier Fällen „a"–„d" nach dem Personenkreis unterschieden, der eine bestimmte Auffassung vertritt.

Nun haben wir bereits darauf hingewiesen, daß sich auch Mehrheiten irren und einzelne Recht haben können. Damit ist das Problem der Qualität oder Zuverlässigkeit einer Überzeugung gestellt. Zu fragen wäre also auch, mit welcher Wahrscheinlichkeit bestimmte Erkenntnisse wahr sind bzw. ob es Merkmale gibt, anhand deren beurteilt werden kann, mit welcher Sicherheit eine Auffassung gültig ist. Dieses Problem soll an dieser Stelle nur erwähnt, aber nicht behandelt werden. Die sich hier stellenden

Fragen hinsichtlich der Unsicherheit und Unvollständigkeit unseres Wissens sind allerdings von elementarer Bedeutung für die Bewertung menschlichen Verhaltens. Anzumerken ist lediglich folgendes: Läßt man sich darauf ein, Überzeugungen so etwas wie Wahrheits-Intensitätsgrade zuzuschreiben, wird man auch den Grundsatz akzeptieren müssen, daß mit sinkendem Intensitätsgrad die Berechtigung prekärer wird, nach G vorzugehen.

IV.

Anwendungsbedingungen und Anwendungskriterien

1. Überblick

Die Vermeidung von kontraproduktiven Gefahrenabwehrversuchen setzt eine genauere Bestimmung der Gefahren voraus, bei deren Abwehr notfalls auch die Tötung Unschuldiger in Kauf genommen werden darf. Die Formulierung des Grundsatzes „G" (II.2) bestimmt zunächst die Gefahr als eine solche „für das Leben von Menschen" und fordert lediglich, daß diese Gefahr „hinreichend groß" und „gegenwärtig" ist. Des weiteren haben die Überlegungen zur Pluralität von Überzeugungen und Lebensstilen deutlich werden lassen, daß nur *objektive* Gefahren G-konform abwehrfähig sind (III.5). Damit jedoch ist die Natur der Gefahren, für die sich eine Anwendung von G rechtfertigen ließe, noch nicht hinreichend definiert. Gleiches gilt für die Art und Weise, in der Gefahren abgewehrt werden dürfen. Auch sind die Voraussetzungen, die eine G-konforme Gefahrenabwehr erlauben, bisher nur unzureichend bestimmt. Die Formulierung in G nennt lediglich das allgemeine Kriterium der Erforderlichkeit.

Die Forderung, daß G unter Bedingungen des Urzustandes für jeden rational Urteilenden akzeptabel sein muß, gilt auch für sämtliche theoretischen Konkretisierungen von G. Allerdings hat es die Explikation der Anwendungsbedingungen praktischer Prinzipien generell mit dem Problem zu tun, daß exakte begriffliche Fixierungen, die die Anwendung von Grundsätzen eindeutig determinierten, ausgeschlossen sind. Daher muß sich jeder Handelnde bei der praktischen Befolgung von Prinzipien auf Interpretationen und Abwägungen stützen und von seiner Urteilskraft Gebrauch machen.

Im folgenden werden einige Explikationen von Anwendungsbedingungen bzw. Anwendungskriterien summarisch aufgelistet. Dabei werden sich vor allem Konkretisierungen und Präzisierungen als hilfreich erweisen, die aus dem Bereich des juristischen Denkens bekannt sind. Zunächst geht es darum, die Natur der zu einem Vorgehen nach G legitimierenden Gefahren näher zu bestimmen (IV.2, IV.3) sowie Bedingungen bzw. Kriterien des Bestehens von G-konform abwehrfähigen Gefahren zu untersuchen (IV.4–IV.6). Sodann werden Kriterien eines legitimen Mitteleinsatzes (IV.7, IV.8) bzw. einer legitimen Gefahrenabwehr (IV.9) genannt und Forderungen an einen Gefahrenabwehrer formuliert, die ihn zu einer Gefahrenabwehr nach G legitimieren (IV.10). Danach wird gezeigt, daß G nicht nur Taten mit bedingtem Vorsatz moralisch legitimiert (IV.11). Zum Abschluß wird das Kriterium des äußersten Notfalls kritisch beleuchtet (IV.12).

2. Nur Gefahren für das Leben

Grundsatz „G“ bestimmt die Gefahr, um deren Beseitigungserlaubnis es geht, als eine Gefahr „für das Leben“. Damit ein Gefahrenabwehrer sich auf G berufen kann, müssen Menschen, geborene menschliche Wesen, mit dem Tode bedroht sein. Dies bedeutet, daß Gefahren für andere Rechtsgüter grundsätzlich nicht G-konform abwehrfähig sind. Sobald die Tötung Unschuldiger in Kauf genommen werden müßte, um Gefahren für den Leib (die körperliche Unversehrtheit im weitesten Sinne), die Freiheit, das Eigentum oder weitere Rechtsgüter (die Ehre etc.) oder andere rechtlich geschützte Interessen abzuwehren, muß auf deren Abwehr verzichtet werden. Danach ist es in jedem Falle moralisch unzulässig, Blut Unschuldiger im Interesse des Schutzes niederrangiger Güter zu vergießen. Daraus ergibt sich, daß es auch große Gefahren – etwa für die Freiheit – geben kann, deren Abwendung sich unter Berufung auf G nicht rechtfertigen ließe.

So ist beispielsweise ein bewaffneter Kampf zur Erlangung der nationalen Unabhängigkeit, der auch gegen unschuldige Zivilisten geführt wird, nicht legitimierbar. Eine Vernichtung unschuldigen Lebens im Dienste der nationalen Befreiung ist moralisch falsch. Auch unterdrückten Völkern oder Völkern, deren Territorium widerrechtlich von einer fremden Macht besetzt ist, ist es moralisch verwehrt, ihre nationalen Rechte unter Inanspruchnahme anderen unschuldigen Lebens durchzusetzen. Ein „Befreiungsterrorismus“ – dies ist gegen Ted Honderich zu sagen –, der als letztes Mittel „um der Freiheit und Macht eines Volkes willen betrieben wird"[1], ist nicht zu rechtfertigen. Daher sind insbesondere auch Selbstmordattentate mit sicherer Voraussicht der Tötung Unschuldiger, die diesem Befreiungsziel dienen sollen, sowie bereits die Rekrutierung, Ausbildung und Unterstützung dazu bereiter Aktivisten verwerflich. Ebenso wäre eine „humanitäre Intervention", bei der unvermeidlicherweise Unschuldige ums Leben kommen, unzulässig, wenn sie zum Beispiel zu dem Zwecke durchgeführt würde, eine Vertreibung zu unterbinden oder – wie es Ulrich K. Preuß für gerechtfertigt hält – „einen Neuanfang" zu bewerkstelligen, „der vielen Menschen die Chance einer politisch, sozial und ökonomisch würdigeren Lebensführung eröffnet"[2].

Nach der hier gegebenen Bestimmung ist selbst das hohe Gut der Weiterexistenz der Gattung „Mensch" – mitunter wird es für ein *unbedingt* zu wahrendes Gut gehalten[3] – *nicht* G-konform abwehrfähig. Wenn beispielsweise der Verlust der Zeugungsfähigkeit oder ein allmähliches Aussterben der Menschheit und ihre Ablösung durch Wesen von künstlicher Intelligenz nur durch die Tötung Unschuldiger aufzuhalten wäre, so handelte es sich nicht um einen Fall der Rettung lebender Menschen. In diesem Zusammenhang ist auch ein Gedankenexperiment von Dieter Henrich interessant, der sich einen wahnsinnigen und barbarischen Weltenherrscher vorstellt, welcher die Menschheit mit der Alternative konfrontiert, entweder alle Menschen zu sterilisieren oder 99 Prozent aller Kinder zu ermorden. Obwohl die zweite Option das Überleben der Menschheit garantierte, ist sie nach Henrich „offenkundig sittlich unannehmbar". „Denn die lebenden Menschen und die Lebensmöglichkeit der Kinder sind gegenüber dem Leben der Art das inkommensurabel höhere Gut."[4]

Die Menge der Gefahren, die G-konform abwehrfähig sind (das heißt: bei deren Abwehr man sich zu Recht auf G berufen kann), ist weitgehend mit denjenigen objektiven Gefahren identisch, die die Befriedigung lebensnotwendiger Grundbedürfnisse, sogenannter transzendentaler Bedürfnisse gefährden (III.5). Ob eine über dieses *inhaltliche* Kriterium hinausgehende Bestimmung der G-konform abwehrfähigen Gefahren zweckmäßig ist, lasse ich offen. Was den *Ursprung* der Gefahren anlangt, so kommen neben Gefahren, die unmittelbar von menschlichem Handeln ausgehen, auch Natur- oder Umweltkatasthrophen, Epidemien oder Havarien u. ä. in Frage. Offen lasse ich letztlich auch, ob eine Erweiterung des *Kreises* der G-konform abwehrbaren Gefahren rational zustimmungsfähig wäre. Kandidaten dafür wären Gefahren, die die Fortexistent der Art bedrohen.[5]

Diese Beschränkung auf Gefahren „für das Leben" scheint das irdische menschliche Leben als den höchsten Wert zu unterstellen. Diese Unterstellung wird aber nicht intersubjektiv geteilt. Millionen Menschen auf der Erde halten das irdische Leben für eine Durchgangsstation und freuen sich auf ein Weiterleben nach dem Tode, Millionen möchten aus dem „Rad der Wiedergeburt" aussteigen, Millionen halten es für das Wichtigste, daß bestimmte, von Gott vorgegebene Prinzipien in der Welt verwirklicht werden. Widerspricht daher die vorgenommene Beschränkung bei der Identifizierung der G-konform abwehrfähigen Gefahren nicht dem Credo des Pluralismus (III.9) und verletzt damit das Gebot der weltanschaulich-metaphysischen Neutralität? Auf diesen Einwand wäre folgendes zu erwidern: Auch wer an ein transmortales Weiterleben glaubt oder andere Werte für höherwertiger hält als das menschliche Leben, schätzt sein Leben und möchte es sich nicht ohne gerechtfertigten Grund nehmen lassen. Insofern sind Gefahren für das Leben objektive Gefahren. Wer unschuldiges Leben zu vernichten gedenkt - und zwar nicht um eine Vielzahl anderer Leben zu retten, sondern um anderer Werte willen -, trägt die Last, sein Vorgehen intersubjektiv zu rechtfertigen.

3. Das Kriterium der Allgemeinheit

Daß eine Gefahr für das Leben „hinreichend groß" sein muß, um G-konform abgewehrt werden zu dürfen, weist auf die gefordete Exzeptionalität der Gefahr hin. Sie muß, so ließe sich auch formulieren, „erheblich" oder „schwerwiegend" sein und über die allgemein üblichen Lebensrisiken sowie das gesellschaftlich akzeptierte erlaubte Risiko hinausgehen. Im so verstandenen Begriff einer hinreichend großen Gefahr kommt ihre Außeralltäglichkeit und Seltenheit zum Ausdruck.

Von einer Gefahr müssen zunächst viele Menschen bedroht sein, damit das in G formulierte Kriterium „eine vergleichsweise geringe Anzahl Unschuldiger", welches das quantitative Verhältnis zwischen Getöteten und Geretteten beschreibt, überhaupt erfüllt sein kann. Anders gesagt: Das Kriterium ist offenbar nicht bei jeder Zahl größer 1 erfüllt. Ob eine Gefahr als hinreichend groß gelten kann, hängt sodann von ihrer Eintrittswahrscheinlichkeit ab. Eine präzise Definition von „hinreichend groß", scheint mir jedoch nicht möglich zu sein (siehe auch V.3). Ich werde statt dessen versuchen, dieses Kriterium zu konkretisieren.

Eine nähere Bestimmung dieses Kriteriums kann selbstverständlich nur unter Berücksichtigung der Zustimmungsfähigkeit für jedermann erfolgen, das heißt: man muß sich im Urzustand auf sie einigen können. Ob allein diese Bedingung eine hinreichend bestimmte Konkretisierung erzwingt oder Regelungen unter Realbedingungen hinzutreten müssen, lasse ich offen. Für eine Konkretisierung des Kriteriums „hinreichend groß" bietet sich jedenfalls zunächst die Forderung an, die Gefahr müsse entweder allgemein oder eine Gefahr für die Allgemeinheit sein.

Unter einer *allgemeinen Gefahr* verstehe ich eine Gefahr, die jeden oder fast jeden treffen kann, wobei es in der Regel faktisch nur einzelne trifft. In diesem Sinne stellt der Verkehr für jeden Verkehrsteilnehmer und damit praktisch für jedes Gesellschaftsmitglied eine allgemeine Gefahr dar, obwohl nur ein gewisser Prozentsatz der Teilnehmer jemals zu Schaden kommt. Ähnliches gilt für einen konventionell geführten Krieg, der Terrorangriffe auf die Zivilbevölkerung mitumfaßt. In beiden Fällen ist jedermann von der Gefahr bedroht, aber nicht für jeden realisiert sich diese.

Unter einer *Gefahr für die Allgemeinheit* verstehe ich eine Gefahr, die potentiell jeden oder fast jeden gleichermaßen trifft. Es handelt sich hierbei um eine Gefahr, durch die Individualinteressen bedroht sind und die, wenn sie sich realisiert, in der Regel bei jedem oder fast jedem Mitglied der betreffenden Menschengruppe den für sie charakteristischen Schaden zu verursachen droht. Ein Beispiel für eine solche Gefahr wäre etwa eine globale Klimakatastrophe mit letalen Auswirkungen oder ein nicht begrenzter Nuklearkrieg.

Beide Bedingungen sind in vielen Fällen als Kriterium brauchbar, ob sie aber in allen Fällen als hinreichend und notwendig für das Vorliegen einer hinreichend großen Gefahr betrachtet werden sollten, lasse ich offen. Da beide Gefahrenarten auch unbedeutende Auswirkungen haben können, sei an dieser Stelle nochmals in Erinnerung gerufen, daß wir grundsätzlich nur Gefahren für das Leben betrachten. Akzeptiert man die *Festsetzung*, daß eine Gefahr nur dann hinreichend groß sein kann, wenn sie entweder eine allgemeine Gefahr oder eine Gefahr für die Allgemeinheit ist (Kriterium der Allgemeinheit), so scheiden Gefahren, die, wenn sie drohen, nur einzelnen drohen, aus der Menge der G-konform bekämpfbaren Gefahren aus. Um solche Gefahren abzuwehren, ist die Tötung Unschuldiger illegitim.

Dabei bezieht sich der Begriff „jeder" jeweils auf eine Grundgesamtheit, die durchaus begrenzt sein kann, also nicht mit der Menschheit oder der Menge der vernunftbegabten Wesen identisch zu sein hat. Somit könnten die Voraussetzungen für die Anwendbarkeit von G beispielsweise innerhalb eines Staates, einer Stadt oder einer gesellschaftlichen Teilgruppe erfüllt sein – eben dann, wenn die drohende Gefahr dem Kriterium der Allgemeinheit in mindestens einer der beiden Ausprägungen genügt.

Ob das Kriterium der Allgemeinheit in einem konkreten Fall erfüllt ist, hängt wesentlich von der Bestimmung der Grundgesamtheit ab. Damit ist das Kriterium der Allgemeinheit in diesem Sinne relativ. Was als Grundgesamtheit anzusehen ist, ergibt sich zum einen aus dem „Einzugsgebiet" der (abzuwehrenden) Gefahr, dem Ziel des Angriffs oder auch der Intention der Aggressoren (sofern es sich um Wiederholungstäter handelt). Zum anderen müssen zur Grundgesamtheit in jedem Falle diejenigen gerechnet werden, die von einer Gefahrenabwehr als Unschuldige mitbetroffen sein könnten. G-konforme Gefahrenabwehren stellen eben auch – per definitionem – für Unbeteiligte eine Gefahr dar. In die Bestimmung der Grundgesamtheit gehen somit zwei Gefahrenkomponenten ein: zum einen die abzuwehrende Gefahr, zum anderen die hinzunehmende Gefahr für die möglichen Opfer der Gefahrenabwehr. Da die konkrete Form der Gefahrenabwehr darüber bestimmt, welche unschuldigen Menschen bedroht sind, definiert die geplante Gefahrenabwehr entscheidend die zu berücksichtigende Grundgesamtheit. (Ein besonderes Problem stellen zweifellos Gefahren für Minderheiten dar, deren Ursachen in einer größeren Grundgesamtheit liegen.)

Aus dem kontraktualistischen Verfahren der Rechtfertigung qua Zustimmung aller Betroffenen ergibt sich, daß in jedem Falle die von einem Gefahrenabwehrversuch mitbetroffenen Unschuldigen zur jeweiligen Grundgesamtheit gehören. Damit sichert das Kriterium der Allgemeinheit zugleich, daß die betroffenen Unschuldigen selbst von der abzuwehrenden Gefahr bedroht, also selbst Mitglied der Gefahrengemeinschaft sein müssen. Anders gesagt: Wenn wir fordern, daß nur Gefahren G-konform abgewehrt werden dürfen, die dem Kriterium der Allgemeinheit genügen, dann ist das nur ein anderer Ausdruck für den Grundsatz, eine Gefahr dürfe niemals so abgewehrt werden, daß dabei unschuldige Personen getötet werden, die selbst von der abzuwehrenden Gefahr nicht bedroht sind. Sind sie nicht davon bedroht, bedroht die Gefahr nicht jeden einzelnen. Des weiteren gilt natürlich, daß der Gefahrenabwehrer der bedrohten Gruppe nicht anzugehören braucht. Ansonsten wäre eine G-konforme Nothilfe für in Lebensgefahr geratene Menschen ausgeschlossen. Es läßt sich aber nicht begründen, warum, wenn jeder aus einer bedrohten Gruppe nach G vorgehen dürfte, nicht auch ein Nicht-Gruppenzugehöriger die Gefahr beseitigen können soll.

Die Akzeptanz des Kriteriums der Allgemeinheit hat Konsequenzen. Aus ihr folgt zum Beispiel, daß ein Staat Gefahren, die nur ihm drohen, nicht mit Mitteln abzuwenden versuchen darf, die Menschen anderer Staaten das Leben kosten. Danach wäre etwa die Tötung unschuldiger Zivilisten eines Nachbarlandes, das Terroristen deckt, in der Tat „keine irgendwie diskutable Repressalie“[6].

Oder man betrachte nochmals, den unter II.11 diskutierten „Organspendenfall“. In erster Näherung betrachteten wir diese Praxis der Organgewinnung als eine Regelung, auf die man sich im Urzustand einigen könnte. Erst nach Einbeziehung einer weit verbreiteten psychologischen Eigenart in die Urzustandsbedingungen (nämlich der Eigenart, sich vor einem vorsätzlichen Getötet-Werden mehr zu ängstigen als vor einem vorsätzlichen Sterben-gelassen-Werden) ergab sich, daß sich eine solche Praxis bereits im Urzustand als nicht zustimmungsfähig erweisen könnte. Dieses Argument ist jedoch mit dem Zweifel behaftet, ob die genannte Eigenart tatsächlich eine allgemeine psychologische Gesetzmäßigkeit verkörpert, die dann, wenigstens der Konzeption von Rawls zufolge, die Urzustandsbedingungen mitdefinierte. An dieser Stelle nun, an der wir über Merkmale nachdenken, die eine Gefahr G-konform abwehrbar machen sollen, läßt sich erkennen, daß auch die Einbeziehung des Kriteriums der Allgemeinheit zu demselben Ergebnis führt – nämlich, daß es illegitim ist, einen Unschuldigen zum Zwecke der Organgewinnung zu töten, um mehrere andere zu retten. Denn: Die von einem Gefahrenabwehrer durchzuführende Prüfung, ob das Kriterium der Allgemeinheit der Gefahr erfüllt ist, erfolgt (notwendigerweise) unter Realbedingungen. Von der Prüfung hängt ab, ob die Anwendungsbedingungen für eine im Urzustand zustimmungsfähige und damit fiktiv getroffene Regelung gegeben sind. Für die Frage etwa, ob es einem Gesetzgeber erlaubt sein könnte, im Zuge der ihm obliegenden Pflichten zur Gefahrenabwehr und unter Berufung auf G die in Rede stehende (unfreiwillige) Organgewinnungspraxis zu etablieren, wäre somit zu prüfen, ob die sich für manche Kranke manifestierende Gefahr, mangels transplantierbarer Organe zu sterben, dem Kriterium der Allgemeinheit genügt. Dies ist aufgrund folgender Überlegung zu verneinen: Zwar kann jeder in die Situation geraten, ein Spenderorgan zu benötigen, die Gefahr jedoch, um deren Abwehr es in einem solchen Falle geht, ist die Krankheit eines einzelnen, deren Folgen nur abgewendet werden können, wenn ein Spenderorgan zur Verfügung steht. Mit der Gewinnung von Spenderorganen wird keine allgemeine Gefahr bekämpft (und ebensowenig eine Gefahr für die Allgemeinheit), sondern eine Gefahr, die wenigen Individuen droht (auch wenn diese im Urzustand nicht bekannt sind). Ausschlaggebend ist hier, daß die Praxis der Organgewinnung nicht dazu dient, die (allgemeine) Gefahr zu bekämpfen, daß jeder in die Situation geraten kann, auf ein Spenderorgan angewiesen zu sein. Anders läge der Fall, wenn sich für dieselbe Krankheit eine Ursache angeben ließe, die dafür sorgt, daß potentiell jeder von ihr betroffen sein könnte, und es gleichzeitig eine Methode gäbe, diese Krankheitsursache unter Inkaufnahme der Tötung einiger Unschuldiger zu beseitigen oder wenigstens wirksam einzudämmen. Die zu bekämpfende Gefahr wäre in diesem Falle nicht die Krankheit eines einzelnen bzw. deren Folgen für den einzelnen, sondern eine für jedermann gefährliche Krankheitsursache. Allein diese dürfte auch unter Inkaufnahme der Tötung Unschuldiger bekämpft werden. Einzelnen von der Krankheit Betroffenen durch Tötung Unschuldiger zu helfen wäre hingegen moralisch unzulässig. Damit ist ein weiteres Argument gewonnen, weshalb es ein elementares Unrecht wäre, Menschen, denen die abzuwehrende Gefahr selbst nicht droht, unter Berufung auf ihre fiktive Zustimmung unter Urzustandsbedingungen, aber ohne daß deren faktische Zustimmung unter Realbedingungen vorliegt, zur Teilnahme an einer „Überlebenslotterie" zu zwingen.

Nimmt man beide Kriterien zusammen, so können nur hinreichend große Gefahren für das Leben von Menschen G-konform abgewehrt werden. Dies hat Konsequenzen für das allgemeine Widerstandsrecht oder auch die moralische Legitimität humanitärer Interventionen. Es ergibt sich beispielsweise, daß man im Extremfall selbst die Gefahr einer weltweiten Ausbreitung eines diktatorischen Systems gegebenenfalls hinzunehmen hätte, solange nicht begründet angenommen werden kann, daß von diesem System eine Gefahr *für das Leben jedes einzelnen* ausgeht. Eine solche Vermutung wäre für ein System vom Typ des stalinistischen durchaus zu bejahen, für ein solches vom Typ der DDR wohl kaum. Somit wäre etwa eine gewaltsame Befreiung der DDR-Bürger unter Inkaufnahme der Tötung Unschuldiger unzulässig gewesen.[7] Anders gesagt: Daß unter einem politischen Zwangsregime die Ermordung von Dissidenten inszeniert oder geduldet wird, berechtigt niemanden, dieses Regime zu beseitigen, wenn dabei die Tötung unbeteiligter Dritter hingenommen werden müßte. Entscheidend ist hierbei, daß für die dem System Unterworfenen eine Verhaltensmöglichkeit bestehen muß, der Ermordung zu entgehen (zum Beispiel durch Anpassung oder Auswanderung). Solange eine solche Möglichkeit besteht, besteht keine allgemeine Gefahr für das Leben. Diese Grenze müßte beispielsweise als erreicht gelten, wenn das System die Angehörigen einer ethnischen, sozialen oder religiösen Gruppe als „objektive

Feinde" definiert und diese einer systematischen Tötung zuführt. Ein System nämlich, welches Personen aufgrund objektiver Merkmale und nicht aufgrund von Handlungen verurteilt, stellt für alle, also auch für diejenigen, die zunächst nicht zur Gruppe der objektiven Feinde gehören, eine exzeptionelle Gefahr dar. Denn schließlich könnten jederzeit neue Gruppen von Feinden oder Rechtlosen definiert oder Zurechnungsmerkmale verändert werden. Auch könnte sich herausstellen - etwa durch Abstammungsforschung -, daß man der Gruppe der Feinde angehört, oder es könnten Ereignisse eintreten - zum Beispiel eine Behinderung oder eine Krankheit -, die einen in die Gruppe der Rechtlosen eingliedert. Unter den Bedingungen eines derartigen Zwangsregimes begründete nicht die einzelne politische Maßnahme, die sich gegen eine Teilgruppe der Gesellschaft richtet, die G-konform abwehrfähige Gefahr. Vielmehr ist das politisch-soziale System selbst, in dem Derartiges möglich ist und von dem man ohnehin weiß, daß ihm auch unter Urzustandsbedingungen nicht zugestimmt werden könnte, eine allgemeine Gefahr für alle Herrschaftsunterworfenen. Diese bildeten gemeinsam mit der aktuell vom Tode bedrohten Teilgruppe (in der Regel einer Minderheit) eine Gefahrengemeinschaft. Diese Gefahrengemeinschaft konstituierte eine Grundgesamtheit, in der es zulässig wäre, auch Gefahren, die aktuell nur einer Teilgruppe der Grundgesamtheit drohen, G-konform abzuwehren.

Ein Amokschütze hingegen, der in einer Schule wütet, es aber erkennbar nur auf Lehrer abgesehen hat, könnte schwerlich als eine Gefahr gedeutet werden, die dem Kriterium der Allgemeinheit genügt. Denn selbst wenn man als Grundgesamtheit lediglich die am Tatort zur Tatzeit versammelten Menschen betrachtet, begründet ein Amoklauf mit dieser Zielrichtung keine allgemeine Gefahr. Daraus folgt, daß Lehrer nicht unter Hinnahme der Tötung von Kindern gerettet werden könnten; wohl aber könnte es erlaubt sein, eine große Anzahl von Lehrern zu retten, indem man die unvermeidliche Tötung eines Lehrers in Kauf nimmt.

Eine solche Gefahr für die Allgemeinheit ist identisch mit dem, was man in der Jurisprudenz eine „Gefahrengemeinschaft" nennt. Eine Besonderheit dieser Fälle liegt darin, daß durch die Gefahrenabwehr Menschen getötet werden, die, wenn man nichts unternommen hätte, gemeinsam mit den Geretteten ohnehin umgekommen wären. Insofern könnte man meinen, daß das Zahlenverhältnis von Getöteten und Geretteten keine Rolle spielt, da sich die Rettungshandlung - vorausgesetzt die Gefahrenanalyse stimmt - quantitativ in jedem Falle „lohnt". Daraus folgt aber nicht, daß Tötungshandlungen, begangen in Gefahrengemeinschaften, grundsätzlich - vorausgesetzt sie erfüllen sämtliche sonstigen Kriterien - unter G subsummierbar sind. Der quantitative Gesichtspunkt, der eine „Unverhältnismäßigkeit" zwischen Getöteten und Geretteten fordert, bleibt für die G-Konformität essentiell (vgl. den „Mignonette"-Fall in III.9).

Häufig mag es Fälle geben, in denen nicht auf der Hand liegt, wie die relevante Grundgesamtheit zu bestimmen ist. Ich denke hier an Angriffe, wie sie etwa am 11. September 2001 auf die Twin Towers des World Trade Centers und das Pentacon erfolgt sind. Die für die Frage der Erlaubnis von Gefahrenabwehren relevante Grundgesamtheit muß ja vor der endgültigen Realisierung der Gefahr bestimmt werden. Offensichtlich kamen aber vor dem Einschlag der gekaperten Flugzeuge in vorher unbekannte Gebäude verschiedene Bestimmungen des Einzugsgebietes der Gefahr und damit der relevanten Grundgesamtheit in Frage. Ohne Abgrenzung der Grundgesamtheit kann jedoch das Erfülltsein des Kriteriums der Allgemeinheit nicht geprüft werden.

Im betrachteten Beispielfall stünde das Abschießen des angreifenden Flugzeuges als ein Mittel der Gefahrenabwehr zur Diskussion. Wird ein Flugzeug abgeschossen, so sind allerdings nicht nur die bereits dem Tode geweihten unschuldigen Geiseln[8] der Flugzeugentführer betroffen; bedroht werden auch ganz Unbeteiligte durch herabstürzende Wrackteile. In solchen Fällen kann es sein, daß der Einzugsbereich der aus dem Anschlag (mutmaßlich) resultierenden Gefahr und der Einzugsbereich der aus der Gefahrenabwehr (mutmaßlich) resultierenden Gefahr nicht deckungsgleich sind. Da sich die relevante Grundgesamtheit aus der Überlagerung beider Gefahreneinzugsbereiche ergibt, ist in einem solchen Fall das Kriterium der Allgemeinheit nicht erfüllt. Falls daraus inakzeptable Konsequenzen für die Nichterlaubtheit von Gefahrenabwehren folgen, müßten diese durch Zusatzbestimmungen notfalls aufgefangen werden.

Wie bereits angedeutet, ist die vorgeschlagene Konkretisierung des Kriteriums „hinreichend groß“ nicht zwingend. So mag man Konkretisierungen ins Auge fassen, die die Tötung von solchen Unschuldigen erlauben, die selbst von der abzuwehrenden Gefahr nicht bedroht sind und auch im genannten Sinne keine Gefahrengemeinschaft mit der bedrohten Teilgruppe bilden. Auch auf einen solchen Grundsatz – der ein weiteres Risiko absicherte, zugleich aber das Risiko erhöhte, unschuldiges Opfer einer Gefahrenabwehr zu werden – könnte man sich im Urzustand möglicherweise einigen (Beispiel: Organgewinnungspraxis). Der Gewinn für jeden einzelnen, also auch für diejenigen, für die sich in der Realsituation herausstellt, daß sie nicht zur betreffenden Teilgruppe, also der Grundgesamtheit derer gehören, die von dieser Gefahr bedroht sind, besteht darin, auch gegen die Eventualität, (eines Tages) in diese Gruppe zu fallen, Vorsorge getroffen zu haben. Daß dies tatsächlich zweierlei ist, mag nicht auf den ersten Blick einsichtig sein. Zunächst nämlich ist man geneigt zu fragen, ob im Urzustand nicht jede Gefahr eine allgemeine Gefahr ist – eben weil man nicht weiß, wen sie trifft. Doch bereits unter den Wissensbedingungen des Urzustandes weiß man, daß es ein Unterschied ist, ob man sich gegen eine allgemeine Gefahr absichert oder gegen die Gefahr, zu einer Teilgruppe zu gehören, für die eine allgemeine Gefahr droht. Da man die im Urzustand gewählte Praxis auch unter Realbedingungen – in dem unter II.10 beschriebenen Sinne – noch akzeptieren können muß, also auch dann, wenn man weiß, nicht zur gefährdeten Teilgruppe (hier: der Fremdorganbedürftigen) zu gehören, ist es eben höchst fraglich, ob man sich unter dem Schleier des Nichtwissens für die Organgewinnungspraxis entscheiden würde.

Aber angenommen, man wollte sich zusätzlich gegen die Eventualität absichern, zu einer Gruppe zu gehören, für die eine allgemeine Gefahr droht, so reduzierte dies insgesamt die Anforderungen, die an das Kriterium „hinreichend groß“ gestellt würden. Eine konstante „Kostenübernahmebereitschaft“ unterstellt, hätte dies etwa die Konsequenz, daß man die Anforderungen an die Feststellung des Bestehens der Gefahr entsprechend erhöhte.

Die bevorzugte Konkretisierung des Gefahrentyps entscheidet darüber, unter welchen Bedingungen Gefahren unter Hinnahme der Tötung unbeteiligter Dritter bekämpft werden dürfen. Welche Konkretisierung dies letztlich ist, ist gleichbedeutend mit der Frage, welche moralische Norm gesellschaftlich akzeptiert wird. Und umgekehrt gilt: Welche Handlungen zur Abwehr von Gefahren in einer Gesellschaft moralisch erlaubt sind, ist Ausdruck dafür, gegen welche Bedrohungen sich die Menschen absichern, welche Risiken sie mindern möchten.

4. Das Kriterium der Gewissensnot

Eine Akzeptanz des Kriteriums der Allgemeinheit der Gefahr führt zu einer Konkretisierung der unter II.3 genannten Voraussetzungen, unter denen die Zustimmung zu G für jeden potentiell Betroffenen rational ist. Wie diese Konkretisierung im Falle des Bestehens einer *allgemeinen Gefahr* auszusehen hat, liegt auf der Hand. Danach ist eine Gefahrenabwehr nach G erlaubt, wenn das Risiko für jeden einzelnen, aufgrund der Nichtbekämpfung der Gefahr zu Tode zu kommen, erheblich größer ist als das Risiko, ein unschuldiges Opfer der Gefahrenabwehr zu sein. Unter welchen Voraussetzungen wäre aber eine Gefahrenabwehr nach G im Falle des Bestehens einer *Gefahr für die Allgemeinheit* erlaubt?

Hier ist zu berücksichtigen, daß im Falle der Realisierung einer Gefahr für die Allgemeinheit alle oder nahezu alle Gruppenmitglieder getroffen bzw. (da wir von Gefahren für das Leben reden) getötet werden. Dies ist ein bedeutender Unterschied im Vergleich zu einer allgemeinen Gefahr. Während man die Nichtbekämpfung einer allgemeinen Gefahr überleben kann, führt die Nichtbekämpfung einer Gefahr für die Allgemeinheit möglicherweise – nämlich dann, wenn sie sich realisiert – zum Tode aller. Für die Rechtfertigung eines Vorgehens nach G wird daher in letzterem Falle die Wahrscheinlichkeit der Realisierung der Gefahr von entscheidender Bedeutung sein. Zu verrechnen ist aber auch der Nutzen für den von einer Gefahrenabwehr ansonsten unschuldig Betroffenen, der bei einer Nichtbekämpfung der Gefahr für die Allgemeinheit entsteht. Dieser Nutzen besteht in der bis zum Eintritt der Gefahr gewonnenen Lebensspanne.

Die hierbei notwendig werdenden Abwägungen müßten sicherlich gesondert betrachtet werden. Als ein Hilfskriterium für die Berechtigung eines Vorgehens nach G bietet sich die folgende notwendige Bedingung an: Die Gefahr sollte so beschaffen sein, daß der potentielle Gefahrenabwehrer im Falle des Unterlassens der ihm möglichen, aber nicht gebotenen Gefahrenabwehr in eine echte Gewissensnot gerät (Kriterium der Gewissensnot). Das Geschehenlassen sollte ihm ein größeres Schuldempfinden bescheren als er es hätte, wenn er bei der Gefahrenabwehr Unschuldige in den Tod zu schicken gezwungen wäre.

Diese moralische Rechtfertigung knüpft an ein subjektinternes Kriterium an und ist mit allen damit verbundenen Schwierigkeiten belastet. Gleichwohl ist dieses Kriterium ethisch von Bedeutung. Die Idee, daß ein Täter, der den Tod von Menschen im Zuge einer Gefahrenabwehr (mit)verursacht hat, aufgrund der Zwangslage, in der er sich befand, *moralisch* gerechtfertigt sein kann, kommt ansatzweise bereits in der juristischen Denkfigur des *übergesetzlichen entschuldigenden Notstandes* zum Ausdruck. Dieser Denkfigur zufolge kann eine rechtswidrige Rettungshandlung auch dann entschuldigt sein, wenn eine Entschuldigung nach § 35 StGB („Entschuldigender Notstand") ausgeschlossen ist, weil sie weder der Angst um die eigene Person oder einen Angehörigen oder einer anderen nahestehenden Person entsprang. Ein *übergesetzlicher* entschuldigender Notstand - zwar nicht von der Rechtsordnung, aber überwiegend im Schrifttum anerkannt - kann sich realisieren, wenn sich der Täter aufgrund einer Gewissensentscheidung zum Handeln entschließt, weil er erkennen muß, sich durch ein Geschehenlassen in noch größere Schuld zu verwickeln.[9]

Ein solcher Notstand wurde in sogenannten Euthanasie-Prozessen der Nachkriegszeit anerkannt. In diesen Fällen machten NS-Ärzte, die in Vernichtungsaktionen gegen Geisteskranke involviert waren, einen unlösbaren Gewissenskonflikt derart geltend, entweder in begrenztem, aber möglichst geringem Umfang mitzuwirken und auf diese Weise Kranke zu retten oder von einer Mitwirkung Abstand, damit aber zugleich in Kauf zu nehmen, daß mehr Anstaltsinsassen durch nachrückende skrupellose Ärzte getötet werden. In einem Urteil vom 5. 3. 1949 hatte der OGH für die Britische Zone für den Fall, daß bei den Angeklagten bestimmte, insbesondere psychologische Voraussetzungen tatsächlich gegeben seien, einen übergesetzlichen „persönlichen Strafausschließungsgrund" anerkannt, der sich bei genauerer Betrachtung als ein übergesetzlicher Entschuldigungsgrund, nämlich als übergesetzlicher entschuldigender Notstand, herausstellt.[10] Im vorliegenden Fall geht es nämlich nicht darum, daß der Staat einen Verbrecher lediglich laufen läßt, sondern der Staat hält sich gegenüber dem Täter mit Schuldvorwürfen zurück, wertet ihn also nicht als Verbrecher – und zwar deshalb, weil er keine Veranlassung hat, die Motivation zur rechtswidrigen Tat als nichtseinsollend zu bewerten. Anders gesagt: Auf Schuldvorwürfe kann verzichtet werden, weil weder ein gesellschaftliches Interesse noch überhaupt die Aussicht besteht, einen in einer vergleichbaren moralischen Konfliktsituation befindlichen Menschen zu einer anderen Entscheidung zu motivieren.

Die Entscheidung zur Gefahrenabwehr sollte sich in dem beschriebenen Sinne als die bewußte Auflösung eines individuellen Gewissenskonflikts verstehen. Das bloße Gefühl einer unbedingten Verpflichtung zum Helfen ist dafür kein hinreichendes Indiz, da es selbst nichts darüber aussagt, ob auch die „Kostenseite" der Gefahrenabwehr angemessen reflektiert wurde. Das Gewissen weist lediglich an, der Erkenntnis zu folgen, was pflichtgemäß zu tun ist; erst der Verstand aber sagt, worin die Pflicht besteht. Gerade hier stoßen wir auf eine Aporie: Der Verstand soll etwas leisten, was er nicht leisten kann – er soll „berechnen", wann und wieviele Unschuldige geopfert werden dürfen, um andere zu retten. Zu fordern ist daher nur, daß der Verstand bei der Auflösung des Gewissenskonflikts in dem Maße beteiligt ist, wie es der Rationalität und damit der allgemeinen Akzeptierbarkeit der Lösung dient. Da das Fragen nach dem Grund für die Akzeptanz des Grundes der Entscheidung an irgendeiner Stelle immer abgebrochen werden muß, ist freilich die „letzte" Entscheidung immer unbegründet und in diesem Sinne außerrational – aber dies gilt grundsätzlich und ist kein Spezifikum moralischer Entscheidungen.

5. Das Kriterium der Gegenwärtigkeit

Grundsatz „G" fordert, daß die Gefahr „gegenwärtig" sein muß. Gefahrenabwehrhandlungen, die zur Tötung Unschuldiger führen können, dürfen nicht auf den bloßen Verdacht[11] hin unternommen werden.

Die Bedingungen für eine legitime Gefahrenabwehr sind *nicht* erfüllt, wenn die Gefahr nur als gedankliche Möglichkeit existiert. Bedingung ist vielmehr, daß eine *Kausalität* benennbar ist, die mit erheblicher Wahrscheinlichkeit zur Realisierung des prognostizierten Schadenstyps führt (Kriterium der Kausalität). Darüber hinaus muß *konkret* gezeigt werden können, daß die Bedingungen, die die betreffende Kausalität auslösen, tatsächlich vorliegen (Kriterium der Konkretheit). Es reicht also nicht aus, daß das Bestehen einer Gefahr lediglich durch allgemeine theoretische Überlegungen plausibel gemacht oder gar nur behauptet wird. Da bei G-konformen Gefahrenabwehren in das Rechtsgut des Lebens eingegriffen wird, sind hier besonders hohe Anforderungen an die Rechtfertigung zu stellen. Der Umstand, daß die Möglichkeit des Eintritts einer Gefahr lediglich nicht ausgeschlossen werden kann, macht diese Gefahr nicht „gegenwärtig". Das damit verbundene Restrisiko muß hingenommen werden.[12]

Da im Zuge einer G-konformen Gefahrenabwehr das Lebensrecht Dritter bedroht ist, sind besondere Anstrengungen darauf zu richten, Scheingefahren (zum Beispiel nicht ernst gemeinte Drohungen oder ein mit untauglichen Mitteln vorgetragenes Angriffsverhalten) zu durchschauen. Und da jeder Gefahrenabwehrer nur auf das ihm ex ante zur Verfügung stehende Wissen zurückgreifen kann, hat er die Möglichkeit individueller kognitiver Beschränkungen (Informationsdefizite, die aus einem begrenzten Wahrnehmungshorizont, fehlendem Insider-Wissen oder mangelnden Fachkenntnissen resultieren) zu reflektieren und sich selbst zu prüfen. ob er sich berufen fühlen darf, trotz bestehender Unsicherheiten in der Gefahrenbeurteilung zur Tat zu schreiten (siehe des weiteren IV.9). Das Problem der Unsicherheit menschlichen Wissens ist dabei durchaus zweischneidig. Es zwingt uns, auch die Gefahr zu berücksichtigen, Gefahren nicht zu erkennen.[13]

Andererseits ist eine Gefahr nicht erst dann gegenwärtig, wenn der Schaden mit Sicherheit zu erwarten ist. Insofern sind Prognosen unverzichtbar und damit absolute Sicherheit grundsätzlich nicht erreichbar. Die geforderte Wahrscheinlichkeit des Eintritts der Gefahr kann allgemein dahingehend bestimmt werden, daß sie einen solchen Grad erreicht haben muß, „von dem an man sich vernünftigerweise auf die Möglichkeit des schädigenden Ereignisses einzustellen pflegt“[14]. In diesem Sinne begründet G eine Erlaubnis zum präventiven – bzw. (sofern man einer neueren Sprachregelung folgt) zum präemptiven (zuvorkommenden) – Eingreifen (Prinzip der Prävention). Wie die geforderte Gegenwärtigkeit der Gefahr genauer zu bestimmen ist, hängt von der konkreten Natur der Gefahr bzw. dem konkreten Bedrohungsszenario ab. Aus ihrer Analyse ergibt sich, welche Zeichen als Zeichen einer unmittelbaren Bedrohung gedeutet werden dürfen. Die Erlaubnis zum Eingreifen dürfte jedenfalls gegeben sein, wenn jedes Zögern die Möglichkeit einer rechtzeitigen Gefahrenabwehr zunichte machte.

Geht die Gefahr auf einen zum Angriff Entschlossenen zurück, kann die Gefahr schon gegenwärtig sein, ohne daß der Angriff als solcher bereits gegenwärtig wäre.[15] Um die Gegenwärtigkeit der Gefahr zu bejahen, reicht die Feststellung aus, daß die – möglicherweise erst zukünftige – Realisierung der Gefahr nur durch ein gegenwärtiges Handeln abgewendet werden kann.[16] Entscheidend ist die Gegenwärtigkeit der Zwangslage – entweder handeln oder den Schaden hinnehmen. Auch zukünftige Schäden, die aus der Nichtbekämpfung einer gegenwärtigen Gefahr entstehen, müssen also im Zuge der Folgenberücksichtigung einer Hinnahme der Gefahr mitbedacht werden (Prinzip der Folgenberücksichtigung). Die Folgen eines Ereignisses, dessen Eintreten gegenwärtig droht, können durchaus in einer entfernteren Zukunft liegen. Für die Beurteilung solcher Folgen ist es wesentlich, ob sie nach ihrem Eintreten unschädlich gemacht oder wenigstens abgemildert werden können und mit welcher Wahrscheinlichkeit dies gelingen wird.

G schließt somit das „Vorsorgeprinzip“[17] aus, dem zufolge nicht abgewartet werden soll, bis sich Sachverhalte zu Gefahrenlagen verdichtet haben. Zudem setzt es nicht voraus, daß – wie beim Rechtsinstitut des polizeilichen Notstands – der Schadenseintritt unmittelbar bevorsteht, das heißt „in allernächster Zeit"[18] zu erwarten ist. Besondere Anforderungen an die zeitliche Nähe des Schadenseintritts sind nicht zu stellen. Die Akutheit einer Gefahr ergibt sich vielmehr aus der Notwendigkeit, schon jetzt handeln zu müssen. Allerdings wird sich in der Regel die Wahrscheinlichkeit der Korrektheit der Prognose über den Eintritt der Gefahr mit ihrer zeitlichen Nähe erhöhen.[19]

G impliziert die Forderung, eine Gefahrenabwehr abzubrechen, sobald die Voraussetzung der Gegenwärtigkeit der Gefahr nicht mehr gegeben ist. Dies heißt nicht, daß eine Gefahrenabwehr auch dann zu beenden wäre, wenn realistischerweise zu erwarten ist, daß danach dieselbe Gefahr wieder auflebte oder auch eine andere, durch den Abbruch initiierte (G-konform abwehrbare) Gefahr entstünde. Ist jedoch die Gefahr in Hinsicht auf diejenige Quantität und Qualität, die ihre G-konforme Abwehr rechtfertigte, gebannt, so ist die Abwehr abzubrechen.[20]

6. Gefahren für Ungeborene abwehren?

Zu fragen ist, ob eine Gefahr im Sinne von G nur dann vorliegt, wenn *existierende* Güter bedroht sind. Dies entspräche den Bestimmungen des § 34 StGB („Rechtfertigender Notstand"). Danach begründet eine Gefahr, die darin besteht, daß im Falle ihrer Nichtbeseitigung bestimmte Güter oder Werte nicht geschaffen werden können, keinen Notstand.[21] Die Gefahr kann allerdings darin bestehen, daß ein bereits bestehender Schaden fortbesteht oder intensiviert wird.[22]

Diese Problematik tritt häufig in Gestalt der Frage auf, ob es erlaubt sein kann, die Tötung Unschuldiger in Kauf zu nehmen, um den Tod einer bedeutend größeren Zahl zukünftiger Menschen zu verhindern.

Zunächst könnte man meinen, mit folgender Überlegung weiterzukommen: Menschliche Interessen sind auch auf die Zukunft gerichtet. Menschen können darüber hinaus ein Interesse am Wohlergehen zukünftiger, gegenwärtig noch nicht lebender Menschen haben – zum Beispiel ihrer Enkel oder Urenkel; sie können ein Interesse an deren Wohlergehen über den eigenen Tod hinaus, ja sie können sogar ein Interesse am Wohlergehen von Menschen haben, die zu ihren Lebzeiten nicht geboren werden. Es genügt, sich zu vergegenwärtigen, daß das Wohlergehen der Enkel und Urenkel auch davon abhängen kann, wie deren Interessen am Wohlergehen ihrer Kinder und Enkelkinder verwirklichbar sind. Unabhängig davon kann man die Generationenkontinuität innerhalb der Familie aber auch den Fortbestand der Menschheit als wünschenswert betrachten, so daß man selbst ein unmittelbares Interesse an günstigen Existenzbedingungen in einer Zukunft nach dem eigenen Leben entwickelt. Unter diesem Gesichtspunkt erscheint es nicht ausgeschlossen, daß Konkretisierungen von G unter dem Schleier des Nichtwissens auch dann akzeptabel sein könnten, wenn sie die Abwehr von Gefahren für noch nicht existierende Güter erlauben.

Zu dieser Argumentation ist folgendes zu sagen: Gleichgültig wie weit das Interesse einer Person in die Zukunft „hineinragt", es bleibt das Interesse *dieser* Person. Solange aber die Wahl des Grundsatzes nur aus der Sicht der jeweils eigenen Interessen erfolgt und die Interessen anderer (hier: Zukünftiger) vom Wählenden nicht um deren selbst willen bedacht werden, ist keine prinzipiell andere Situation gegeben und sind keine andersgearteten Abwägungen vonnöten als im Normalfall, wie er im Kapitel II und dort insbesondere im Abschnitt 3 behandelt wurde. Ob man bereit wäre, sich im Interesse zukünftiger Generationen opfern zu lassen, hängt ausschließlich von dem Interesse ab, das *jeder selbst* an der Geltung eines Grundsatzes hat, der dies erlaubt. Daß überhaupt nur fundamentale Interessen die Gefahr des Todes aufzuwiegen in der Lage sind, ist auch hier evident. Welche Interessen dies im einzelnen sein könnten und unter welchen Voraussetzungen ein Grundsatz, der das Risiko involviert, unschuldiges Opfer eines Gefahrenabwehrversuches zu werden, zur Geltung kommen soll, kann an dieser Stelle offen bleiben.

Damit allerdings ist die Frage, ob ein Grundsatz allgemein zustimmungsfähig ist, wonach gegenwärtige Menschen *im Interesse zukünftiger* geopfert werden dürfen, noch nicht beantwortet. Denn es ist gar nicht die Frage, ob G auf die gegenwärtige Abwehr von Gefahren, die Ungeborene in der Zukunft treffen würden, ausgeweitet werden soll (dies liegt bereits im altruistisch motivierten Eigeninteresse eines jeden), sondern ob sich eine Ausweitung von G auf eine *ausschließlich im Interesse Ungeborener* liegende gegenwärtige Abwehr von Gefahren begründen läßt. Ein solch ausschließliches Interesse wird vor allem bei solchen Ungeborenen zu finden sein, die mit der Generation, die vor der Frage der Akzeptanz des besagten Grundsatzes steht, keine gemeinsame Lebenszeit hat.

Es erscheint in dieser Situation ratsam, sich noch einmal die Wahlsituation im Urzustand zu verdeutlichen: Im Urzustand sind alle Generationen vertreten. Deshalb kann nur ein Grundsatz beschlossen werden, der allen Generationen in fairer Weise Rechnung trägt.[23] Zudem weiß niemand, welcher Generation er angehören wird. Daher muß der unter Urzustandsbedingungen gewählte Grundsatz so beschaffen sein, daß, egal unter welchen zivilisatorischen Bedingungen man real leben wird, alle Lebenden (man selbst und die Zeitgenossen) diesen Grundsatz akzeptieren könnten.

Des weiteren ist wesentlich: Wir alle leben und entscheiden in der Gegenwart. Wir versetzen uns gedanklich in die Urzustandssituation, um herauszufinden, welchen Handlungsgrundsätzen ein jeder unter dem Schleier des Nichtwissens vernünftigerweise zustimmen würde, weil er für sich einen persönlichen Nutzen aus der Übernahme des Risikos, unschuldiges Opfer einer Gefahrenabwehr zu werden, „errechnet". Ein solcher Handlungsgrundsatz wäre begründet und damit von an unparteiischen Normen interessierten Akteuren zu akzeptieren. Entscheidend ist aber nun: Er wäre zu akzeptieren unabhängig davon, ob frühere Generationen diesen Grundsatz bereits beachtet haben oder die eigene Generation durch die Beachtung dieses Grundsatzes seitens früherer Generationen profitiert hat. Vorausgesetzt ist lediglich, man kann wünschen, daß auch die früheren Generationen ihn befolgt hätten.[24]

Ob frühere Generationen dem hier in Rede stehenden Grundsatz gefolgt sind, ist eine empirische Frage. Vielleicht „ja"; möglicherweise gelangt eine genauere Betrachtung aber auch zu einem verneinenden Ergebnis. Aber egal wie es sich verhalten mag, das Ergebnis dürfte auf unsere Entscheidung, einen Grundsatz zu akzeptieren oder abzulehnen, keinen Einfluß haben, da es Informationen verarbeitete, die im Urzustand unverfügbar sind. Und klar ist auch, daß unsere Entscheidung die Vergangenheit nicht verändern kann, zugleich aber von großer Bedeutung für die Gegenwart und Zukunft sein könnte. Jede Hoffnung, wir könnten durch die Akzeptanz eines Grundsatzes, wonach Gefahren für zukünftige Generationen unter Inkaufnahme gegenwärtiger Tötungen im Interesse dieser zukünftigen Menschen abgewehrt werden dürfen, für uns selbst etwas gewinnen, ist von vornherein vergebens. Nur zukünftige Generationen könnten von einem Entschluß zur Ausweitung von G auf Gefahren, die gegenwärtig bekämpft werden müssen, aber erst zukünftig lebende Menschen beträfen, profitieren. Während man (im Urzustand) nicht weiß, ob man selbst etwas gewinnen *kann* (denn obwohl ein Grundsatz, wenn er begründet ist, für alle vernünftig denkenden Wesen begründet ist, weiß man nicht, ob bereits die der eigenen Generation vorangegangenen Generationen eine Ausweitung von G vorgenommen haben), muß man (in der Realsituation) bereit sein, sich notfalls für Zukünftige zu opfern.

Diese Überlegungen erlauben es nun, eine Antwort auf die entscheidende Frage zu geben. Wir hatten gefragt, ob G – analog zur Begründung im Normalfall – nicht auch unter der Bedingung begründet ist, daß durch die gegenwärtige Gefahrenabwehr das Leben noch *nicht existierender* Menschen gerettet werden soll. Aus der beschriebenen Asymmetrie zwischen Vergangenheit und Zukunft ergibt sich, daß niemand, der vor dieser Frage steht und sich zu diesem Zweck in die Urzustandssituation hineinversetzt, hoffen kann, *durch die Aufnahme dieses Grundsatzes in das Normensystem seiner Gesellschaft* (wobei er nicht weiß, welcher Generation er angehört) selbst etwas zu gewinnen. Denn das Phänomen dieser Asymmetrie, das aus der Gerichtetheit der Zeit folgt, ist als eine Naturtatsache bereits im Urzustand bekannt. Da die Vergangenheit durch die Akzeptanz eines Grundsatzes nicht veränderbar ist, aber nur aus der Akzeptanz desselben Grundsatzes bereits in der Vergangenheit Vorteile für die je gegenwärtige Generation entstehen könnten, weiß doch jede Generation, daß sie *durch* eine Aufnahme dieses Grundsatzes in ihr Normensystem nur einer zukünftigen Generation nützen kann.

Natürlich könnte es in der je gegenwärtigen Situation von Nutzen sein, wenn frühere Generationen bereits den besagten Grundsatz befolgt hätten. Aber daraus läßt sich kein Grund gewinnen, den Grundsatz selbst zu befolgen. Für den Fall, daß man die Ausweitung von G auf zukünftige Generationen akzeptiert, gibt es eben keine Garantie, daß auch die eigene Generation daraus einen Nutzen zieht. Insofern ist dieser Grundsatz nicht universalisierbar.

7. Das Kriterium der Tauglichkeit

Die Mittel und Wege der Gefahrenabwehr müssen „geeignet“ sein. *Geeignet* sind sie, wenn sich eine Zweck-Mittel-Kausalität benennen läßt, die mit einer hinreichend großen Wahrscheinlichkeit einen Abwehrerfolg garantiert (Kriterium der Tauglichkeit). Daß die Gefahrenabwehr nicht von vornherein als aussichtslos erscheinen darf, ist dabei nur eine Minimalbedingung. Die Wahrscheinlichkeit, daß der Gefahrenabwehrversuch erfolgreich sein wird, muß in einem akzeptablen Verhältnis stehen zur Wahrscheinlichkeit der Realisierung der Gefahr sowie zur Wahrscheinlichkeit, daß tatsächlich Unschuldige zu Tode kommen.

Der Abwehrerfolg ist im Idealfall die Beseitigung der Gefahr. Er kann aber auch in einer deutlichen Verringerung ihrer Auftrittswahrscheinlichkeit oder ihrer wirkungsvollen Abschwächung, etwa einer erheblichen Reduzierung ihres Zerstörungspotentials, oder in einer relevanten Verzögerung ihrer Realisierung bestehen, wodurch Zeit für eine zusätzliche Mobilisierung von Gegenkräften gewonnen wird.

Das Kriterium der Tauglichkeit schließt – es ist tautologisch, dies zu sagen – nur untaugliche Mittel aus dem Arsenal der prinzipiell zulässigen Mittel aus. In diesem Zusammenhang ergibt sich die Frage, ob bestimmte Arten von Mitteln (bzw. Vorgehensweisen bei der Gefahrenabwehr) als prinzipiell untauglich anzusehen sind. Dies könnten Mittel und Vorgehensweisen sein, die aufgrund ihrer „Natur“ eine Abschätzung der Erfolgswahrscheinlichkeit ihres Einsatzes außerordentlich erschweren oder faktisch unmöglich machen. Zu denken wäre hierbei an gewaltsame Terrorakte.[25] Terrorakte richten sich – so möchte ich hier definieren – *nicht direkt* gegen die abzuwehrende Gefahr, sondern legen es darauf an, relevante Entscheidungsträger, in der Regel Regierungen, dazu zu bewegen, die notwendigen, gefahrabwendenden Entscheidungen zu treffen. Damit muß sich eine Bewertung der wahrscheinlichen Mitteltauglichkeit auf eine Voraussage der Reaktionen der Erpreßten oder Genötigten stützen. Wie man aber – nicht zuletzt aus Erfahrung – weiß (man denke an die Entführung Hanns Martin Schleyers zum Zwecke der Freipressung von Gesinnungsgenossen), haben diese stets verschiedene Verhaltensoptionen. Einen möglichen Erfolg eines gewaltsamen, aber indirekten Terroraktes im Dienste einer Gefahrenabwehr mit dem Grad an Wahrscheinlichkeit annehmen zu dürfen, der zu verlangen ist, wenn der Akt auch unter Hinnahme der Tötung Unschuldiger legitim sein soll, ist daher nahezu ausgeschlossen. In aller Regel dürfte daher eine Legitimitätsprüfung von derartigen Terrorakten bereits am Kriterium der Tauglichkeit scheitern (unabhängig davon, ob diese Methode alternativlos ist).

Die Situation stellt sich anders dar, wenn der Gewaltakt die identifizierte Gefahr unmittelbar bekämpft – wie etwa bei einem Attentat auf einen Entscheidungsträger, der selbst als die Verkörperung der Gefahr begriffen wird. Auch in diesen Fällen stellen sich allerdings Tauglichkeitsfragen. Um bei dem Beispiel zu bleiben: Ein Attentat hat nicht schlechthin die Aufgabe, den Entscheidungsträger zu beseitigen; vielmehr geht es darum, den Entscheidungsträger zu beseitigen, weil von diesem eine Gefahr ausgeht *und* die berechtigte Erwartung besteht, das an seine Stelle Entscheidungsträger treten, deren Wirken deutlich weniger gefahrvoll ist. Die Tauglichkeit des Mittels „Attentat" kann an der Unmöglichkeit scheitern, das Verhalten der nachrückenden Entscheidungsträger hinreichend verläßlich zu prognostizieren.

Man sieht übrigens, daß der Begriff der Tauglichkeit einen doppelten Bezug hat. Er bezieht sich zum einen auf die Tauglichkeit des Mittels zur Erreichung eines Zwischenzieles (zum Beispiel die Beseitigung eines totalitären Diktators) und zum anderen auf die Tauglichkeit des Zwischenzieles zur Erreichung des eigentlichen Endzieles (zum Beispiel die Beseitigung des totalitären Systems).

8. Das Kriterium der Erforderlichkeit

Die Mittel und Wege der Gefahrenabwehr müssen „erforderlich" sein. *Erforderlich* ist jeweils das „nach Art und Maß" relativ mildeste Gegenmittel (Kriterium des mildesten Mittels).[26] Der Eingriff darf nicht schärfer sein, als zur Abwendung der Gefahr unbedingt notwendig. Entscheidend sind die konkreten Umstände der Gefahrensituation (Bedrohungspotential der Gefahr, Erfolgsaussichten der Gefahrenabwehr). Gibt es nur eine geeignete Abwehrmöglichkeiten ist diese erforderlich. Wenn möglich, sind Gefahrenabwehrmaßnahmen abgestuft einzusetzen, um möglichst wenige Unschuldige zu treffen. Diese Forderung gilt nicht, wenn dadurch verhindert wird, daß das stärkere, aber zum durchschlagenden Erfolg führende Mittel noch rechtzeitig zum Einsatz kommt.[27] Je gefährlicher die Gefahrenabwehr nach Art und Maß ist, um so höher sind die an die Erforderlichkeit zu stellenden Maßstäbe.

Die Erforderlichkeit der Gefahrenabwehr entfällt, wenn die Möglichkeit zum Ausweichen besteht. Eine Berufung auf G ist nur dann legitim, wenn die Tat in jeder Hinsicht die ultima ratio, den letzten Ausweg zur Konfliktlösung darstellt (Kriterium der Alternativlosigkeit). Das heißt, es darf keine realistische Möglichkeit geben, die Gefahr zu beseitigen oder substantiell zu mildern, ohne daß dabei Unschuldige getötet werden oder deren Tod in Kauf genommen werden muß.[28] Eine lediglich formale Hoffnung, daß die Wiederholung einer bisher mißlungenen Gefahrenabwehr, die G nicht in Anspruch nehmen, das heißt eine Tötung Unschuldiger nicht in Kauf nehmen mußte, nunmehr erfolgreich sein wird, kann dabei nicht gegen den Einsatz des „letzten Mittels" sprechen.

Es ist unter allen Umständen illegitim, die Tötung Unschuldiger einfach deshalb in Kauf zu nehmen, weil man sich, aus welchem Grund auch immer, für deren Schicksal nicht interessiert – etwa weil sie einer anderen Nation oder Rasse oder einer anderen religiösen, sozialen oder ethnischen Gruppe angehören. Vielmehr ist ein Gefahrenabwehrer moralisch verpflichtet, alles in seiner Macht stehende zu tun, um die Wahrscheinlichkeit der Schädigung Unschuldiger zu minimieren. Dazu gehört, daß er alle Möglichkeiten ausschöpft, im vorhinein abzuklären, ob mit der Tötung von Unschuldigen gerechnet werden muß.

Die Schäden für Unschuldige lassen sich minimieren durch die Anwendung von Methoden, die zu einer möglichst *direkten* Gefahrenabwehr führen. Geht die Gefahr auf einen Rechtsverletzer zurück, so ist, falls dies möglich und sinnvoll, auf den Rechtsverletzer direkt einzuwirken. Es wäre unter diesen Umständen illegitim, auf unbeteiligte Dritte, etwa die Zivilbevölkerung, einzuwirken, um den Gefahrenverursacher zu einem anderen Verhalten zu veranlassen.[29]

Ein Gefahrenabwehrer, der über ein Mittel nachdenkt, dessen Einsatz nur unter Berufung auf G zu rechtfertigen wäre, hat zu prüfen, ob nicht auch andere Abhilfe möglich ist. Diese Prüfung wird insbesondere dann, wenn im Entstehungs- und Einzugsgebiet der Gefahr rechtsstaatliche Institutionen existieren und intakt sind, in aller Regel positiv ausfallen.

Geht man davon aus, daß in G-Situationen die Hinnahme der Tötung Unschuldiger erlaubt ist, jedoch keine Verpflichtung zu einer solchen Gefahrenabwehr besteht, so legt dies eine *restriktive* Auslegung der Erforderlichkeit nahe. Die Differenz zwischen Erlaubtsein und Verpflichtetsein begründet eine Asymmetrie in der Definition der Kriterien, die den Mitteleinsatz regulieren. Nur wenn die Rettung der von der Gefahr Bedrohten gleich verpflichtend wäre wie der Schutz der bei der Gefahrenabwehr mitbetroffenen Unschuldigen, ließe sich diese Asymmetrie nicht begründen.

Aus dem in Fragen der Geeignetheit und Erforderlichkeit in Anschlag zu bringenden (und aus der Jurisprudenz bekanntem) „Übermaßverbot“ ergibt sich für einen Gefahrenabwehrer die umfassende Pflicht, alles in seiner Macht stehende zu tun, um die Schäden für unschuldige Dritte möglichst gering zu halten. Aus dem Prinzip, daß die Tötung unschuldiger Dritter ultima ratio zu sein hat, folgt des weiteren, daß ein Gefahrenabwehrer verpflichtet ist, sich notfalls selbst zu opfern, wenn dadurch die Inanspruchnahme unschuldiger Dritter vermieden werden kann. Dies freilich verlangt viel. Man könnte geneigt sein, die Forderung zumindest in jenen Fällen abzulehnen, in denen dem in Anspruch genommenem Opfer nicht klar ist, daß es Opfer sein wird.

In diesen Fällen nämlich wären die Zumutungen für T (der seine Position stets kennt) und U nicht symmetrisch.

Dieser Überlegung ist jedoch nicht zu folgen. Da unter moralischem Gesichtspunkt jeder gleich viel zählt, kann ein Gefahrenabwehrer keinen Grund dafür geltend machen, Risiken anderen aufzubürden, wenn es möglich wäre, sie selbst zu tragen. Auch wenn der Gefahrenabwehrer die Initiative ergreift, um – seiner Einschätzung nach – im allgemeinen Interesse oder im Interesse der Allgemeinheit eine Gefahr zu beseitigen, ergibt sich daraus kein Rechtfertigungsgrund, andere ungefragt zu beanspruchen, wenn er selbst das Opfer bringen könnte. Die Zustimmungsfähigkeit zu G unter dem Schleier des Nichtwissens ist an die Übernahme dieser Selbstverpflichtung des Gefahrenabwehrers gebunden. Von einer moralischen Unzumutbarkeit für den Gefahrenabwehrer kann an dieser Stelle schon deshalb nicht gesprochen werden, weil jeder Gefahrenabwehrer, der erkennt, selbst nicht die Stärke zu besitzen, notfalls das eigene Leben einzubringen, die Tat ebenso unterlassen kann. Dies bedeutet etwa im Falle einer Nothilfe in Gestalt einer gerechtfertigten humanitären Intervention oder auch eines gerechten Krieges, daß es unzulässig ist, den sicheren Tod vieler Zivilisten in Kauf zu nehmen, nur um einige eigene Soldaten zu schützen. Es bedeutet nicht, daß es moralisch zulässig wäre, eigene Soldaten in den sicheren Tod zu schicken, sondern vielmehr die Verpflichtung zu einer Risikoabwägung, bei der die eigenen Soldaten prima facie nicht mehr zählen als die Nicht-Kombattanten des Gegners.

Die diesbezügliche Haltung eines Gefahrenabwehrers dürfte nicht zuletzt wesentlich sein für sein moralisches Selbstverständnis: Nur dadurch, daß er die für Unschuldige unvermeidbaren Folgen seines Eingreifens, soweit dies möglich ist, selber trägt, kann er die moralische Ernsthaftigkeit seines Engagements unter Beweis stellen. Eine Tötung Unschuldiger wird für jeden verantwortungsbewußten Menschen individuell ein moralisches Problem bleiben. Dies gilt, obwohl wir einen Gefahrenabwehrer, der sich zu Recht auf G beruft, für moralisch gerechtfertigt und damit schuldlos halten – und also die Theorie der „schmutzigen Hände“[30] ablehnen. Aber auch dann, wenn sich ein Täter nach den Maßstäben einer akzeptierten Ethik nichts vorzuwerfen hat, mag er selbst, als ein moralisches Individuum, an seinem Handeln „zu kauen" haben. Dieser psychologischen Problematik gab Albert Camus in seinem Stück „Die Gerechten" Ausdruck, als er dem Attentäter im Vorfeld des Anschlags sagen läßt, ihn quäle der Gedanke, daß man Mörder aus ihnen gemacht habe, sein Herz fände aber wieder Frieden, wenn er daran denke, daß er sterben werde.[31] Dies allerdings ist etwas, das der einzelne mit sich selbst abzumachen hat. Eine unnötige Selbstopferung ist moralisch nicht geboten. Auch ohne, daß die Gemeinschaft zu einem Schuldvorwurf berechtigt wäre, kann jedoch persönliche Schuld subjektiv empfunden werden.

Zu einer möglichst umfassenden Folgenberücksichtigung, wie sie in Fragen des moralisch relevanten Handelns grundsätzlich gefordert ist, gehört, auch die Folgen eines möglichen Scheiterns zu bedenken. Zwar können die diesbezüglichen Anforderungen nicht so hoch angesetzt werden, daß eine dringend notwendige Gefahrenabwehr unmöglich wird, in keinem Fall jedoch kann diese Pflicht als suspendiert gelten. Das Geschäft der Gefahrenabwehr ist grundsätzlich risikoreich: Ein Gefahrenabwehrversuch kann technisch gelingen, aber die Lage verschlechtern. Er kann technisch mißlingen und dabei unschuldige Dritte schädigen. Jeder Gefahrenabwehrer hat daher sämtliche Möglichkeiten auszuschöpfen, um für den denkbaren Fall Vorsorge zu tragen, daß sein Angriff ins Leere geht und das Ziel nicht erreicht, aber gleichwohl Unschuldige getötet werden (können). Zu diesem Zweck wird er es darauf anlegen, Unwägbarkeiten zu minimieren und sich in die Lage zu versetzen, das durch ihn in Gang gesetzte Geschehen möglichst umfassend zu kontrollieren. Dazu gehört insbesondere, Abbruchoptionen vorzusehen, um in dem Falle, wo ein Scheitern des Gefahrenabwehrversuchs offenkundig oder wahrscheinlich geworden ist, unschuldige Dritte nicht sinnlos zu opfern. Die dabei entstehenden Risiken muß er selbst tragen.[32]

9. Das Kriterium der Verhältnismäßigkeit

Die Gefahrenabwehr selbst muß *kostendeckend* sein. Damit ist gemeint, daß man sich nach einer erfolgreichen, aber „Kosten" verursachenden Abwehr einer Gefahr in einer – entsprechend dieser Kosten – verhältnismäßig günstigeren Situation befinden muß. Anders gesagt: Die mit der Gefahrenabwehr verbundenen Verluste müssen durch Gewinne kompensiert, ja deutlich überkompensiert werden; der voraussehbare, bei der Gefahrenabwehr verursachte Schaden muß vergleichsweise niedrig ausfallen im Vergleich zum Schaden, der im Falle des Geschehenlassens entstünde (Kriterium der Verhältnismäßigkeit).

Ein solcher Ausgang kann nicht ohne weiteres vorausgesetzt werden. Vielmehr ist mit der Möglichkeit zu rechnen, daß man nur die Wahl zwischen zwei gleich großen Übeln hat. In einem derartigen Falle ist es für eine Rechtfertigung der Gefahrenabwehr offenbar unzureichend, über geeignete Mittel zu verfügen – die man auch nur in erforderlichem Maße einsetzt –, um die Gefahr abzuwehren.

Die Abwehr einer konkreten Gefahr kann gelingen, indem man sich dadurch eine andere konkrete Gefahr einhandelt. Dies könnte zum Beispiel dann der Fall sein, wenn man versuchte, einer drohenden Hungerkatastrophe durch einen gewaltsam herbeigeführten Übergang in ein totalitäres Zwangsregime zu begegnen. Die auf diesem Wege erreichte Konzentration der Kräfte mag geeignet und erforderlich sein, die Hungerkatastrophe abzumildern oder sogar abzuwenden, sie kann aber gleichzeitig gesellschaftliche Nachfolgezustände etablieren, die in der Zukunft anders verursachte Hungerkatastrophen oder andere Formen der massenhaften Lebensvernichtung hervorrufen. Für den Kommunismus war es charakteristisch, daß er zwar die von ihm als Gefahr identifizierte kapitalistische Produktionsweise beseitigen konnte, es jedoch nicht vermochte, an deren Stelle einen in der Tendenz weniger opferträchtigen Gesellschaftszusammenhang treten zu lassen.

Es gilt: Eine Gefahrenabwehr ist illegitim, wenn durch sie größere bisher nicht bestehende Gefahren heraufbeschworen oder bestehende unverhältnismäßig vergrößert werden. Eine jede G konforme Gefahrenabwehr muß sich daher auf der Basis einer Gesamtabwägung der positiven und negativen Konsequenzen rechtfertigen lassen. Ein Eingriff kann dem Kriterium des mildesten Mittels genügen und trotzdem unverhältnismäßig sein. Beim Grundsatz der Verhältnismäßigkeit geht es um eine Abwägung zwischen Mittel und Zweck. Dem Kriterium der Verhältnismäßigkeit ist bei G beanspruchenden Gefahrenabwehren dann Genüge getan, wenn die Anzahl der geretteten Leben im Vergleich zu den geopferten unverhältnismäßig hoch ist.

10. Die Pflicht zur Selbstprüfung des Gefahrenabwehrers

Der Täter hat sich zu fragen, ob er in seiner Person und in seiner Lage die Anforderungen an die Gefahrenerkenntnis erfüllen kann. Es sind ohne weiteres Fälle denkbar, in denen ein sogenannter Normalbürger zwar das Bestehen einer Gefahr oder einer eventuellen Gefährdung erkennen kann, letztlich aber objektiv nicht in der Lage ist, auf Basis der ihm zugänglichen Informationen sowie seiner Kenntnisse und Fähigkeiten die Größe und Virulenz der Gefahr sowie die Möglichkeiten ihrer Bekämpfung angemessen zu beurteilen. Sobald für die Beurteilung dieser Gesichtspunkte Spezialwissen nötig ist, kann sich ein Gefahrenabwehrer nicht auf seinen durchschnittlichen Sachverstand stützen.[33]

In Anbetracht dieser Möglichkeit ist es die Pflicht eines jeden potentiellen Gefahrenabwehrers zunächst die Anforderungen an ein G-konformes Vorgehen zu eruieren und anschließend seine Kompetenz zu einer hinreichend umfassenden Gefahrenerkenntnis, einschließlich der Ermittlung der Gefahrenbekämpfungsmöglichkeiten, eigens zu prüfen.

Dazu gehört, daß er sich fragt, wodurch gerade er berufen ist, die Gefahr zu bekämpfen und gleichsam die von ihr bedrohte Menschengruppe zu retten. Ein potentieller Täter hat sich selbst zu fragen, ob er Grund zu der Annahme hat, daß rational urteilende potentiell Betroffene einer Person mit seinem Wissen, seinen Kenntnissen und Fähigkeiten, einer Person seines charakterlichen Zuschnitts die Erlaubnis zu einem Gefahrenabwehrversuch, bei dem Unschuldige mitgetötet werden können, einräumten.

Zu erinnern ist in diesem Zusammenhang daran, daß wir bereits in III.4 gesehen hatten, daß weder ein einzelner noch eine kleine isolierte Gruppe eine solche Zustimmung ohne weiteres unterstellen dürfen. Hinzuzufügen ist, daß sämtliche Unsicherheiten, die hinsichtlich der Erkenntnis der Existenz der Gefahr bestehen, auch bei der Festlegung der Art und Weise ihrer Bekämpfung auftreten.

Erweisen sich verschiedene Einschätzungen im Nachhinein als falsch – etwa, daß die bekämpfte Gefahr überschätzt oder die mit der Gefahrenabwehr verbundenen Schäden unterschätzt wurden oder das eingesetzte Mittel sich als untauglich oder nicht erforderlich herausstellte –, so kann daraus nicht auf die Illegitimität des Vorgehens geschlossen werden. Die Legitimität des Handelns ergibt sich allein daraus, ob der Gefahrenabwehrer im Augenblick seines Entschlusses die notwendigen Einschätzungen pflichtgemäß getroffen hatte.[34] Von einem Gefahrenabwehrer ist allerdings die Reflexion zu fordern, ob er einen Entschluß in dieser Situation treffen darf.

11. Tötung Unschuldiger mit bedingtem und direktem Vorsatz

Der Grundsatz „G" legitimiert Taten mit Vorsatz. Zu fragen ist: Kann die Tötung unbeteiligter Dritter nur mit *bedingtem* (dolus eventualis) oder auch mit *direktem* Vorsatz (dolus directus) legitimiert sein? Bei einem Handeln mit bedingtem Vorsatz würde die Tötung Unbeteiligter als eine mögliche Nebenfolge vorausgesehen und billigend in Kauf genommen. Ein direkter Vorsatz ist gegeben, wenn von vornherein klar ist, daß Unschuldige getötet werden, und im Bewußtsein dessen der Erfolg durch eine gezielte Handlung herbeigeführt wird.

Dabei unterscheidet man beim direkten Vorsatz zwei Ausprägungen: Zum einen kann der Gesamterfolg der Handlung (die Tötung Unschuldiger und die gleichzeitige oder dadurch möglich gewordene Gefahrenabwehr) *beabsichtigt* sein (dolus directus

1. Grades). Zum anderen kann die Realisierung eines bestimmten Teilerfolgs der Handlung (die Tötung Unschuldiger) selbst nicht beabsichtigt, sondern lediglich als ein notwendiges Mittel zur Realisierung des eigentlichen Handlungszieles (Gefahrenabwehr) oder als ein unvermeidlicher Begleiteffekt bewußt *angestrebt* worden sein (dolus directus 2. Grades).

Bei einem Vorgehen nach G kommt zunächst *bedingter Vorsatz* in Frage. Bedingter Vorsatz liegt vor, wenn der Täter mit der Realisierung einer Nebenwirkung bzw. des nichtbeabsichtigten Teilerfolgs – hier der Tötung Unschuldiger – rechnet und diese hinnimmt. Der Tod der Unschuldigen könnte aber ebenso ausbleiben. Die Formulierung in G „zu Tode kommen kann" schließt des weiteren auch einen *direkten* Vorsatz nicht aus. Es kann durchaus Gefahren geben, die nur dann abzuwehren sind, wenn Unbeteiligte gezielt mitgetötet werden und daher deren Tötung mit an Sicherheit grenzender Wahrscheinlichkeit vorausgesehen wird. In einem solchen Fall wird zwar die Tötung an sich nicht gewollt, aber wissentlich herbeigeführt. Unter der Voraussetzung des sicheren Wissens der Tötung ist jedoch nicht mehr nur bedingter, sondern direkter Vorsatz zweiten Grades gegeben.

Direkter Vorsatz zweiten Grades umfaßt nach diesem Verständnis auch solche Fälle, in denen die Tötung der Unschuldigen ein Bestandteil des Handlungsplanes ist – und zwar nicht nur so, (1) daß sie im Zuge der Gefahrenabwehr mit Wissen und Wollen gleichsam aus dem Wege geräumt werden, sondern auch in der Weise, (2) daß ihr Tod selbst eine unverzichtbare Voraussetzung der Gefahrenabwehr darstellt. Der erste Fall wird häufig am Beispiel eines dicken Höhlenforschers demonstriert, der beim Versuch, die Höhle zu verlassen stecken bleibt und dabei die sich hinter ihm befindlichen Gefährten einschließt („Höhlenforscherfall"). Als diese infolge des steigenden Wasserspiegels zu ertrinken drohen, entschließen sie sich, den Steckengebliebenen in die Luft zu sprengen. Sein Tod ist Bestandteil ihres Planes; dessen eigentliches Ziel ist ihre Selbstrettung. Der zweite Fall wird durch die bereits wiederholt erwähnte Praxis der Organgewinnung exemplifiziert. Hier wird das unschuldige Opfer als ein Toter benötigt, um durch die dadurch möglich gewordene Verwendung seiner Organe die rettende Transplantation durchführen zu können. In beiden Fällen geht es den Handelnden jedoch nicht darum, die betreffenden Personen zu töten. Deren Tötung ist lediglich notwendig, um das eigentliche Ziel (hier: die Rettung anderer Menschen) erreichen zu können.

Beide Fallbeispiele weisen allerdings einen wesentlichen Unterschied auf. Im ersten Fall ist die Sprengung des Körpers des dicken Höhlenforschers praktisch identisch mit der Realisierung des Handlungsplanes – der Freisprengung des Ausganges und der dadurch möglichen Selbstrettung. Im zweiten Fall ist es – etwa mit juristischer Blickeinstellung – durchaus möglich, die Tötung des Organspenders und die anschließende Transplantation seiner Organe als zwei verschiedene Handlungen zu sehen (schließlich könnte man, nachdem man das Opfer bereits getötet hat, die vorgesehene Transplantation – aus welchen Gründen auch immer – unterlassen). Würde die Tötung des unfreiwilligen Organspenders in der Außenperspektive als eine isolierte Handlung betrachtet, so müßte der Tötungshandlung *Absicht* unterstellt werden, womit ein Fall des direkten Vorsatzes ersten Grades vorläge. Um die Motivation der Handelnden korrekt zu erfassen, kommt es also darauf an, die Tötung des Organspenders und die anschließend vorgesehene Transplantation seiner Organe als einen zusammenhängenden Handlungsplan zu begreifen, in dem die Tötung lediglich Mittel zu einem selbständigen Zweck ist – einem Zweck, der sich nicht nur als psychologischer Begleiteffekt des Handlungserfolgs, also nicht nur als Befriedigung oder Lustgewinn des erfolgreich Handelnden, einstellt.

Der Unterschied zwischen einer absichtlichen und einer nicht beabsichtigten Tötung sollte also – zweckmäßigerweise – nicht mit den Prädikaten „direkt" und „indirekt" kenntlich gemacht werden. Diese Unterscheidung konstituiert zwei Modi innerhalb des *direkten* Vorsatzes. Dabei umfaßt auch der direkte Vorsatz zweiten Grades – so etwa beim „Höhlenforscher-" als auch beim „Organspendenfall" – direkte Tötungen. Ausschlaggebend ist, daß die Tötungen in beiden Fällen einem darüber hinaus gehenden Zweck dienen. Nun mag man einwenden, daß diese Bedingung durch jede bewußte Handlung erfüllt wird. Auch wer aus Mordlust oder Rache tötet, verfolgt damit einen Zweck: eben seine Mordlust zu befriedigen oder seinen Rachedurst zu stillen. Man kann durchaus einräumen, daß jedes Handeln zweckvolles Handeln *in diesem Sinne* ist. Allerdings ist dies ein Zweck – im weitesten Sinne: „Befriedigung" –, der eben jedem Handeln innewohnt und gerade deshalb nicht zur Unterscheidung verschiedener Handlungsarten taugt. Zwar dient also jedes (erfolgreiche) Handeln dem Lustgewinn des Handelnden; neben Tötungen, die als solche (etwa durch Befriedigung der Mordlust) oder als unmittelbares Resultat ihres Vollzugs (etwa durch Stillen des Rachedurstes) beim Tötenden einen Lustgewinn erzeugen, gibt es Tötungen, die einen vom Befriedigungszweck (Lustgewinn) unabhängigen Zweck verfolgen. Nun mag man auch hier einwenden, daß die Erfüllung dieses – vermeintlich – unabhängigen Zweckes letztlich ebenfalls zur Befriedigung des Handelnden führe. Und auch diese Formulierung mag man akzeptieren; das Argument jedoch ist irrelevant. Entscheidend ist, daß ohne Vorhandenseins eines unabhängigen Zweckes nicht gehandelt würde. Dies beweist, daß der Zweck des Tötens *nicht nur* die Befriedigung des Handelnden ist – obgleich sich auch diese, wenn der Zweck der Tötung erreicht wird, einstellt. Und dieser Unterschied, der ohne die Unterscheidung der Zwecke, verschüttet würde, kann von moralischer Relevanz sein. Er wird dies dann sein und ist auch dann bei moralischen Bewertungen zu beachten, wenn der unabhängige Zweck der Handlung ein moralisch legitimer Zweck ist (in unseren Beispielen: die Selbstrettung der Gruppe der eingeschlossenen Höhlenforscher und das Überleben der Nutzer der Spenderorgane) – unabhängig davon, ob die Handlung zur Realisierung dieses Zwecks als gerechtfertigt zu gelten hat.

Diese begrifflichen Unterscheidungen erscheinen zweckmäßig (gleichgültig, ob sie mit dem in der Jurisprudenz herrschenden Sprachgebrauch übereinstimmen), um den intendierten Gehalt von G auszudrücken. Denn offensichtlich entspricht es dem pragmatischen Sinn von G auch Gefahrenabwehren mit direktem Vorsatz zweiten Grades zu decken. Ausgeschlossen werden muß aber die Absicht, Unschuldige um ihrer Tötung willen zu töten. Unschuldige zu töten kann niemals der eigentliche Zweck oder das letzte Ziel eines Vorgehens nach G sein. G berechtigt lediglich dazu, Unschuldige im Zuge einer Gefahrenabwehr zu töten, wenn dies zur Zielerreichung erforderlich ist.

Dabei kann die Handlung durchaus direkt auf die Tötung eines Menschen gerichtet sein (so wie die Sprengung des dicken Höhlenforschers). Das Ziel, dessen Realisierung beabsichtigt wird, ist jedoch stets die Abwehr der drohenden Gefahr; eine Tötung Unschuldiger darf niemals Selbstzweck sein. In bezug auf die Tötung unbeteiligter Dritter ist daher ein *direkter Vorsatz ersten Grades* unter allen Umständen sachfremd und illegitim.

Ich glaube, daß diese Grundsätze mit der Intention der Lehre vom gerechten Krieg, wie sie paradigmatisch von dem Spätscholastiker Franciscus de Victoria vorgetragen wurde, übereinstimmen. Zunächst ist es nach Victoria niemals erlaubt, Unschuldige absichtlich zu töten.[35] Dieses Verbot entspricht unserer Ablehnung eines Vorgehens mit direktem Vorsatz ersten Grades. Sodann heißt es bei ihm, daß es unter Umständen erlaubt sei, „selbst wissentlich unter anderen auch Unschuldige zu töten"[36]. An der Formulierung dieser Erlaubnis fällt die Einschränkung „unter anderen" in den Blick. Sie scheint darauf hinzudeuten, daß Victoria Fälle ausschließen wollte, in denen *ausschließlich* Unschuldige direkt angegriffen werden. Diese Auslegung kann jedoch nicht überzeugen. Die Umstände nämlich, in denen Unschuldige getötet werden dürfen, sind Umstände in denen gilt, „daß auf andere Weise der Krieg nicht gegen die Schuldigen geführt werden könnte und der Sieg der gerechten Kriegsgegner vereitelt würde"[37]. Während der Spätscholastiker an Belagerungen dachte, bei denen Wurfgeschosse oder gelegte Brände Unschuldige wie Schuldige in gleicher Weise treffen können, können derartige Umstände hingegen auch in Fällen gegeben sein, in denen die Gefahrenabwehr nur Unschuldige bedroht. Daher sollte die Erlaubnis, Unschuldige unter Umständen zu töten, auch den von Victoria nicht eigens betrachteten Fall einschließen, daß sich die Abwehr der Gefahr ausschließlich gegen Unschuldige und nicht gleichzeitig auch gegen Schuldige richtet. In bezug auf G ist diese Sichtweise schon deshalb zwingend, weil nicht jede G-konforme Gefahrenabwehr mit einem Kampf gegen Schuldige verbunden sein muß – denn die Gefahr kann auch nicht-menschlichen Ursprungs sein.

12. Äußerster Notfall?

In seiner kommunitaristischen Doktrin des äußersten Notfalls (einer Lehre, die es ermöglichen soll, zwischen den zwei widerstreitenden Moralauffassungen der Theorie der Rechte und dem Utilitarismus zu manövrieren) versucht Michael Walzer, folgende Frage zu beantworten: Selbst in Extremsituationen – im Krieg und in der eigenen Gesellschaft – gibt es Grenzen der Selbstverteidigung. Soweit Individuen betroffen sind, gibt es, selbst dann, wenn deren Leben bedroht ist, keine Ausnahme vom Normalzustand der Rechte – das heißt: Unschuldige dürfen nicht getötet werden. Die politische Gemeinschaft als ganze wird hingegen, so Walzer, die Gefahr des kollektiven Todes nicht akzeptieren. „Keine Regierung aber darf das Bestehen der Gemeinschaft selbst und das Leben aller ihrer Angehörigen aufs Spiel setzen, [...], auch wenn sie dafür etwas Unmoralisches tun muß."[38] Warum aber, so problematisiert er die eigene Auffassung, ist der „äußerste Notfall", in dem wir tun können, „was immer zur Abwehr der Gefahr nötig"[39] ist (also auch Unschuldige vorsätzlich töten), im Falle der Bedrohung des Fortbestandes des Gemeinwesens gegeben? „Wenn Individuen kein Recht haben, ihr eigenes Leben zu retten, indem sie einen Unschuldigen töten, wie können sie dann eine Regierung beauftragen, eben das in ihrem Namen zu tun?"[40] Walzer gibt darauf eine überraschende Antwort: „Wir sehen dann nicht nur [nämlich wenn der Fortbestand unseres Gemeinwesens bedroht ist – L. F.] der moralischen und physischen Zerstörung entgegen, sondern auch dem Ende einer Lebensform und der Vernichtung einer bestimmten Gruppe von Menschen, von Leuten wie uns. Und das mag uns zwingen, jene moralischen Schranken zu durchbrechen, die Leute wie wir normalerweise beachten und respektieren."[41]

Ich muß gestehen, daß diese Antwort – trotz aller Erklärungen, die Walzer anfügt – für mich nicht nachvollziehbar ist. Es stellt sich für mich so dar, daß mit dieser Überlegung dem Erhalt einer politischen Gemeinschaft und der damit verbundenen Lebensform ein eigenständiger Wert beigemessen wird, der zum bloßen Wert des Lebens der Menge der Individuen noch hinzu tritt und erklären soll, warum die Menge der einzelnen als Gemeinschaft tun dürfen, was der einzelne zur Erhaltung seiner Existenz nicht tun darf. Was aber soll es bedeuten, daß die Vernichtung einer Lebensform den kollektiven physischen Tod noch schlimmer macht?[42]

Meine Vermutung ist, daß Walzer letztlich ein anderes Vorgehen rechtfertigen möchte als er zunächst vorgibt. Wenn es nur darum ginge zu erklären, warum ein Kollektiv darf, was ein einzelner nicht darf, könnte man sich auf die Unverhältnismäßigkeit der geretteten zu den geopferten Leben im Falle der Verteidigung einer Gemeinschaft berufen bzw. eine solche „Unverhältnismäßigkeit" zum Kriterium der Rechtmäßigkeit erheben. Möglicherweise beabsichtigt Walzer aber etwas anderes: Er möchte einen äußersten Notfall auch dann schon als gegeben und damit ein Tötung Unschuldiger als erlaubt ansehen dürfen, wenn die politische Gemeinschaft – als „eine Quelle unserer Identität und unseres Selbstbildes"[43] – und nicht gleichzeitig auch der physische Tod ihrer Mitglieder bedroht ist. Sollte dies der Fall sein, so würde er eine Tötung von Unschuldigen in Fällen rechtfertigen, in denen dies nach der hier vertretenen Theorie nicht erlaubt ist. Die Theorie des äußersten Notfalls wäre zudem nicht nur eine Antwort auf die Frage, warum physisch bedrohte Kollektive dürfen, was physisch bedrohte einzelne nicht dürfen; vielmehr würde das Recht auf Selbstverteidigung einer Gemeinschaft von der Gefahr der physischen Vernichtung entkoppelt.

V.

Offene Fragen

1. Diskrepanzen zwischen Recht und Moral?

Das unvermittelte Nebeneinanderbestehen von Rechtsnormen und dazu konträren sozialmoralischen Intuitionen – Vorstellungen über das gesollte Verhalten in bezug auf *andere* Menschen – ist nicht nur in der Theorie unbefriedigend. Es gibt menschliche Extremsituationen, in denen der intuitive Einspruch moralischer Überzeugungen gegen das Rechtsdogma der Nichtabwägungsfähigkeit von Leben wohl den meisten Menschen als nicht abweisbar erscheint.

Dabei ist ausdrücklich festzuhalten, daß moralischen Intuitionen – und würden sie auch von buchstäblich jedem geteilt – weder ein Erkenntniswert noch eine objektive, das heißt von menschlichen Wünschen unabhängige, Legitimationsqualität innewohnt. Es gibt keine moralischen Tatsachen in der objektiven Realität, die erkannt und zu einer Objektivität und Gewißheit verbürgenden Begründung von moralischen Normen und damit zu unbezweifelbaren Legitimationen von Handlungen herangezogen werden könnten. Moralische Intuitionen sind gefühlsmäßige und sich spontan einstellende, also nicht oder kaum reflektierte, Überzeugungen hinsichtlich des Guten und Bösen, des Gesollten und Nichtgesollten. Die Tatsache, daß irgendein normativer Inhalt intuitiv präferiert wird und wir überzeugt sind, daß die darauf aufbauenden moralischen Meinungen richtig sind, beweist nicht seine Richtigkeit oder objektive Gültigkeit. Die historische und kulturelle Relativität vieler moralischer Normen beweist zwar nicht die Relativität aller Normen, vor allem insofern es sich um Grundnormen handelt; sie verweist aber auf die Unmöglichkeit, in jeder Hinsicht nicht-relativistische Normen (falls es sie „gibt") als solche zu erkennen.

Ungeachtet dessen erscheint es sinnvoll, moralische Intuitionen als Fakten des menschlichen Lebens in Rechnung zu stellen und ihnen insoweit eine *pragmatische* Legitimationsqualität zuzusprechen. In welcher Weise und in welchem Ausmaß dies zu geschehen hat, ist allerdings die Frage. Offenbleiben kann auch, ob und inwieweit es möglich ist, die Rationalität von Intuitionen am Maßstab einer Ethik zu beurteilen, die ihre Fundamente „tiefer" legt. Zunächst spricht einiges für die Annahme, daß sich in verbreiteten Intuitionen moralische Normen ausdrücken, deren Befolgung im Dienste einer allgemeinen Interessenverwirklichung stehen *kann*. Insoweit dies der Fall ist und sich eine moralische Intuition bei der Steuerung des individuellen Sozialverhaltens praktisch bewährt hat, kommt ihr auch ein kognitiver Wert zu. Dieser so verstandene kognitive Gehalt von Intuitionen ist rein zweckrationaler Natur. Läßt sich ein kollektiver Nutzen des verbreiteten Habens einer Intuition nachweisen, ist ihre Beachtung gerechtfertigt. Das Problem ist aber auch hier, daß in ein und derselben Handlungssituation selbst konträre Intuitionen in bezug auf verschiedene Ziele zweckrationale Steuerinstrumente sein können.

Feststeht des weiteren, daß Handlungen, die moralischen Intuitionen widersprechen, auch die moralischen Gefühle des Betreffenden verletzen und ihn zu mißbilligenden Stellungnahmen herausfordern. Nimmt man an, daß es im Interesse jedes Menschen liegt, zum einen in normativer Übereinstimmung mit sich selbst zu leben und zum anderen seine moralischen Gefühle respektiert zu sehen, so ist jeder an einer Gesellschaft interessiert, deren moralische Praxis sich nicht allzuweit von seinen moralischen Intuitionen entfernt. Zumindest in diesem Sinne dürften moralische Intuitionen beachtenswert sein.

Massive Diskrepanzen zwischen weit verbreiteten Intuitionen auf der einen Seite und der herrschenden moralischen Praxis oder rechtlichen Normen auf der anderen Seite verlangen insofern nach einer Auflösung. Eine solche Auflösung kann durch Modifikationen auf beiden Seiten erfolgen. Allerdings können wir unsere intuitiven Anschauungen nicht willkürlich ändern. Daher wird von den bestehenden Diskrepanzen ein Veränderungsdruck auf die bestehenden Normen ausgehen. Ich glaube nicht, daß es sinnvoll sein kann, eine Anpassung moralischer oder rechtlicher Normen an allgemein geteilte Intuitionen von vornherein auszuschließen – selbst wenn die Anpassung aus Gründen der Normensystematik problematisch ist.

Dies gilt um so mehr, wenn sich zeigt, daß das, was viele intuitiv für erlaubt oder geboten halten, gleichzeitig das ist, was – vielleicht auch vor dem Hintergrund einer kulturellen Praxis – vernünftig erscheint und wofür gute Gründe existieren. In diesem Sinne erscheint es vielen vernünftig, das absolute Verbot der Tötung Unschuldiger aufzuheben, wenn dadurch Millionen Menschen (oder vielleicht auch nur hundert Menschen) gerettet werden können. Offenbar ist für viele der Gedanke an die Nichtrettung zu vieler Menschen derart unerträglich, daß sie bereit sind, sich das mit einer G-konformen Gefahrenabwehr verbundene Risiko zuzumuten. Insoweit moralischen Intuitionen eine explizierbare Rationalität innewohnt, ist dies ein Grund mehr, das rigorose Festhalten an geltenden, aber widersprechenden Normen für unvernünftig zu halten. Konstellationen dieser Art fordern jedenfalls zu Klärungen auf.

Eine Extremsituation, in der eine fortgesetzte Anwendung des Rechts an die Grenze der Vernünftigkeit stoßen kann, beschreibt Theodor Lenckner. Er führt zunächst aus, daß in Übereinstimmung mit dem Menschenwürdegrundsatz die Folterung eines gefangenen Terroristen auch dann nicht durch § 34 StGB gedeckt wäre, wenn es darum ginge, den Aufenthalt der mit dem Tode bedrohten Geisel in Erfahrung zu bringen, und setzt dann fort: „ob dies allerdings auch noch bei einer atomaren Erpressung gilt, bei der ganze Völker in Gefahr sind, ist eine Frage, die man wohl besser nicht stellen sollte, weil hier auch ein Rechtsstaat an seine Grenzen stößt"[1].

Tatsächlich werden solche Fragen selten gestellt.[2] Das ändert aber an dem Dilemma nichts, in das uns die Gleichzeitigkeit bestimmter Forderungen des Rechts und dazu in Widerspruch stehender verbreiteter moralischer Intuitionen geraten läßt. Vergegenwärtigt man sich die theoretische Virulenz dieses Dilemmas, so ist es erstaunlich, mit welcher Leichtigkeit dieser Widerspruch häufig ertragen wird.

2. Einbußen an Rechtssicherheit?

Jeder Versuch einer Rechtfertigung von G wird sich mit dem Einwand auseinanderzusetzen haben, daß die unter II.3 im vierten Begründungsschritt genannte zweite Voraussetzung nicht erfüllbar sei - mithin die Einbußen an Rechtssicherheit und positivem Lebensgefühl, die mit der Zulässigkeit einer Gefahrenabwehr unter Inkaufnahme der Tötung weniger Unschuldiger verbundenen sind, durch den Gewinn, der aus der Gefahrenabwehr entsteht, unmöglich aufgewogen werden.

Zur Plausibilisierung dieses Einwandes kann man sich auf die Vermutung stützen, daß die unter II.11 diskutierte Organgewinnungspraxis sowohl in der realen Normalsituation (in der niemand weiß, ob er jemals Bedürftiger sein wird) als auch bei einer Entscheidung unter dem Schleier des Nichtwissens im Urzustand abgelehnt würde - und zwar wegen der Konsequenzen für das Lebensgefühl aller Menschen. Man braucht sich nur zu fragen, ob man in einer Gesellschaft leben möchte, in der man jederzeit als Organspender zwangsgeschlachtet werden darf,[3] von einem möglichen vorsätzlichen Mißbrauch ganz abgesehen. Müßte aber nun, wer diese Frage verneint, nicht auch G für unbegründbar halten? Zeitigt die Aufnahme von G in das Normensystem einer Gesellschaft nicht dieselben unerträglichen Konsequenzen für das Lebensgefühl wenigstens der meisten Menschen? Dies ist in der Tat die Frage! Dabei ist dasselbe - insbesondere psychologische - Wissen zu berücksichtigen, welches uns dazu neigen läßt, eine Organgewinnungspraxis unter dem Schleier des Nichtwissens des Urzustandes als auch der realen Normalsituation für eher unbegründbar zu halten. Worin sollte also der Unterschied zwischen beiden Praxen bestehen?

Ein erster Punkt scheint mir zu sein, daß wir bereits in einer solchen Praxis leben. Zum einen erlaubt das Widerstandsrecht Art. 20 Abs. 4 GG nach maßgeblicher - aber sicherlich nicht herrschender - Interpretation auch die Tötung Unschuldiger (I.5). Diese Interpretation ist freilich in der Öffentlichkeit wenig bekannt und daher psychologisch faktisch folgenlos. Zum anderen wissen wir alle von der weiten Verbreitung der vom Rechtsdogma der Unabwägbarkeit von Leben gegen Leben abweichenden moralischen Intuition, daß genau eine solche Abwägung in Ausnahmefällen erlaubt sein muß. Nimmt man an, das die Wahrscheinlichkeit der Befolgung einer Regel steigt, wenn sie in einer Gesellschaft *anerkannt* wird, so heißt dies, daß wir ganz unabhängig von der normativen *Begründbarkeit* von G bereits in einer Welt leben, in der jeder mit G-analogen Gefahrenabwehrversuchen rechnen muß.

Ein zweiter, wichtigerer Punkt sind die quantitativ stark unterschiedlichen Bedrohungspotentiale, die einerseits der besagten Organgewinnungspraxis und andererseits einer G-Befolgungspraxis für jeden einzelnen innezuwohnen scheinen. Angesichts des derzeitigen Bedarfs an Transplantationsorganen ginge von dieser Praxis eine bedeutend höhere Gefahr für den einzelnen aus, ein Opfer dieser Praxis zu werden, als von der gesellschaftlichen Akzeptanz von G unter den derzeitigen politischen Bedingungen Westeuropas. Dies sind freilich rein quantitative Unterschiede.

Schließlich kommt ein dritter Punkt hinzu. Eine *Regelung*, die Kriterien enthält, unter welchen Bedingungen nach G vorgegangen werden darf, bedeutet im Vergleich zu einem ungeregelten Zustand auch einen Zuwachs an Rechtssicherheit. Dieser Zuwachs ist gegen die Einbußen zu verrechnen.

3. Können geltende Normen in quantitativen Extremlagen ungültig werden?

Gerade quantitative Unterschiede scheinen auch den Ausschlag zu geben, wenn man einerseits den Grundsatz akzeptiert, daß keiner für einen anderen geopfert werden darf, es aber andererseits schwer fällt, den Standpunkt einzunehmen, zehn unschuldige Kinder dürften auch dann nicht getötet werden, wenn ihre Tötung oder die Inkaufnahme ihres Todes der einzige Weg ist, Millionen von Menschen zu retten.[4] Offenbar haben quantitative Unterschiede eine nicht zu vernachlässigende Bedeutung für moralische Intuitionen. Es ist daher nicht ausgeschlossen, daß quantitative Parameter für die Akzeptanz eines unter dem Schleier des Nichtwissens zu diskutierenden Grundsatzes ausschlaggebend sind.

Gleichwohl erscheint es aussichtslos, eine *exakte* Grenze – einen Quotienten oder eine Differenz – aus Grundsätzen ableiten und verbindlich vorschreiben zu können, ab welchem quantitativen Zusammenhang zwischen Geretteten und Geopferten ein Gefahrenabwehrversuch durch G gerechtfertigt ist. Daher werde ich darauf verzichten, eine solche Grenze zu begründen und vorzuschlagen. Das in der Formulierung von G verwendete Kriterium „eine vergleichsweise geringe Anzahl" (II.2) kann nur dezisionistisch bestimmt werden. Bei der Fixierung einer Grenze könnte man sich zwar auf die empirisch vorhandenen Meinungen in der Bevölkerung stützen, aber auch dies bliebe eine Dezision. Der Mensch scheint in dieser Frage gleichsam in einem existentialistischen Sinne *frei* zu sein, als er selbst wählen muß, in was für einer Gesellschaft er leben möchte (siehe auch VI.1). Die Unmöglichkeit, exakte Grenzen angeben zu können, zerstört allerdings nicht die Sinnhaftigkeit qualitativer Unterscheidungen, die die Grundlage von Intuitionen oder Begriffen bilden.

Das hier vorliegende allgemeine Problem ist seit der antiken Philosophie unter dem Namen „Haufenparadoxie" bekannt. Diese Paradoxie ergibt sich aus der Überlegung, daß, wenn ein Sandkorn kein Haufen ist, auch zwei Sandkörner kein Haufen sind. Damit scheint für alle n zu gelten, daß, wenn n Sandkörner kein Haufen sind, auch $n + 1$ Sandkörner kein Haufen sind (induktive Prämisse), woraus – paradoxerweise – für alle n folgt, daß n Sandkörner kein Haufen sind.[5]

Dieselbe Paradoxie ergibt sich, wenn der Induktionsschluß durch eine Reihe von Schlüssen nach Modus Ponens („aus *P* und *wenn P dann Q* schließe *Q*") ersetzt wird. Statt der induktiven Prämisse ist dann eine Kette von Wenn-dann-Sätzen (Konditionalen) zu schreiben: Wenn 1 Sandkorn kein Haufen ist, dann sind auch 2 Sandkörner kein Haufen. Wenn 2 Sandkörner kein Haufen sind, dann sind auch 3 Sandkörner kein Haufen. Usw.

Offenbar ist das Problem des quantitativen Zusammenhangs von Getöteten und Geretteten von derselben Art, auch wenn es hier nicht um Begriffe, sondern um normative Prinzipien geht. Wenn es verboten ist, einen Menschen zur Rettung von einem oder auch zwei anderen Menschen zu opfern, dann – so können wir in Analogie zur Haufenparadoxie schlußfolgern – ist es auch verboten, einen Menschen für drei Menschen zu opfern. Auch hieraus folgt dann für alle n, daß, wenn es verboten ist, einen Menschen zu töten, um n Menschen zu retten, es auch verboten ist, einen Menschen zu töten, um $n + 1$ Menschen zu retten. Oder: Wenn es verboten ist, einen Menschen zu opfern, um einen oder zwei Menschen zu retten, dann ist es auch verboten, einen Menschen zu opfern, um drei Menschen zu retten. Wenn es verboten ist, einen Menschen zu opfern, um drei Menschen zu retten, dann ist es auch verboten, einen Menschen zu opfern, um vier Menschen zu retten. Diese Kette von Konditionalen ist beliebig fortsetzbar. Ist aber n – sagen wir – 1 Million, so widerspricht das Ergebnis weitverbreiteten moralischen Intuitionen. Somit folgt aus einem allseits akzeptierten moralischen Prinzip, dem Verbot, Unschuldige zu töten, unter Anwendung einer gültigen Schlußweise eine Konklusion, die von vielen für moralisch falsch gehalten und gegen die auch etwa im außenpolitischen Handeln regelmäßig verstoßen wird.

Wie läßt sich diese Paradoxie auflösen? Ich unterstelle zunächst, daß wir weder bereit sind, den Anfangsschritt zu revidieren und die Tötung eines Menschen zum Zwecke der Rettung eines oder auch zwei anderer Menschen für erlaubt zu halten, noch die moralische Intuition aufzugeben, wonach bei sehr großen n das Tötungsverbot nicht mehr absolute Geltung haben kann. Unter dieser Voraussetzung bleibt nur übrig, entweder zu bestreiten, daß alle konditionalen Prämissen, die zur Haufenparadoxie führen, wahr sind, oder den Schluß nach Modus Ponens abzulehnen.

Zu bestreiten, daß alle Konditionale wahr sind, liefe darauf hinaus, eine Zahl (oder auch ein Zahlenintervall) von Geretteten zu nennen, ab der die Opferung eines Unschuldigen erlaubt sei, und die Fixierung dieser exakten Grenze begründen zu müssen. Dies erschien aber – zutreffenderweise – als unmöglich. Eine solche Grenze, die intersubjektiv als die allein richtige einsichtig gemacht werden könnte, existiert nicht. Die Gültigkeit des Modus Ponens für Probleme von der hier zu behandelnden Art abzulehnen ist zwar in den Diskussionen um die Haufenparadoxie versucht worden, gilt aber als problematisch bzw. inakzeptabel.[6]

Was kann in dieser Situation getan werden? Hält man an dem prinzipiellen Tötungsverbot Unschuldiger fest, ist man logisch gezwungen, auch die Konklusion zu akzeptieren, daß zur Rettung einer beliebig großen Zahl von Menschen kein Mensch geopfert werden darf. Und umgekehrt: Wer an seiner moralischen Intuition festhalten möchte, daß es erlaubt ist, einen Menschen zu opfern, um eine unverhältnismäßig große Anzahl von Menschen zu retten, wäre gezwungen einzuräumen, daß ein Mensch auch dann geopfert werden darf, wenn nur ein anderer Mensch oder zwei andere Menschen dadurch gerettet werden. Im ersten Fall sähe man sich veranlaßt eine weitverbreitete moralische Intuition, im zweiten Fall ein allgemein akzeptiertes moralisches Prinzip, das zugleich ein fundamentales Rechtsprinzip ist, aufzugeben. Auch wenn beide Zumutungen gegen unsere Eingangsunterstellung, daß wir weder bereit sind, das eine, noch das andere zu tun, verstoßen, scheinen wir zugeben zu müssen, daß es undenkbar ist, beide Prinzipien gleichzeitig zu vertreten.

Dieses Ergebnis bestärkt auf den ersten Blick diejenigen, die an der strikten Geltung der Nichtabwägungsfähigkeit menschlichen Lebens in allen denkbaren Fallkonstellationen festhalten. Da dieses Rechtsdogma zumindest für kleine *n* wohl niemand aufgeben möchte, scheint letzten Endes doch nur die Nichtberücksichtigung anders lautender moralischer Intuitionen als Ausweg offenzustehen. Offenbar fehlt es an einem Argument, das zweierlei zu leisten hätte: zum einen zu begründen, daß, so wie es moralische Intuitionen fordern, Ausnahmen gemacht werden dürfen, und zum anderen zu zeigen, wie es widerspruchsfrei zu denken ist, daß beide normativen Prinzipien gemeinsam akzeptierbar sind. Die Berufung auf den empirischen Tatbestand, daß unter bestimmten Bedingungen stets Ausnahmen gemacht werden, ist dafür – hier ist Reinhard Merkel unbedingt zu folgen – ungenügend. Denn in der Tat: Selbst wenn Handlungen in irgendeinem Handlungsbereich außnahmslos mit begründeten Normen kollidierten, wären *sie* und nicht die Normen blamiert.[7] Ob jedoch tatsächlich kein Argument in Sicht ist,[8] daß und warum fundamentale Normprinzipien im „Bereich großer Zahlen", also etwa im Bereich der internationalen Politik, nicht gelten müssen, möchte ich nunmehr prüfen.

Zunächst: Wir sprechen im Falle der Haufenparadoxie von einer „Paradoxie", weil wir entgegen der aus den Prämissen ableitbaren Schlußfolgerung, für alle *n* gelte, daß *n* Körner kein Haufen sind, sehr wohl wissen, daß es Haufen „gibt" – auch wenn wir über keine Methode verfügen, einen nummerischen Wert für *n* intersubjektiv akzeptabel festzulegen, der eine Ansammlung von Körnern zu einem Haufen macht. Zu sagen, wir wüßten, daß es Haufen gibt, heißt, daß die vage qualitative Unterscheidung zwischen Haufen und Nicht-Haufen für praktische Belange nützlich und in den meisten Fällen kommunikativ handhabbar ist, und daß das paradox anmutende Resultat, welches die Annahme nahelegt, es gäbe keine Haufen, uns keineswegs veranlaßt, diese Schlußfolgerung zu akzeptieren und etwa unseren Sprachgebrauch zu ändern. Diese Praxis wäre auch in der Theorie gerechtfertigt, wenn sich eine Auflösung der Haufenparadoxie finden ließe. Eine theoretische Auflösung könnte dann vielleicht analog auf das hier verhandelte normative Problem angewendet werden.

Nun hat André Fuhrmann tatsächlich einen solchen Vorschlag unterbreitet. Dieser Vorschlag macht deutlich, wie man sowohl an der Existenz von Körnern (Nicht-Haufen) als auch von Haufen festhalten und darüber hinaus begreifen kann, daß sich Haufen aus lauter Nicht-Haufen zusammensetzen. Fuhrmann zeigt in einem ersten Schritt am Beispiel des Lotterie-Paradoxons, wie sich kleinste Irrtumsrisiken für Überzeugungen zu „maximal" riskanten, nämlich mit Sicherheit falschen Überzeugungen summieren. Während man von *jedem* einzelnen Los aus einer Menge von – sagen wir – 1 Million Losen mit einem sehr kleinen Risiko (1 : 1 Million) glauben kann, daß es nicht gewinnen wird, wäre die Überzeugung, daß weder Los 1 noch Los 2 gewinnen, bereits risikoreicher und die Überzeugung, daß weder Los 1 noch Los 2 noch ... Los 1.000.000 gewinnen, definitiv falsch.

Unter Verwendung der Grundidee der Fuzzy Logik, nämlich daß Aussagen nicht nur vollständig wahr oder falsch sind, sondern auch mehr oder weniger wahr oder falsch sein können, überträgt Fuhrmann in einem zweiten Schritt diesen Zusammenhang auf die Haufenparadoxie.[9] Nimmt man an, daß das Konditional „Wenn *n* Sandkörner kein Haufen sind, dann sind auch *n* + 1 Körner kein Haufen" (nur) einen sehr hohen Wahrheitsgehalt (und dementsprechend ein geringes Irrtumsrisiko) hat, dann läßt sich einsehen, daß sich mit jedem Modus-Ponens-Schritt das Irrtumsrisiko erhöht (so wie die Annahme, daß weder das erste noch das zweite Los gewinnen, bereits riskanter ist als die Annahme, daß Los 1 nicht gewinnt). Aus der Summe der jeweils nur wenig falschen, also „ziemlich wahren" Prämissen ergibt sich schließlich eine falsche Konklusion. Annähernd wahre Aussagen addieren sich zu einer falschen. Obwohl die Schlußweise – Modus Ponens – gültig ist, kann der Schluß, zu oft wiederholt, zu offenkundig falschen Resultaten führen.

An dieser Stelle erhebt sich nun die Frage, ob sich aus diesen Überlegungen Kapital für die Lösung unseres Problems schlagen läßt. Diese Frage ist meines Erachtens zu bejahen. Übertragen wir das Fuhrmannsche Ergebnis auf die Frage des Tötungsverbots, so liegt die Lösung in der Annahme, daß sämtliche einzelnen Konditionale der Form „Wenn es verboten ist, einen Menschen zu opfern, um *n* Menschen zu retten, dann ist es auch verboten, einen Menschen zu opfern, um *n* + 1 Menschen zu retten" einen hohen, aber *keinen absoluten* Grad an Geltung haben. Die Defizite an absoluter Geltung summieren sich mit jedem weiteren Schritt bis allmählich die Grenze der Akzeptabilität überschritten wird. Diese Grenze mag jeder individuell und in Abhängigkeit von der konkreten Fallgestaltung unterschiedlich ziehen, je mehr Modus-Ponens-Schritte aber vollzogen sind, um so mehr Menschen werden nicht mehr bereit sein, die Konklusion zu akzeptieren. Je mehr jeweils nur ein wenig problematische Prämissen sich angesammelt haben, um so größer ist das Risiko, daß die Schlußfolgerung moralischen Intuitionen widerspricht.

Ja, man kann noch weitergehen und fragen, ob nicht bereits die Ausgangsprämisse, daß es verboten ist, einen Menschen zu töten, um zwei oder selbst nur einen Menschen zu retten, problematisch ist, mithin die Geltung des Verbots, Unschuldige zu töten, keine absolute sein kann. In der Tat hat die Annahme, daß selbst das Verbot der Tötung Unschuldiger nur *ziemlich akzeptabel* ist, einen durchaus klaren Sinn. Es lassen sich nämlich bereits dann, wenn genau ein Leben gegen ein anderes Leben steht, Fallkonstellationen denken, in denen die Forderung nach strikter Befolgung des Tötungsverbots kontraintuitiv ist. Wir haben einen solchen Fall bereits in I.2 genannt („Bergsteigerfall"). In diesem Fall ist es nicht das quantitative Verhältnis der durch das Tötungsverbot geschützten Leben zu den durch seine Beachtung *nicht* geretteten Leben, sondern das eklatante Mißverhältnis zwischen der (nicht verkürzten) verbliebenen Lebenszeit (des unrettbar abgestürzten Bergsteigers) und der (durch Unterlassen) verschenkten Lebenszeit (seines Gefährten, der sich durch Kappung des Seiles selbst hätte retten können), welches das strikte Tötungsverbot intuitiv problematisch, vielleicht sogar absurd erscheinen läßt. Die zu rettende Lebenszeit gänzlich unberücksichtigt zu lassen, kommt uns unplausibel vor, weil wir gewohnt sind, nach dem Nutzen zu fragen, den eine Handlung hat. Welchen Nutzen aber sollte es für einen Todgeweihten haben, vielleicht nur wenige Momente – zumal unter Todesangst – länger zu leben?

Vor einer ähnlich gelagerten Entscheidung – nämlich Lebensjahre zu retten oder das Verbot der Tötung unschuldiger Leben zu beachten – steht der Chefarzt einer Intensivstation, an dessen einzig verfügbarer Herz-Lungen-Maschine ein Rentner angeschlossen ist, der trotz dieser Behandlung nur eine geringe Überlebenschance hat, während gleichzeitig ein 20-Jähriger nach einem unverschuldet erlittenen Verkehrsunfall eingeliefert wird, der bei sofortiger Behandlung an gerade dieser Maschine gerettet werden könnte. Darf das 20-jährige Unfallopfer, das das ganze Leben noch vor sich hat, an die Maschine angeschlossen und damit der vorausgesehene Tod des Rentners hingenommen werden?[10] Viele werden sicherlich das Gefühl haben, daß für diese Entscheidung des Arztes Vieles spricht – und sie werden gleichzeitig hoffen, eine solche Entscheidung niemals treffen zu müssen. Gerade weil viele in solchen Fragen hin- und hergerissen sein dürften, halte ich die apodiktische Auffassung für problematisch, eine gehörige Gewissensanspannung ließe bereits erkennen, daß auch in derart gelagerten Fällen eine „Quantitätsrechnung nach der Stärke der Überlebenschance" – und mag diese noch so gering sein – unzulässig sei.[11] Ich vermute vielmehr, daß gerade eine gehörige Gewissensanspannung zu keinem eindeutigen Ergebnis führt – weder was Quantitätsrechnungen in bezug auf die verbliebenen Lebenszeiten noch in bezug auf die Überlebenschancen betrifft. Allerdings: Wie man den Wert einer nur noch kurzen Lebensspanne veranschlagen soll, ist keineswegs offenkundig. Könnte nicht gerade derjenige, der weiß, daß er nur noch kurze Zeit zu leben hat, die verbleibende Lebenszeit für besonders kostbar halten?[12] Betrachtet man jedoch die jeweils verbleibenden Rest-Lebenszeiten als ein Entscheidungskriterium, so wird man sich vor die Frage gestellt sehen, ob das Verhältnis der Geretteten zu den Geopferten in Extremfällen nicht auch den Wert 1 unterschreiten darf – etwa dann, wenn ein Zehnjähriger nur durch die Opferung von zwei Hundertzehnjährigen gerettet werden kann.

Akzeptiert man die vorgebrachte Argumentation, gelangt man zu dem Ergebnis, daß das Tötungsverbot Unschuldiger, so wie es bisher aufgefaßt wurde, nur im Normalfall und nur für kleine n uneingeschränkt Geltung beanspruchen darf. In Extremfällen ist es moralisch erlaubt und, wie ich meine, auch geboten, Leben gegen Leben abzuwägen. Abstrakt-allgemein formulierte Prinzipien enthalten grundsätzlich einen wie auch immer minimalen „Fehler", der aus dem Umstand resultiert, daß sie nicht unter allen Bedingungen, die für die Anwendung dieses Prinzips als einschlägig gelten, sinnvoll anwendbar sind.

Diesen Vorschlag, wie das Zusammenbestehen des Tötungsverbots und der Intuition, daß Tötungen Unschuldiger in Ausnahmesituationen erlaubt sind, zu denken ist, muß man freilich nicht akzeptieren. Insofern ist ein moralischer Rigorist nicht widerlegt. Der Vorschlag ist überhaupt nur dann von Interesse, wenn man die betreffende Intuition teilt und sich selber die Kompatibilität dieser Intuition mit dem Tötungsverbot klarmachen möchte. Danach besteht aber durchaus Bedarf. Denn häufig ist es die scheinbare Unvereinbarkeit beider Prämissen, des Tötungsverbots und besagter Intuition, die zu einer strikten Akzeptanz des Tötungsverbots veranlaßt.

Jedoch: Auch dann, wenn man die Vereinbarkeit beider Prämissen akzeptiert, bleibt das praktische Problem ungelößt, wie man die Grenzziehungen – nämlich ab wann das Ungleichgewicht der betroffenen Unschuldigen im Verhältnis zu den mutmaßlich Geretteten so groß geworden ist, daß Notstandstötungen zugelassen sind – vornehmen soll. Norbert Hoerster hat die Vagheit, die mit einer qualitativen Bestimmung dieser Grenze, verbunden ist, für nicht tolerabel erklärt und „als Anleitung für die Moral- und Rechtspraxis" eine eindeutige Präzisierung des zahlenmäßigen Verhältnisses (bzw. der zahlenmäßigen Differenz) sowie deren Begründung gefordert.[13] Der bloße Hinweis, daß Vagheit – in unterschiedlichem Maße – ein Merkmal sehr vieler Begriffe und Prinzipien und in den meisten Fällen unschädlich ist, hilft hier nicht weiter. Natürlich: So wie uns die Unmöglichkeit, exakt zu bestimmen, wann ein Haufen ein Haufen ist, nicht daran hindert, an die Existenz von Haufen zu glauben oder von „Haufen" zu sprechen, genausowenig zwingt uns die Vagheit der Ungleichgewichtsbestimmung in G („vergleichsweise gering"), dieses Prinzip von vornherein aufzugeben. Allerdings handelt es sich dort um einen deskriptiven Begriff und hier um eine Erlaubnisnorm. Es fragt sich somit in der Tat, wie G als Anleitung für das praktische Handeln zu verstehen ist!

Ich sehe nun allerdings nicht, wie es für die geforderte quantitative Bestimmung der besagten Grenze eine theoretische Lösung geben könnte, obwohl dies nicht heißt, daß es nicht auch eindeutige Fälle gibt. Ich glaube noch nicht einmal, daß für alle Arten der Gefahrenabwehr (vorausgesetzt sie beanspruchen gleich viele Unschuldige) sowie für die Abwehr aller Arten von Gefahren (vorausgesetzt ihre Realisierung ist gleich wahrscheinlich) ein und derselbe nummerische Wert akzeptiert würde. Da unsere Zustimmung zu einem Handeln unter Inanspruchnahme von G auch von unserer Angst abhängt, sowohl von der Gefahr selbst betroffen als auch selbst einer der von der Gefahrenabwehr Betroffenen zu sein, wird die Art und Weise, wie wir jeweils ums Leben zu kommen drohen, eine wesentliche Rolle spielen.

Zudem wird es letztlich eine Frage der gesellschaftlichen Konvention sein, bei welchem Ungleichgewicht ein Handeln nach G als vertretbar gilt. Die hier obwaltende Vagheit und die aus ihr entspringende normative Ungewißheit[14] sind nicht beseitigbar. Das damit verbundene moralische Risiko kann dem Gefahrenabwehrer nicht abgenommen werden.

4. Sind Rettungshandlungen unter Hinnahme der Tötung Unschuldiger Pflicht?

Es wurde die Frage erörtert, ob ein Vorgehen nach G *erlaubt* sein kann. Mit der Begründung dieser Erlaubnis ist nichts darüber ausgesagt, ob unter Umständen auch eine *Pflicht* besteht, Rettungshandlungen im Sinne von G durchzuführen. Daher ist die Frage offen: Gibt es eine Pflicht zur Gefahrenabwehr unter Hinnahme der Tötung Unschuldiger? (Falls man diese Frage bejahte, ergäbe sich übrigens die nächste - nämlich, ob eine G-konforme Gefahrenabwehr nur dann erlaubt sein soll, wenn sie auch geboten ist.)

Zuvor jedoch wäre zu klären, ob man im Normalfalle, also ohne daß Unschuldige in Mitleidenschaft gezogen werden, zur Gefahrenabwehr verpflichtet ist. Wer darauf verzichtet, das eigene Leben zu verteidigen, weil er selbst nicht töten möchte (nämlich den Angreifer), ist dazu zweifellos berechtigt. Darf er sich aber ebenso auf eine Unzumutbarkeit des Tötens berufen, wenn das Leben eines anderen Unschuldigen auf dem Spiele steht und er die Möglichkeit hat, diesen - ohne Selbstgefährdung - zu retten? Diese Frage zu bejahen fällt schwerer. Offenbar neigen wir eher dazu, Nothilfe für moralisch geboten zu halten als Selbstverteidigung. Könnte nicht aber auch Selbstverteidigung - zumindest dann, wenn sie nicht die Tötung des Angreifers erforderlich macht - aus dem Grunde geboten sein, weil ein Verzicht auf sie mit der Hinnahme des Unrechts verbunden ist? Man geht im allgemeinen davon aus, daß, wer seine Rechte verteidigt, auch die Rechtsordnung als solche verteidigt. Muß dann nicht zugestanden werden, daß, wer seine Rechte kampflos preisgibt, nicht das tut, was ihm möglich wäre, um dem Recht zu der ihm gebührenden Geltung zu verhelfen?

Objektiven Gefahren im allgemeinem und dem Bösen im besonderen zu widerstehen, scheint mir, wenn von diesen Gefahren unschuldige Dritte betroffen sind, in dem Maße moralische Pflicht zu sein wie es für den einzelnen zumutbar und es insgesamt zweckmäßig ist. Dies allerdings sollte man nur für Gefahrenabwehren annehmen, bei denen nicht die Tötung Unbeteiligter in Kauf genommen werden muß. Handelt es sich um Gefahren, deren Abwehr nur unter Berufung auf G gerechtfertigt werden kann, besteht eine Pflicht zur Gefahrenabwehr prima facie nicht. Niemand kann zum Töten moralisch verpflichtet werden. Wer es unterläßt, andere (G-konform) zu retten, weil er selbst nicht töten möchte oder es nicht fertigbringt zu töten, obgleich er es möchte, begeht kein moralisches Unrecht.

Daß dieser Grundsatz durchaus problematisch ist und zu kontraintuitiven Ergebnissen führen kann, mag der von Bernard Williams traktierte Fall „Jim"[15] verdeutlichen: Auf dem Marktplatz einer südamerikanischen Kleinstadt sollen aus Abschreckungsgründen zwanzig Indianer erschossen werden. Als angesehener ausländischer Gast bekommt Jim vom Anführer des bereits angetretenen Erschießungskommandos das Privileg eingeräumt, einen der Indianer selber zu töten. In diesem besonderen Falle würden die restlichen Indianer laufen gelassen; anderenfalls würden mangels besonderer Umstände wie geplant alle Indianer getötet. Jim hat keinerlei Möglichkeit seinerseits den Indianern zu Hilfe zu springen und sich gegen das Erschießungskommando zur Wehr zu setzen; von den beistehenden Bewohnern und von den bedrohten Indianern selbst wird er offensichtlich gebeten einzuwilligen. Was soll(te) Jim tun?

So wie der Fall gelagert ist, gehörte der von einer eventuellen Einwilligung Jims Betroffene, nämlich der von ihm zu tötende Indianer, zur Menge derjenigen, die bereits hoffnungslos verloren, also gleichsam dem Tode geweiht sind. Obwohl die Bedrohten wissen, daß einer von ihnen sterben wird, gewinnt durch die Einwilligung Jims jeder von ihnen eine bedeutende Überlebenschance. Alle bedrohten Indianer dürften daher – wie in der Fallbeschreibung vorausgesetzt – ein Interesse daran haben, daß sich Jim auf den Handel einläßt. Ich vermute zudem, daß eine Einwilligung in das Angebot des Erschießungskommandanten mit weit verbreiteten moralischen Intuitionen vereinbar wäre und die darauf erfolgende Tötung eines Indianers als die moralisch richtige Handlung angesehen würde. Gleichwohl dürfte man – solange man an dem Grundsatz festhielte, daß keine Pflicht zu G-konformen Gefahrenabwehren besteht – nicht sagen, daß Jim *verpflichtet* sei, den Indianer zu töten (und damit die anderen neunzehn zu retten). (Analog wäre es für einen von einer G-konformen Gefahrenabwehr betroffenen U moralisch richtig, keine Notwehr gegen einen gerechtfertigten T zu leisten, obwohl er, wenn er das Selbstopfer nicht erbringen konnte, keine Pflichtverletzung begangen hat.)

Des weiteren ist allerdings zu vermuten, daß eine Einwilligung in das Angebot nicht nur mit weit verbreiteten moralischen Intuitionen vereinbar wäre, sondern darüber hinaus von vielen für eine moralische Pflicht gehalten würde. Die Frage ist, ob man eine entsprechende Pflicht nicht annehmen muß, falls man die Vorstellung *nicht* ablehnt, man könne durch Unterlassen für ein Geschehen (hier: die Erschießung aller zwanzig Indianer durch den Kommandanten) moralisch verantwortlich sein, das als Folge dieser Unterlassung in Gang gesetzt wird. Falls man diese Frage bejaht, stellt sich die weitere Frage, ob es denn möglich ist, diese Vorstellung von der – wie Williams formuliert – „negativen Verantwortlichkeit" begründet aufzugeben. Zwar läßt sich argumentieren, daß eine Unterlassung Jims die Erschießung nicht (im Sinne einer mechanischen Kausalität) bewirke[16], es läßt sich aber nicht leugnen, daß – so wie die Verhältnisse liegen (das heißt hier: die Absichten und Pläne des Kommandanten nun einmal beschaffen sind) – die Erschießung der Indianer durch den Kommandanten eine Folge von Jims Unterlassung ist. Damit die Tötung der Indianer durch den Kommandanten eine Folge von Jims Weigerung ist, muß nur eine Kausalität derart vorliegen, daß der Kommandant ohne die Weigerung von Jim die Erschießung nicht vorgenommen hätte.[17] Möchte man gleichwohl an dem Grundsatz festhalten, daß keine moralische Pflicht zu G-konformen Lebensrettungen besteht (nicht einmal dann, wenn die Verhältnisse so liegen wie im Falle Jims), müßte man eine Argumentation vorlegen, daß ungeachtet der hier obwaltenden Art von Folgebeziehung eine Unterlassung einer möglichen Lebensrettung keine Verantwortlichkeit im Sinne einer moralischen Schuld begründet – jedenfalls keiner Schuld, die größer wäre als die Schuld, die man sich durch die mit der Rettungshandlung verbundene Tötung auflädt.

Eine solche Argumentation vorzulegen dürfte allerdings nicht einfach sein. Gesucht ist ein Argument, das zeigt, daß es moralisch einen relevanten Unterschied macht, ob ein bestimmtes Ereignis oder ein Zustand dadurch herbeigeführt wird, daß jemand etwas Bestimmtes tut (positive Verantwortung), oder dadurch, daß jemand etwas nicht tut, obwohl er die Möglichkeit hatte, es zu tun (negative Verantwortung). Im Bereich der medizinischen Praxis etwa ist man routinemäßig mit Fällen konfrontiert, in denen, wenn überhaupt, nur schwer einsehbar ist, daß es für die Bewertung von Entscheidungen einen moralischen Unterschied machen soll, ob die Verantwortung positiver oder negativer Art ist. Wenn es im Interesse eines Patienten liegt, das er künstlich beatmet wird – ist es dann für die moralische Bewertung des Behandelnden nicht gleichgültig, ob er das lebensnotwendige Beatmungsgerät abgeschaltet oder nicht angeschaltet hat? Beide Verhaltensweisen führen doch zu demselben Ergebnis.[18]

Nun könnte man meinen, daß ein solches Beispiel nichts beweist, da ein Arzt gerade die Pflicht habe, Leben zu retten. Falls wir in diesem Falle nicht bereit sind, einen moralisch relevanten Unterschied zwischen positiver und negativer Verantwortlichkeit zu sehen, so nicht deshalb, weil ein solcher Unterschied grundsätzlich nicht bestünde, sondern die Lebensrettungspflicht des Arztes vorausgesetzt wurde. Vermag dieser Einwand zu überzeugen? Er überzeugt zunächst deshalb nicht, weil viele Ärzte selbst einen solchen Unterschied sehen wollen und auch im allgemeinen aktive und passive Euthanasie moralisch unterschiedlich beurteilt werden. Sodann aber lassen sich analoge Konstellationen denken, in denen keine derartigen Garantenpflichten bestehen. Wie beurteilten wir einen Passanten, der in vollständiger Kenntnis aller Umstände interessiert das Ertrinken eines Kleinkindes in seichtem Wasser beobachtet, obwohl er es ohne Anstrengung hätte retten können? Beurteilten wir ihn wirklich gnädiger als denjenigen, der das Kind ins Wasser gestoßen hat, um exakt die gleiche Beobachtung durchzuführen – auch wenn wir vielleicht meinen, daß der aktiv Handelnde eine höhere innere Hürde zu überspringen hatte? Auch ohne daß außergewöhnliche Hilfepflichten aus einer besonderen Stellung des Handelnden zum Hilfebedürftigen bestehen, gibt es offenbar Handlungssituationen, in denen es uns schwer fällt, ja geradezu unmöglich ist, einen moralischen Unterschied zwischen Tun und Unterlassen zu akzeptieren.

Aber selbst wenn es solche Situationen gibt – sollten wir daraus schlußfolgern, daß die Unterscheidung zwischen Schadenzufügen und Nicht-Hilfeleisten unter allen Umständen moralisch irrelevant ist? Im Gegenteil: Nach weit verbreiteten moralischen Überzeugungen wiegen negative Pflichten – zu vermeiden, Schaden zuzufügen – schwerer als positive Pflichten – jemandem Hilfe zu bringen. In aller Regel bewerten wir unser Recht, durch andere in unseren Rechten nicht beschnitten zu werden, höher als unseren Anspruch, in Not von anderen Unterstützung zu erhalten. Diese Asymmetrie kommt gerade auch im Strafmaß für unterlassene Hilfeleistung (§ 323c StGB) drastisch zum Ausdruck, für welches Delikt der Gesetzgeber eine Höchststrafe von einem Jahr oder Geldstrafe vorgesehen hat.

Gegen eine allgemeine positive Pflicht zur Hilfeleistung sprechen vor allem lebenspraktische Gründe. Man stelle sich vor, wozu uns eine allgemeine Forderung verpflichtete, überall dort und dann Hilfe zu leisten, wo dies uns möglich ist, ohne uns selbst zu opfern oder in eine Lebenslage zu bringen, die schlechter wäre als die der Hilfebedürftigen! Eine solche Pflicht zerstörte nicht nur unser Selbstbestimmungsrecht, weil es uns zwänge, große Teile unserer Lebenszeit, unseres Vermögens sowie unserer kognitiven Kapazitäten in den Dienst der Hilfeleistung zu stellen, sondern beeinflußte auch unsere Motivation, für uns selbst zu sorgen und diejenigen Kapazitäten, Ressourcen etc., die unsere Hilfeleistungsfähigkeit ausmachen, überhaupt erst aufzubauen oder zu vergrößern. An der Etablierung eines entsprechendes moralischen Gebots kann vernünftigerweise niemand ein Interesse haben.

Dieses Argument dürfte selbst dann noch durchschlagend sein, wenn die besagte Pflicht zur Hilfeleistung ausschließlich – wie dies den hier betrachteten Fällen entspricht – auf eine Hilfe zur Rettung von menschlichem Leben begrenzt würde. Menschliches Leben läßt sich in vielfältiger Form retten – insbesondere dann, wenn man darunter die Bekämpfung oder Elimination von beliebigen Faktoren versteht, die zu einer Verkürzung einzelner menschlicher Leben führen. Friedrich Engels sprach angesicht der verheerenden Lebensbedingungen, in die die Arbeiter Englands im neunzehnten Jahrhundert versetzt (worden) waren und die zu einer, im Vergleich zu anderen Klassen, niedrigen Lebenserwartung beitrugen, von *sozialem Mord*.[19] Diesem Verständnis entsprechend, wären sämtliche Aktivitäten zur Verbesserung der Lage der Arbeiter als Lebensrettungsmaßnahmen aufzufassen. Die Fallkonstellationen, in denen man gegen vermeidbare Verkürzungen menschlicher Leben ins Felde ziehen könnte, dürften jedoch unübersehbar sein! Diese Überlegung macht deutlich, daß die Akzeptanz einer *abstrakt-allgemeinen* Pflicht zur Hilfeleistung den meisten Menschen eine gänzlich inakzeptable Lebensführung zumutete. Ganz anders steht es hingegen mit Pflichten zu Unterlassungen: Indem man nicht handelt, erfüllt man gleichzeitig die (Unterlassungs-)Pflichten gegenüber einer unbegrenzten Anzahl von Rechteinhabern.

Wenn es nun, wie das Beispiel des ertrinkenden Kindes zeigt, gleichwohl Fälle gibt, in denen viele von uns, die Pflicht zu helfen für nicht minder schwerwiegend halten wie die Pflicht, Schädigungen zu unterlassen, so scheint mir diese Intuition auf Fälle einer klar umrissenen und unmittelbar wirksamen Hilfeleistung beschränkt zu sein. In solchen Fällen stehen uns die Folgen der Unterlassung einer Hilfeleistung vor Augen, so daß wir in der Tat, wie Ulrich Steinvorth meint, die Unterlassung als Zustimmung zu ihren Folgen verstehen[20] – oder zu verstehen geneigt sind. Es ist durchaus plausibel anzunehmen, daß es diese tatsächliche oder vermeintliche Zustimmung ist, die die moralische Entrüstung auslöst. Voraussetzung dafür ist jedoch, daß eine konkrete Hilfesituation vorliegt. Eine *konkrete* Hilfepflicht dieser Art zu akzeptieren halte ich für angemessen. Denn von dieser Norm könnte jeder überwiegend profitieren. Man selbst wäre nur in zumutbarer Weise zur Hilfe verpflichtet, und wenn man selbst in eine schwerwiegende konkrete Not geriete, würde einem (sofern möglich) geholfen. Akzeptierte man umgekehrt selbst eine *konkrete* Hilfepflicht *nicht* und hielte statt dessen an einem universellen Unterschied zwischen Tun und Unterlassen fest, so lieferte man damit ein Argument für die – von Murray N. Rothbard tatsächlich erhobene – Forderung, daß Eltern, obwohl sie ihr Kind nicht ermorden oder verstümmeln dürfen, das gesetzliche Recht haben sollten, „das Kind *nicht* zu ernähren, d. h. es sterben zu lassen"[21]. Der fundamentale Unterschied zwischen positiven und negativen

Pflichten bleibt jedoch von der Anerkennung einer konkreten Hilfepflicht unberührt.

Der Hinweis auf den Unterschied zwischen Schadenzufügen und Nicht-Hilfeleisten kann den Sinn einer Reihe von intuitiven Bewertungen, zu denen wir im allgemeinen neigen, erhellen:[22] Er kann den Hintergrund unserer Neigung verdeutlichen, warum wir es etwa im „Organspendenfall" ablehnen, einen Menschen zu töten, um mit seinen Organen andere zu retten, während wir in einer Situation, in der wir vor der unausweichlichen Wahl stehen, einige oder viele töten zu müssen, es für geboten hielten, für die Realisierung der weniger opferträchtigen Alternative zu sorgen. Im ersten Fall-Typ stehen negative gegen positive Pflichten - die Pflicht, die Tötung eines anderen zu unterlassen, gegen die Pflicht, anderen Hilfe zu leisten; im zweiten Fall-Typ stehen gleichartige Pflichten in Konflikt, negative gegen negative - die Pflicht, sowohl die Tötung der kleineren als auch der größeren Gruppe zu vermeiden. Die Unterscheidung zwischen dem Vermeiden des Schadenzufügens und dem Hilfeleisten mag - zumindest teilweise - die Systematik weithin akzeptierter moralischer Überzeugungen erklären; sie selbst kann uns jedoch nicht sagen, ob diese Überzeugungen begründet sind oder ob es unter irgendeinem Gesichtspunkt besser wäre, sie zu ersetzen.

Hilft uns die Unterscheidung zwischen negativen und positiven Pflichten eine Lösung im Fall „Jim" zu finden? Auf den ersten Blick scheint sie dafür zu sprechen, daß Jim das erpresserische Angebot des Kommandanten ausschlägt: Zwar leistete er im Falle der Annahme des Angebots den neunzehn Überlebenden Hilfe; er verstieße allerdings gegen die (negative) Pflicht, keinen Schaden zuzufügen. Wenn wir anerkennen, daß es eine strengere Pflicht ist, anderen keinen Schaden zuzufügen als anderen zu helfen - müssen wir nicht dann auch anerkennen, daß es eine strengere Pflicht ist, unsererseits anderen keinen Schaden zuzufügen als andere daran zu hindern, anderen Schaden zuzufügen? Damit hätten wir einen Grund, uns zu weigern, auf die unmoralische Drohung des Kommandanten einzugehen. Wie aber kann - wenn die Situation so ist wie sie beschrieben wurde - die Frage, wer tötet, ausschlaggebend sein? Ich vermute, daß derjenige, der die Auffassung vertritt, man solle sich in einer Situation, in der sich Jim befindet, weigern, auf das Angebot des Kommandanten einzugehen, die Ebene des Gedankenexperiments mit definierten Rahmenbedingungen verläßt und sich in eine als real vorgestellte Situation hineindenkt, in der man nicht sicher sein kann, ob zum Beispiel die Drohnung des Kommandanten tatsächlich ernst gemeint ist oder vielleicht anderweitige Hilfe naht.

Nun würde aber auch im Falle des Unterlassens der ansonsten von Jim getötete Indianer getötet werden. Ihm würde durch das Handeln von Jim kein Schaden zugefügt, der ihm nicht ohnehin zugefügt würde. Welchen normativen Gehalt hat in einer solchen Situation die (negative) Pflicht, keinen Schaden zuzufügen? Wie sollte Jim seine Handlungsalternativen realistischerweise beschreiben? Hat er wirklich die Wahl zwischen Schadenzufügen und dem Unterlassen einer ihm möglichen Hilfeleistung? Oder hat er nicht lediglich die Wahl, Hilfe zu leisten oder dies zu unterlassen und gerade dadurch Schaden zuzufügen? Die Unterscheidung zwischen negativen und positiven Pflichten wird in Situationen dieser Art kaum hilfreich sein – zumal sich zeigen könnte, daß die Identifikation einer Pflicht als negativer oder positiver von der *Beschreibung* der Situation bzw. der Handlungsalternativen nicht unabhängig ist.

Jedenfalls: Bereits geringfügige Änderungen in der Konstruktion eines Gedankenexperiments können aus einem Handeln ein Unterlassen machen und umgekehrt. Betrachten wir noch einmal den (zweiten) Fall, bei dem man nur die Wahl hat, einige oder viele zu töten. Diese Beschreibung paßt auf den Fall „Führerloser Zug" (I.5). Der genauen Fallbeschreibung zufolge steht der Akteur vor der Frage, ob er den führerlosen Zug, der ohne sein Zutun in eine Gruppe von Gleisarbeitern zu rasen droht, durch das Stellen der Weiche auf das Nachbargleis umlenken und dadurch *einen* Gleisarbeiter töten soll. Welche Art von Pflicht hat der Akteur gegenüber der Gruppe von Gleisarbeitern? Er ist nicht in der Situation, ihnen aktiv Schaden zufügen zu können, sehr wohl aber, ihnen Hilfe zu leisten. Schadenzufügen kann er ihnen nur indirekt – durch das Unterlassen von Hilfeleistung. Leistet er ihnen jedoch Hilfe durch das Stellen der Weiche, so verletzt er die negative Pflicht, dem Gleisarbeiter auf dem Nachbargleis keinen Schaden zuzufügen. Wer meint, daß er dies tun sollte, hat damit eingeräumt, daß es Situationen geben kann, in denen die Verletzung einer negativen Pflicht weniger schwer wiegt als eine unterlassene Hilfeleistung.

Ich lasse diesen Punkt auf sich beruhen. Sobald man jedoch eine Pflicht zu Rettungshandlungen im Sinne von G verneint, ist man gezwungen anzuerkennen, daß es moralisch richtige Handlungen geben kann, zu deren Ausführung man moralisch nicht verpflichtet ist.

Die Postulierung einer Pflicht zu G-konformen Rettungshandlungen, würde weitere Fragen aufwerfen. Zu klären wäre etwa, was diese Pflicht in G/4b-Situationen bedeutet, wenn der Gefahrenabwehrer weiß, daß Betroffene in ihre Opferung nicht einwilligen. Hier müßte man bedenken, daß der Status der von einer Gefahrenabwehr mitbetroffenen Unschuldigen selbst fragwürdig werden könnte. Unschuldige haben keine moralisch relevante Verantwortung bezüglich des gegenwärtigen Bestehens der Gefahr. Unter ihnen könnten sich aber solche befinden, die ebenso wie T in der Lage wären, die Gefahr zu beseitigen. Diese „Unschuldigen“ würden aber, indem sie die ihnen zumutbare Gefahrenabwehr unterlassen und damit ihre Rettungspflichten moralisch rechtswidrig verletzen, *in diesem Sinne* schuldig werden. Zumindest in bezug auf sie stellte sich die Frage, ob sie nicht – genauso wie ein schuldhafter Gefahrenverursacher – die Pflicht haben, die Rettungshandlung von T zu dulden.[23] Man sieht: Die Postulierung einer allgemeinen Hilfeleistungspflicht würde die Unterscheidung zwischen Schuldigen und Unschuldigen zersetzen.

Ein bereits hinreichender Grund, die Pflicht zu Gefahrenabwehren außerordentlich restriktiv auszulegen, sind die praktischen Konsequenzen, die die Postulierung einer solchen Pflicht – und erst recht einer Pflicht zu G-konformen Rettungshandlungen – nach sich ziehen könnte. Eine solche Pflicht bedeutete, wie eben gesagt, daß man durch das Unterlassen von Rettungshandlungen moralisch schuldig werden kann. Wenn aber zu fürchten ist, durch Unterlassen Schuld auf sich zu laden, wird häufiger gehandelt werden und es wächst die Wahrscheinlichkeit, daß es zu fälschlichen Berufungen auf G kommt. Man kann daher sehr im Zweifel sein, ob eine Gesellschaft mit einer höheren Quote von Gefahrenabwehrversuchen wirklich vorzuziehen oder nicht gar das größere Übel wäre.

Wer allerdings eine Pflicht zu G-konformen Rettungshandlungen zu postulieren gedenkt, käme – analog zu unseren Überlegungen in V.3 hinsichtlich der Geltungsbedingungen von Normen – kaum umhin, von einem Anwachsen dieser Pflicht in Abhängigkeit von dem Verhältnis zwischen Geretteten und Geopferten auszugehen.

5. *Eine Pflicht zur Selbstopferung in Extremfällen?*

Wir hatten in II.9 die moralische Überzeugung akzeptiert, daß für einen angegriffenen unschuldigen Dritten keine Pflicht zur Selbstopferung besteht, in diesem Zusammenhang aber bereits mit dem skeptischen, allerdings auch unscharfen und eher rhetorisch gemeinten Zusatz operiert: „abgesehen von Extremfällen, in denen einer allein die Menschheit retten könnte". Ja, wie steht es mit diesem oder einem annähernd vergleichbaren Fall – also einem extremen Extremfall? Angenommen, man erklärt quantitative Abwägungen im Sinne der Überlegungen unter V.3 für zulässig, ist man dann in Extremfällen nicht gezwungen, eine moralische Pflicht eines einzelnen oder einer kleinen Gruppe zu akzeptieren, sich im Interesse der Menschheit oder von Milliarden oder von Millionen oder von ... notfalls zu opfern?

Auch für die Postulierung einer solchen Pflicht sprechen verbreitete moralische Intuitionen. Sie erscheint insbesondere dann zumutbar, wenn der Betroffene selbst in das abzuwehrende Gefahrengeschehen so verstrickt ist, daß er sich selbst als bereits unrettbar verloren begreift, so daß er „lediglich" eine – gemessen an der durchschnittlichen Dauer eines menschlichen Lebens – unbedeutende Lebensverkürzung hinzunehmen hätte. Aber auch wenn diese Bedingung nicht erfüllt ist: Zieht man die Konsequenzen aus unseren Überlegungen in V.3, so ergibt sich, daß das Recht eines Gefahrenabwehrers, nach G vorzugehen, mit wachsender Unverhältnismäßigkeit des Verhältnisses zwischen den Geretteten und den getöteten Unschuldigen wächst. Sollte man dann aber nicht ebenso annehmen, daß die Nicht-Pflicht zur

Selbstopferung eines bei einer G-konformen Gefahrenabwehr in Anspruch genommenen Unschuldigen, mithin das Recht zur Selbstrettung mit der Anzahl der durch eine Selbstrettung von U indirekt Geopferten an Stärke verliert?

Falls man diese Sichtweise akzeptiert, gilt folgendes: Das (wachsende) Recht eines T zur Gefahrenabwehr und die (wachsende) Pflicht eines U zur Selbstopferung – das ist die moralische Nötigung, auf Selbstrettung zu verzichten – bewegen sich von beiden Enden der „Skala der Verhältnismäßigkeit" (ein Leben steht gegen ein anderes und ein Leben steht gegen die Menschheit) aufeinander zu – ohne daß ein Punkt existieren müßte oder fixierbar wäre, in dem ein „volles" Recht zur G-konformen Gefahrenabwehr zugleich eine eindeutige Pflicht zur Selbstopferung begründen und das Recht auf Notwehr gegen T vollständig vernichten würde. Vielmehr werden wir mit Situationen zu rechnen haben, in denen sehr viele oder nahezu alle von uns einem T das moralische Recht zusprechen, eine immense Gefahr unter Inkaufnahme der Tötung Unschuldiger abzuwehren, ohne gleichzeitig gewillt zu sein, einem den Angriff von T vereitelnden Unschuldigen moralisches Versagen vorzuwerfen.

Allerdings: Berücksichtigt werden muß, daß die Ausübung des Notwehrrechts von U an eine Verhaltensdisposition gebunden ist – der persönlichen Schwäche, in die erforderliche Opferung nicht einwilligen zu können (siehe auch VI.2). Es gilt jedoch: Wer G vertritt, das heißt: wer bereit ist, die Normadressaten aufzufordern, sie sollen sich normgemäß verhalten, sollte damit auch den Wunsch verbinden, er selbst möge es in einer G-Situation, in der er einer der unschuldig Mitbetroffenen ist, tatsächlich fertigbringen, auf Notwehr gegen einen gerechtfertigten T zu verzichten. Abgesehen nun davon, daß die Ausbildung einer solchen Disposition – nämlich um entsprechend motiviert zu sein, die G-konforme Gefahrenabwehr nicht zu vereiteln – alles andere als leicht ist: Warum eigentlich sollte jemand diese Disposition ausbilden? Zwar wäre es nicht notwendigerweise irrational, wenn jemand darauf hinarbeitete, einen inneren Antrieb zu verspüren, im Notfall auf eine mögliche Selbstrettung verzichten zu können. Gleichwohl läßt sich nicht zeigen, daß die Ausbildung dieser Verhaltensdisposition in jedermanns individuellem Interesse liegen *muß*.

Insofern läßt sich auch nicht notwendigerweise jedem plausibel machen, daß die Befolgung einer entsprechenden Forderung für ihn subjektiv begründet ist. Nicht jeder ist nun einmal derart altruistisch eingestellt, daß ihm an der Rettung der vielen anderen mehr liegt als an der eigenen Selbsterhaltung. Und gerade diese empirische Tatsache scheint in der moralischen Intuition, daß eine Selbstrettung aus Schwäche in aller Regel – vielleicht eben mit Ausnahme von extremen Extremfällen – nicht vorwerfbar ist, zum Ausdruck zu kommen. Und weil wir diese Schwäche uns allen in gleicher Weise selbst zubilligen (besagte Intuition hier als weit verbreitet unterstellt), fordern wir von einem Sich-selbst-Rettenden auch nicht, daß er sich in Gestalt eines schlechten Gewissens selbst sanktioniert. Wenn wir hoffen, daß ein mit dem Tode bedrohter Unschuldiger auf seine Selbstrettung zugunsten anderer verzichten möge, so können wir jedenfalls nicht an seine – wie umfassend auch immer verstandenen – persönlichen Selbsterhaltungsinteressen appelieren, sondern können nur auf eine genuin moralische Einstellung bauen – auf seinen Willen, unparteiische Normen auch im Ernstfall zu befolgen. Nur wenn seine persönlichen Interessen die Selbsterhaltung transzendieren und darüber hinaus etwa die Verwirklichung eines Lebensideals[21] umfassen, das auf das Führen eines *fairen* Lebens gerichtet ist, kann für ihn die Befolgung sozial geltender Moralnormen auch in einem solchen Falle subjektiv begründet sein, in dem ihre Befolgung einen Verzicht auf Selbstrettung involviert (siehe zudem VI.9).

6. Stellt die Pflicht zum Verzicht auf Selbstrettung eine Überforderung dar?

Unter II.9 waren wir zu dem Ergebnis gelangt, daß sich eine allgemeine Pflicht zur Selbstopferung im Interesse mehrerer oder auch vieler anderer Unschuldiger nicht begründen läßt. Eine solche Pflicht widerspräche weit verbreiteten moralischen Intuitionen sowie auch unserer Praxis der moralischen Anforderungen und Bewertungen. Beide, sowohl die entsprechenden Intuitionen als auch unsere Moralpraxis, stehen insoweit mit universellen menschlichen Verhaltensdispositionen in Übereinstimmung. Sie scheinen damit auch dem allgemeinen formalen Prinzip („Sollen impliziert Können") zu folgen, daß nur prinzipiell erfüllbare und den Durchschnittsmenschen nicht systematisch überfordernde Verhaltensanforderungen in einem pragmatisch vernünftigen Moralsystem normativ vorgeschrieben sein können.

In Wirklichkeit jedoch liegen die Verhältnisse komplizierter. Wie in den Abschnitten I.2 und I.3 ausgeführt, erwarten die Rechtsordnung und die herrschende Moral sehr wohl, daß man in bestimmten Situationen auf eine Selbstrettung verzichtet. Dies gilt zum einen für den rechtswidrigen – möglicherweise aber schuldlosen (weil irrenden oder schuldunfähigen) – Angreifer, der gegen den zu Recht Notwehr Übenden selbst kein Notwehrrecht hat. Diese Regelung ist nicht nur nachvollziehbar, sondern erscheint auch unter dem thematisierten Gesichtspunkt durchaus unproblematisch. Denn es wäre wohl geradezu selbstwidersprüchlich, sich der Hoffnung hinzugeben, durch dieses Verbot auf einen gegenwärtigen Aggressor einwirken zu können. Wer sich über das Verbot, in die Rechtsgütersphäre eines anderen einzugreifen, hinwegsetzt und diesen angreift, wird sich von dem Verbot, gegen eine gerechtfertigte Selbstverteidigung des Angegriffenen seinerseits nicht Notwehr üben zu dürfen, nicht beeindrucken lassen.

Zum anderen besteht die Forderung, in einer Notsituation auf eine mögliche Selbstrettung zu verzichten, wenn diese die Tötung oder auch nur die Inkaufnahme der Tötung eines Unschuldigen erfordert, ebenso für unschuldige Opfer eines rechtswidrigen Angriffs. Die geltende Rechtsordnung bietet – jedenfalls nach herrschender Meinung – für eine solche Selbstrettung keinen Rechtfertigungsgrund. Umgekehrt: Die §§ 32 und 34 StGB sind Ausdruck dafür, daß die Rechtsordnung keine schrankenlose Rettung des eigenen Lebens billigt. Da von einem unschuldigen potentiellen Opfer kein rechtswidriger Angriff ausgeht, scheidet § 32 von vornherein aus. Und da das geschützte Interesse am eigenen Weiterleben das beeinträchtigte Interesse am Weiterleben eines unbeteiligten Dritten nicht „wesentlich überwiegt", ist eine Selbstrettung im Notstand unter Inkaufnahme des Todes Dritter auch nach § 34 rechtlich nicht erlaubt

(I.1-I.3). Zwar gilt: Indem der Gesetzgeber im § 35 Abs. 1 Satz 1 StGB die Möglichkeit der Entschuldigung und damit der Straflosigkeit für bestimmte rechtswidrige Selbstrettungs- und Nothilfehandlungen eröffnet, berücksichtigt er zum einen die menschlich-existentielle Problematik einer solchen Situation und anerkennt zum anderen die Unmöglichkeit einer Konfliktlösung, die beiden Parteien staatlicherseits die Gegenleistung (Sicherheit für das eigene Leben) zukommen läßt, die allein die Forderung nach Gesetzesgehorsam legitimiert. Ungeachtet dessen fordert der Gesetzgeber den potentiellen Notwehrer bzw. Notstandstäter dazu auf, eine Selbstrettung mit Todesfolge für unbeteiligte Dritte zu unterlassen; die Unbeteiligten selbst verfügen über ein ungeschmälertes Notwehrrecht. Damit aber mutet er dem angegriffenen Bürger auch zu, sich wissentlich selbst zu opfern, um im Interesse Dritter einen Eingriff in deren Lebensrecht zu vermeiden. Die Straffreistellung ist gleichsam das stillschweigende Eingeständnis des Gesetzgebers, das er etwas verlangt, was er zwar im Gesamtinteresse aller Herrschaftsunterworfenen verlangen muß, vom einzelnen aber nicht verlangen kann.

Handelt es sich hierbei nicht um eine analoge Überforderung? Jedenfalls: Die guten Gründe, die für diese rechtliche Regelung einer derartigen Interessenkollision sprechen, ändern an der Tatsache nichts, daß wir Rechtsnormen anerkennen, die die bewußte Unterlassung von Handlungen vorschreiben, die zur Rettung des eigenen Lebens führen könnten.

Nun scheinen diese rechtlichen Regelungen mit weit verbreiteten moralischen Intuitionen durchaus vereinbar zu sein. Gleichzeitig jedoch waren wir dahin gekommen, einem unschuldigen Dritten, der in einer G/3- oder G/4-Situation bemerkt, Opfer einer G-konformen Gefahrenabwehr zu werden, und gleichzeitig erkennen muß, nicht die Stärke zum Verzicht auf Selbstrettungshandlungen zu besitzen, unter Berufung auf anthropologische Grenzen des altruistischen Verhaltens ein moralisches Selbstverteidigungsrecht gegen den Gefahrenabwehrer zuzusprechen (II.12). Und auch hier hatten wir unterstellt, daß dieses moralische Recht zur Selbstverteidigung intuitiv allgemein akzeptiert ist. Die Frage ist nun: Sind beide Intuitionen miteinander kompatibel?

Die §§ 32 und 34 fordern implizit, eine mögliche Selbstrettung zu unterlassen, wenn dabei unschuldige Dritte zu Tode kommen (können). Die für G/3- und G/4-Situationen vorgeschlagenen Lösungen erlauben es hingegen einem unschuldigen Dritten, sich selbst zu retten, auch wenn er durch die dadurch vereitelte Gefahrenabwehr den Tod von anderen unschuldigen Menschen eintreten läßt. Die für ein unschuldiges Opfer „O" bestehende Gefahr kann bei den von § 34 erfaßten Notstandsfällen sowohl von Sachen ausgehen (Tierangriff, Brand etc.) als auch auf einen rechtswidrigen Angriff eines Täters „T" zurückführbar sein. Ein Notstand besteht, wenn ein Rechtsgut sich in einer gegenwärtigen Gefahr befindet und diese nur bei Verletzung eines anderen Rechtsgutes, hier des Lebens eines Unbeteiligten „U", abgewendet werden kann (vgl. etwa den „Schutzschildfall" im Abschnitt I.3). Sobald nun das Leben des O gegen das Leben des U steht (im „Schutzschildfall" wäre dies das Leben des angegriffenen Demonstranten gegen das Leben der als Schutzschild mißbrauchten Raumpflegerin), wird von O verlangt, daß er die Gefahr für sich hinnimmt. Die Rechtsordnung fordert, selbst im Lebensnotstand auf Gegenmaßnahmen zu verzichten - gegebenenfalls auch gegen den ungerechten Angreifer sich nicht zur Wehr zu setzen -, wenn anderenfalls bei einer Gefahrenabwehr Unschuldige zu Tode gebracht würden oder auch nur damit zu rechnen wäre. Niemandem ist es erlaubt, Lebensrisiken auf andere abzuwälzen. In einer G/3- oder G/4-Situation hingegen soll sich U moralisch zu Recht gegen einen - was die G-konforme Gefahrenabwehr anlangt - gerechtfertigten T (der, nur weil er die Nichteinwilligung von U in seine Opferung nicht erkennen kann oder sie mißachtet, im Begriff ist, ein Unrecht gegen U zu begehen) wehren dürfen, obwohl auch diese Gegenwehr *indirekt* zum Tode von Unbeteiligten führt (nämlich weil T daran gehindert wird, die Lebensgefahr für diese abzuwenden)?

Der Unterschied zwischen beiden Fällen von Selbstrettung ist ein Unterschied zwischen einer aktiven direkten Schädigung und einer Schädigung, die dadurch eintritt, daß eine Rettung unterbleibt. Zwar wird in beiden Fällen von O bzw. U ein Unterlassen (der aktiven Selbstrettung) gefordert, nur im ersten Fall aber würde sich die Gegenmaßnahme auch direkt gegen unbeteiligte Dritte richten. Im zweiten Fall richtete sich die Gegenwehr ausschließlich gegen T; U würde lediglich Maßnahmen unterbinden, die den wahrscheinlichen Tod von in Lebensgefahr schwebenden Dritten vermeiden sollen, würde diese aber selbst nicht angreifen. Dieser Unterschied mag zwar bei einer nicht-utilitaristischen Sichtweise moralisch relevant sein, aber er bietet keinen Erklärungsgrund, warum im ersten Fall der Verzicht auf die Selbstrettung zumutbar sein soll und im zweiten nicht.

Auch der Hinweis, daß es sich bei dem verfassungsmäßigen Recht auf Leben lediglich um ein Abwehrrecht handelt und niemand einen Anspruch hat, auf Kosten anderer sich retten zu dürfen oder gerettet zu werden, lößt die Schwierigkeit nicht. Denn ob sich die Abwehrmaßnahme gegen eine von Sachen ausgehende Gefahr bzw. auch einen rechtswidrigen menschlichen Angriff (wie im Notstand) oder gegen einen zu Recht angreifenden T (wie bei einer G-konformen Gefahrenabwehr) richtet, unter dem Gesichtspunkt „Abwehr der Lebensgefahr" oder „Anspruch auf Lebensrettung" befinden sich O und U in derselben Position.

7. Unrecht widerfahren?

Kann sich ein Unschuldiger, der durch eine moralisch gerechtfertigte Handlung geschädigt wurde, beklagen, ihm sei Unrecht widerfahren? Ich habe dafür argumentiert, daß ein von einer gerechtfertigten G-konformen Gefahrenabwehr unschuldig Betroffener, der erkennt, nicht die Stärke zu besitzen, in seine Opferung einzuwilligen, ein Notwehrrecht gegen den gerechtfertigten Angreifer hat. Von daher erscheint es mir unproblematisch, einzuräumen, daß dem unschuldigen Opfer ein Unrecht angetan wurde.[25] Denn immerhin hätte der Angreifer für den Fall, daß ihm das Nichtvorliegen der Einwilligung des Opfers gewahr geworden wäre, die Pflicht gehabt, den Gefahrenabwehrversuch abzubrechen. Selbst der gerechtfertigte Gefahrenabwehrer ist schließlich gezwungen, einzuräumen, daß dem unschuldigen Opfer ein Unrecht widerfahren ist. Denn er kann zum einen nur gerechtfertigt sein aufgrund einer Konstellation, in der es ihm unmöglich ist, die Nichtbereitschaft des Opfers zu erkennen, in die Opferung einzuwilligen. Zum anderen steht ihm als Angreifer trotz seiner Rechtfertigung zum Angriff gegen eine gerechtfertigte Notwehrhandlung des Opfers kein Notwehrrecht zur Verfügung (vgl. II.12).

In der Aussage, jemandem sei kein Unrecht angetan worden, schwingt mit, ihm sei recht geschehen – das heißt: es gäbe Gründe in seiner Person oder seinem Handeln, die rechtfertigten, daß ihm widerfahren ist, was ihm widerfuhr. Da davon keine Rede sein kann, sollte man auch Redeweisen unterlassen, die dies nahelegen.

8. Eine rechtliche Erlaubnis zur Tötung Unschuldiger?

Zu fragen ist, ob die hier begründete *moralische* Erlaubnis, unter Umständen auch Unschuldige zu töten, in die Rechtsordnung aufgenommen werden sollte. Für eine Positivierung des Grundsatzes „G“ käme eine Ergänzung des § 34 StGB („Rechtfertigender Notstand“) durch einen Abs. 2 in Frage: „Eine Tötungshandlung gemäß Abs. 1 ist dann nicht rechtswidrig, wenn die Gefahr dem Leben einer verhältnismäßig großen Anzahl von Menschen droht.“ Abgesehen davon, daß es durchaus fraglich ist, ob eine solch vage Formulierung mit dem aus Art. 103 Abs. 2 GG bzw. § 1 StGB abzuleitenden „Bestimmtheitsgebot“[26] kollidiert, müßte auch diese Erlaubnis durch die Angemessenheitsklausel des derzeitigen § 34 Satz 2 StGB eingeschränkt sein.[27]

Wie Jan C. Joerden zeigt, können Handlungen durch § 34 Satz 1 gedeckt sein, deren (hypothetische) allgemeine Ausführung zu negativen Folgen führte, die für die Gesellschaft nicht hinnehmbar wären. Besteht eine *reale Gefahr*, daß eine solche Handlung *allgemeine Praxis* wird, ist ihre Angemessenheit zu verneinen, auch wenn sie im konkreten Einzelfall ein überwiegendes Interesse schützt.[28] So etwa muß es einem Bankangestellten verboten sein, ihm anvertrautes Geld (man nehme an hunderttausend Euro) zu veruntreuen, um es anonym einer karitativen Einrichtung zukommen zu lassen, die die Gelder zur Verhinderung des Hungertods vieler Personen in der Dritten Welt einsetzt. Da kaum zu bezweifeln ist, daß die Rettung von Menschen wesentlich schwerer wiegt als das Interesse der Bank an einem sie nicht in den Konkurs treibenden Geldbetrag, müßte die Handlung nach § 34 Satz 1 als gerechtfertigt gelten. Die Rechtfertigung besagter Handlung scheitert allerdings, so Joerden, an der Angemessenheitsklausel des Satzes 2. Denn wäre persönliche Hilfe dieser Art erlaubt, bestünde die reale Gefahr, daß sie auch von vielen praktiziert würde; als allgemeine Praxis vorgestellt, wären jedoch ihre Folgen für das betreffende Gemeinwesen in der Summe negativ und letztlich untragbar, ja sie würden darüber hinaus jede zukünftige Hilfemöglichkeit zerstören.[29] Denkt man sich nun eine Ergänzung des § 34 durch den genannten Abs. 2, so müßte die Angemessenheit analog geprüft werden. Danach müßte es beispielsweise dem Erben eines Multimilliardärs auch weiterhin verboten sein, diesen zu töten, um mit dem Erbteil zehntausende Menschen vor dem Hungertod zu bewahren.

Den probehalber angeführten Rechtfertigungsgrund halte ich in mehrerer Hinsicht für problematisch. Gegen seine Positivierung sprechen zunächst eine Reihe von Gründen, die sich auch gegen ein positiviertes Widerstandsrecht geltend machen lassen.[30] Sodann berücksichtigt die vorgeschlagene Formulierung von § 34 Abs. 2 nicht, daß G nur mit Ausnahme des Falles „G/4b" (wenn die Betroffenen in das Vorgehen von T nicht einwilligen) begründet ist. Des weiteren sorgt ein rechtliches Verbot, Hand an unschuldige Menschen zu legen, dafür, daß ein Geschehenlassen keinesfalls ein rechtswidriges Unterlassen sein kann.[31] Diese Schranke würde fallen. Schließlich begründete dieser Rechtfertigungsgrund die beschriebenen Duldungspflichten auf seiten der unschuldig Betroffenen, und es ist nicht ersichtlich, wie die sich aus der Akzeptanz eines moralischen Selbstverteidigungsrechtes ergebenden Konsequenzen in die Rechtsordnung übernommen werden könnten.

Eine rechtliche Positivierung von G würde nachgerade auf einen „Paradigmenwechsel" hinauslaufen. Allerdings ist ein solcher mit einer Rechtfertigung der Tötung Unschuldiger im Rahmen von Widerstandshandlungen nach Art. 20 Abs. 4 GG bereits angeschoben, wenngleich nicht wirklich aufgearbeitet. Mit der Nichtaufnahme von G in die Rechtsordnung ist jedoch die Konsequenz verbunden, daß die rechtlichen und moralischen Normensysteme an einem wichtigen Punkt divergieren. Wem es darauf ankäme, ein solches Auseinanderfallen möglichst zu vermeiden, der hätte daher Grund, eine moralische Erlaubnis zum G-konformen Handeln, nicht zu akzeptieren. Allerdings ist hierbei zu bedenken, daß ohnehin keine Kongruenz zwischen rechtlichen und moralischen Bewertungen herrscht. Allein die nach deutschem Notwehrrecht nicht erforderliche Rechtsgüterabwägung sowie das Nichtbestehen einer Pflicht zum möglichen Ausweichen dürften auf moralische Bedenken stoßen.

Dies ist die eine Seite. Auf der anderen Seite ist nochmals an die generelle Problematik der Notstandsregelung des § 34 StGB zu erinnern. Wie in Abschnitt I.3 bereits erwähnt, muß Hobbes die „individuelle" Verbindlichkeit eines Gesetzes, das zum Verzicht auf Selbsterhaltung verpflichtet, bestreiten (und zwar unabhängig davon, ob die Notlage selbst verschuldet ist[32]), sobald ein einzelner unter Realbedingungen mit einer entsprechenden Forderung konfrontiert ist. Denn: „[...] selbst wenn man annehmen würde, daß ein solches Gesetz verbindlich wäre, so würde man doch so argumentieren: ‚Begehe ich die Tat nicht, so sterbe ich sofort; begehe ich sie, so sterbe ich später. Deshalb verlängere ich mein Leben, wenn ich sie begehe.' Daher zwingt uns die Natur zu der Tat."[33]

Tatsächlich aber muß wohl bereits die Vorstellung, ein solches Gesetz könne verbindlich sein, als in sich widersprüchlich betrachtet werden. Für den einzelnen stellt sich im „Schutzschildfall" folgende Frage: „Warum sollte ich mich für einen anderen – selbst einen Unschuldigen – aufopfern (sollen), nur weil der Staat für meine und des anderen Sicherheit zu sorgen nicht im Stande ist?" Der Gesellschaftsvertrag fordert – sofern alle dazu bereit sind –, freiwillig auf sein *„Recht auf alles"* („selbst auf den Körper eines anderen")[34] zu verzichten, soweit dies für den Frieden und die Selbsterhaltung notwendig ist. Wird der Vertrag gebrochen, fällt das Recht, alles zu tun, was zur eigenen Verteidigung notwendig ist, an den einzelnen zurück (Notwehrrecht). § 34 StGB regelt aber nun implizit einen momentanen Zustand, in dem der Staat seinen Schutzpflichten dem einzelnen gegenüber nicht nachkommen kann. Ein solches Gesetz verfehlt daher von vornherein seinen Zweck – nämlich das Verhalten der Staatsbürger vertragsinduziert zu binden –, da just in dem Moment, in dem der Staat seine Vertragspflichten dem Individuum gegenüber nicht einzulösen vermag, auch die Gehorsamspflicht des einzelnen erlischt und seine natürlichen Rechte, auf deren eigenmächtige Durchsetzung er mit dem Eintritt in den Rechtszustand verzichtet hat, wieder aufleben.

Mit dieser Auffassung in Übereinstimmung stünde am ehesten die Lösung, daß eine Tötung im Notstand zum Zwecke der Selbsterhaltung (man denke an den „Karneades"-Fall) nicht nur entschuldigt, sondern *nicht* rechtswidrig wäre. Beide Schiffbrüchigen, denen nur *eine* rettende Planke zur Verfügung steht, hätten dasselbe Recht, mit dem anderen ums Leben zu kämpfen.[35] Während der Gesetzgeber des § 34 in dem Fall, daß beide Kontrahenten das Rettungsmittel zeitgleich ergreifen und es nur dadurch in ihren ausschließlichen Besitz bringen können, indem sie es dem anderen entreißen, beide auffordert, auf die Selbsterhaltung zu verzichten und gemeinsam unterzugehen,[36] steht jene Lösung durchaus in Übereinstimmung mit dem Interesse der Gemeinschaft. Denn die Notstandshandlung (des einen oder des anderen) bewirkt, daß wenigstens einer am Leben bleibt. Dies sollte als der Wunsch des Gesetzgebers angesehen werden.

Dessenungeachtet sollte eine rechtliche Positivierung der moralischen Erlaubnis, zum Zwecke der Abwehr einer immensen Gefahr notfalls Unschuldige zu töten, nicht ins Auge gefaßt werden. Mit einer entsprechenden Regelung würde der Staat angegriffenen unschuldigen Bürgern eine Duldungspflicht auferlegen und deren Rettung des eigenen Lebens als rechtswidrig erklären.[37] Er würde damit selbst die wechselseitige Vereinbarung aller Bürger untereinander kündigen, von deren Einhaltung seine Gesetzgebungs- und Sanktionskompetenz allein herrührt. Zwar hatten wir in V.6 gesehen, daß der Gesetzgeber in seiner Regelung des § 34 nicht umhin kann, im Verhältnis zu einem rechtswidrig angegriffenen Opfer, das sich nur retten kann, wenn es Unschuldige an seiner Statt tötet, die Grundlagen des Vertrages über die Selbstunterstellung des einzelnen unter staatliche Autorität aufzukündigen; er tut dies aber in diesem Falle gleichsam nur *indirekt* – nämlich indem er den Lebensschutz der Unbeteiligten rechtlich *nicht* kappt. Ich vermute, es führt kein Weg an der

Einsicht vorbei, daß in Konflikt- bzw. Notstandssituationen dieser Art Moral und Recht in einem unauflösbaren Widerspruch stehen. Es gibt Handlungen, die der Gesetzgeber nicht unverboten lassen, sondern höchstens straffrei stellen kann, die jedoch als moralisch erlaubt zu betrachten sind.

Entscheidet man sich aber nun, eine strafrechtliche Positivierung von G nicht ins Auge zu fassen – wie hier empfohlen (siehe jedoch II.13 FN 68) –, und bleibt damit eine Tötung Unschuldiger auch im Notstand unrechtmäßig, so stellt sich die Frage, ob man dann nicht auch die Meinung vertreten muß, daß es besser ist, wenn entsprechende Handlungen tatsächlich nicht ausgeführt werden. Wie diese Auffassung mit der Schutzpflicht des Staates, menschliches Leben vor Vernichtung zu bewahren, vereinbar ist, ist nicht leicht zu sehen. Oder sollte der Gesetzgeber diese Lösung vertreten und gleichzeitig darauf bauen, daß das Verbot im Ernstfall in Übereinstimmung mit G gebrochen wird? Jedoch: Worauf immer man im Zusammenhang einer Fixierung von Rechtsnormen bauen mag, die strikte Aufrechterhaltung des strafrechtlichen Tötungsverbots bedeutet zweierlei. Zum einen ist sie die Erklärung des Gesetzgebers, daß er die Hinnahme des vermeidbaren Todes sehr vieler Menschen rechtlich billigt, sofern dieser nur durch die Tötung einiger Unschuldiger abgewendet werden könnte. Zum anderen erhöht sie die Wahrscheinlichkeit, daß G-artige Gefahrenabwehren unterbleiben – möglicherweise in Fällen, in denen sehr viele hätten gerettet werden können.

Derartige, aus der Notstandsregelung resultierende Problemlagen haben in der Strafrechtswissenschaft das Denkmodell des „rechtsfreien Raumes" angeregt,[38] von dem sich seine Vertreter eine zufriedenstellendere Beurteilung existentieller Not- und Konfliktsituationen erhoffen. Diesem Denkmodell zufolge – das sich aus nachvollziehbaren Gründen[39] in der Strafrechtsdogmatik nicht durchgesetzt hat – sollte der Gesetzgeber eine zusätzliche Wertungsstufe zwischen Tatbestandsmäßigkeit und Schuld vorsehen. Eine tatbestandsmäßige Handlung, für die kein Rechtfertigungsgrund existiert, sollte danach nicht automatisch als rechtswidrig gelten; vielmehr sollten neben Rechtfertigungsgründen für bestimmte Probleme *Unrechtsausschließungsgründe* anerkannt werden. Als einschlägig gelten unter anderem Probleme der Güterkollision (siehe etwa den „Weichensteller"-Fall), der Unmöglichkeit der Rettung (siehe etwa den „Bergsteiger"-Fall), sowie der Pflichtenkollision (Beispiel: der Rettungspflichtige kann nur einen der beiden Ertrinkenden retten). Ein Unrechtsausschließungsgrund verhindert, daß eine (tatbestandsmäßige) Handlung, die einen mißbilligenswerten *Erfolg* hat eintreten lassen, zugleich ein tatbestandsmäßiges Unrecht darstellt und damit zur Mißbilligung der *Entscheidung* des Täters führt. Unrechtsausschließungsgründe definieren die Sphäre des rechtsfreien Raumes - einen Bereich, den die Rechtsordnung „mangels eines rational einsichtigen, allgemeinverbindlichen Entscheidungsmaßstabes" unnormiert läßt und es der „freien Gewissensentscheidung des einzelnen" anheimstellt, „was zu tun sei".[10] Damit bleibt zwar die Disjunktion „entweder rechtmäßig oder rechtswidrig" nach wie vor gültig, sie gilt aber eben nur für Verhaltensweisen, für die die Rechtsordnung überhaupt eine Wertung vorsieht bzw. überhaupt nur - rationalerweise - vorsehen kann. Handlungen im rechtsfreien Raum gelten somit weder als rechtmäßig noch als rechtswidrig, sondern als „unverboten". Indem Rechtswidrigkeit trotz des Fehlens eines Rechtfertigungsgrundes verneint wird, wird zunächst vermieden, daß rechtliche Lösungen für das Handeln in existentiellen Konfliktsituationen erst auf der Ebene der Schuld und damit in sachfremder Weise in der Individualität und der besonderen Motivationssituation des Täters gesucht werden müssen. Des weiteren sollen Aporien vermieden werden, in die sich die herrschende Notstandslehre zum Beispiel im Falle des „Bretts des Karneades" verwickelt. Sobald nämlich beide Schiffbrüchigen um das Brett gegeneinander kämpfen, ist dies wechselseitig als ein rechtswidriger (obgleich entschuldigter) Angriff zu werten - mit der an sich schon inakzeptablen Konsequenz, daß beide gegeneinander ein Notwehrrecht haben. Da aber nun - wie Arthur Kaufmann ausführt - Angriff und Verteidigung in einer solchen Kampfsituation untrennbar zusammenfallen, ist „eine und dieselbe Handlung sowohl rechtswidrig als auch nicht rechtswidrig" - „ein Musterbeispiel für einen Verstoß gegen den Satz vom Widerspruch"[11]. Und schließlich sollen höchst kontraintuitive und geradezu unvernünftig anmutende Forderungen des Gesetzgebers vermieden werden, mit denen Beteiligte vor allem in Lebens-Gefahrengemeinschaften konfrontiert sein können – etwa indem das Kappen des Seiles im „Bergsteiger"-Fall als rechtswidrig und damit der Verzicht auf die mögliche Selbstrettung als geboten gilt, der Untergang aller von der Rechtsordnung mithin vorgeschrieben wird.

Das, hier nicht zu kommentierende, Denkmodell des rechtsfreien Raumes zeigt zumindest, daß auch in der Strafrechtswissenschaft bestimmte Aspekte der Notstandslehre als unbefriedigend empfunden werden. Dies gilt in all denjenigen Konfliktlagen, in denen der Gesetzgeber einen Lebensschutz für alle beteiligten Unschuldigen nicht leisten kann und deshalb mit einem strafbewehrten Tötungsverbot „zum Handlanger des Todes aller Gefährten werden könnte"[42]. Da es nicht die subjektive Nicht-Vorwerfbarkeit ist, die eine Strafbarkeit des Sich-Rettenden ausschließt, sondern die fehlende Pönalisierungskompetenz des Gesetzgebers, sieht Klaus Bernsmann in der von ihm favorisierten „Freigabe" der Rettungshandlung einen *Straffreiheitsgrund sui generis.*[43] Auch dieser Lösungsvorschlag soll auf sich beruhen bleiben. Die Frage, ob man eine wirklich befriedigende Lösung für möglich halten soll, erzeugt eher Skepsis.

Schließlich soll ein weiteres Problem wenigstens Erwähnung finden. Unser bisheriges Nachdenken ging von der Annahme aus, eine Tötung Unschuldiger sei dann und nur dann moralisch problematisch, wenn *keine* Einwilligung der Betroffenen vorliegt. Diese Annahme verliert den Anschein der Selbverständlichkeit, wenn man sich die Regelung des deutschen Strafrechts zur Tötung auf Verlangen vergegenwärtigt. § 216 StGB verbietet Tötungen auch in den Fällen, in denen eine (ausdrückliche oder mutmaßliche) Einwilligung oder gar ein ausdrückliches Verlangen vorliegt. Diese Regelung folgt der Idee, daß eine Einwilligung in die eigene Tötung nur unter bestimmten Bedingungen wirksam ist – nämlich nur dann, wenn der betreffende Mensch den Wunsch, sein Leben zu beenden, in einem „urteilsfähigen und aufgeklärten Zustand"[44] gebildet hat. Gleichwohl ist die Berechtigung der genannten Annahme aufrechtzuerhalten. Das strafrechtliche Verbot der Tötung auf Verlangen bezieht sich auf Einwilligungen, die der Betreffende im tatsächlichen oder auch nur vermeintlichen *Eigeninteresse* erteilt und *nicht* auf den moralisch höchst achtenswerten Verzicht auf Selbstrettung *zugunsten Dritter* im Rahmen einer G-konformen Gefahrenabwehrsituation.[45]

9. Das legitime Motiv als notwendige Bedingung der moralischen Rechtfertigung?

Die Tötung Unschuldiger im Zuge eines Gefahrenabwehrversuchs kann nur dann moralisch legitim sein, wenn tatsächlich eine Gefahr existiert, die G-konform abgewehrt werden darf. Ist die Existenz einer solchen Gefahr für die Legitimierbarkeit eines entsprechenden Gefahrenabwehrversuchs hinreichend oder ist zusätzlich zu fordern, daß der Gefahrenabwehrversuch auch aus dem Motiv heraus durchgeführt wird, die Gefahr zu beseitigen? Es ist nämlich denkbar, daß ein zu einer G-konformen Gefahrenabwehr berechtigender Grund (also vor allem eine entsprechende Gefahr) vorliegt, der Gefahrenabwehrer diesen Grund jedoch als Vorwand benutzt, um mit der Gefahrenabwehr einen anderen Zweck zu verfolgen.

Man könnte zunächst nach der Art des verfolgten Primärzweckes zu unterscheiden versuchen: Ist der Zweck als solcher ein illegitimer oder ein legitimer, wenn auch vielleicht „unedler", Zweck? Ein illegitimer Zweck würde zweifellos vorliegen, wenn die an sich begründete Gefahrenabwehr etwa aus Rachsucht oder um Beute zu machen durchgeführt würde. Von einem an sich legitimen Zweck hingegen würden wir beispielsweise dann sprechen, wenn ein Gefahrenabwehrer Hilfe ausschließlich oder vornehmlich unter dem Gesichtspunkt leistet, mit einer Belobigung oder mit Ruhm rechnen zu können. Nach Belobigung oder Ruhm zu streben ist zwar an sich nicht illegitim, als Beweggründe zur Gefahrenabwehr verkörpern sie jedoch nicht die Gesinnung, die wir als moralisch legitim bezeichnen würden. Auch wenn die G-konforme Beseitigung etwa des totalitären Diktators objektiv begründet ist, erwarten wir doch, daß der Gefahrenabwehrer genau aus diesen Gründen zur Tat schreitet. Wird aber eine an sich legitime Gefahrenabwehr nur dadurch, daß sie aus sachfremden Gründen durchgeführt wurde, unrechtmäßig?

Der Gedanke, daß das Fehlen der rechten Gesinnung (recta intentio), ein an sich rechtmäßiges Unternehmen zu einem unerlaubten macht, geht auf Augustinus und Thomas von Aquino[46] zurück. Ob man allerdings diese Anschauung, die aus der Lehre vom gerechten Krieg stammt,[47] auch auf das allgemeinere Problem der Gefahrenabwehr in Notstandsfällen übertragen soll, ist hier die Frage. Denn G-konforme Gefahrenabwehren - hier: Versuche, eine Gefahr so abzuwenden, daß dabei unschuldige Dritte zu Tode kommen können - werden per definitionem immer durchgeführt, um Menschenleben zu retten, und sie legitimieren sich moralisch dadurch, daß sie das verhältnismäßig schonendste Mittel darstellen und die Anzahl der Geopferten zu den Geretteten als „vergleichsweise gering" bezeichnet werden kann.

Wie könnte nun - darauf läuft unsere Frage hinaus - eine Handlung, die ihren guten Zweck erreicht hat, selbst unrechtmäßig werden? Dies ist nicht nur in hohem Maße kontraintuitiv, sondern dürfte sich auch mit der Beurteilung seitens der durch diese Handlung Geretteten nicht decken. Diese nämlich werden die *Handlung* des Gefahrenabwehrers an ihrem faktischen Erfolg messen und nicht an dem Motiv, sie auszuführen. Die Handlung als unrechtmäßig zu beurteilen, hieße zu sagen, sie hätte nicht ausgeführt werden dürfen - das heißt hier, die Rettung hätte unterlassen bleiben sollen. Bei der moralischen Beurteilung des *Handelnden* allerdings werden dessen Motive in Anschlag zu bringen sein. Man wird also mit der Möglichkeit zu rechnen haben, daß ein ungerecht Handelnder eine gerechte Handlung ausführt oder auch ein gerechter Krieg von ungerechten Kriegern geführt wird.

10. Unschuldige töten, um einen gerechten Krieg zu gewinnen?

Inwieweit sind die entwickelten Grundsätze der Gefahrenabwehr auch auf militärische Aggressionen, also auf Kriege zwischen Staaten anwendbar? Die ins Auge gefaßten Gefahren schließen jedenfalls Gefahren, die von militärischen Aggressionen ausgehen, nicht aus. Setzt sich ein Staat gegen einen militärischen Aggressor zur Wehr, so handelt es sich um eine Gefahrenabwehr im hier unterstellten Sinne. Damit stellt sich die Frage, unter welchen Voraussetzungen bei einer solchen Gefahrenabwehr Unschuldige getötet werden dürfen bzw. ihre Tötung hingenommen werden darf.

Üblicherweise werden Verteidigungskriege ohne weiteres als gerechte Kriege betrachtet. Aber auch wer einen gerechten Krieg führt, setzt damit in der Regel die eigene Bevölkerung (Zivilisten oder Soldaten) einer Todesgefahr aus oder tötet unter Umständen unschuldige Menschen des Gegners. Ist ein nach dem Völkerrecht gerechtfertigter Verteidigungskrieg, der diese Konsequenzen zeitigt, unter allen Umständen mit dem Prinzip, daß nur Gefahren für das Leben unter Berufung auf G abgewehrt werden dürfen (IV.2), sowie mit dem Kriterium der Allgemeinheit (IV.3) vereinbar? Nach diesen Kriterien sind nur allgemeine Lebensgefahren oder Lebensgefahren für die Allgemeinheit G-konform abwehrbar. Lehnt man es nun – dem liberalistischen Denkansatz folgend – ab, Staaten einen Eigenwert zuzusprechen, der den „Wert" der ihn repräsentierenden Individuen übersteigt (vgl. IV.12), so ist offenbar zu fragen, ob sich ein Staatsvolk nur dann G-konform verteidigen darf, wenn durch den Aggressor unschuldiges Leben unmittelbar bedroht wird – und nicht „nur" die Unabhängigkeit des Volkes oder die staatliche Existenz auf dem Spiel steht.

Auf den ersten Blick sieht es so aus, als würden sich aus den genannten Kriterien Konsequenzen ergeben, die mit der geschichtlichen Praxis des Verteidigungskrieges unvereinbar sind. Die Frage ist eben, ob jeder Angriffskrieg diese Kriterien erfüllt und damit den Verteidigungskrieg der Gegenseite notwendigerweise zu einer gerechtfertigten Gefahrenabwehr macht. Wie weit reicht in einem solchen Fall das moralische Notwehrrecht? Würde nicht jede Einschränkung nur den Aggressor belohnen und potentielle Aggressoren ermuntern? Die Problematik des gerechten Krieges soll hier nicht im einzelnen behandelt werden. Auf einige Punkte sei jedoch hingewiesen.

Mir scheint, daß es in der Regel gerechtfertigt ist zu kämpfen, weil von einem (nicht gerechtfertigten) Aggressor – der zudem (so sei hier angenommen) Kriegsdienst- oder Befehlsverweigerer mit dem Tode bestraft – nicht unterstellen müssen, daß er uns verschonen wird. Vielmehr haben wir in einem solchen Fall allen Grund zu der Annahme, daß durch das Gewährenlassen des Aggressors für jeden von uns eine Lebensgefahr ausgeht. Wer allerdings diese Annahme nicht teilt, sollte unsererseits nicht zum Kriegsdienst gezwungen werden. Wenn dadurch die eigene Verteidigungsfähigkeit massiv eingeschränkt wird, so zeigt dies nur, daß ein beträchtlicher Teil der eigenen Gemeinschaft die vom Aggressor ausgehende Gefahr nicht als so hoch einschätzt, daß es lohnt, sie unter Einsatz des eigenen Lebens abzuwehren.

Aber sind die zum Kriegsdienst gezwungenen gegnerischen Soldaten nicht ebenfalls Unschuldige, deren Lebensrecht wir zu achten haben? Daß sie unschuldig sind kann eingeräumt werden. Aber welche Konsequenzen ergeben sich daraus für unser Notwehrrecht? Hier nun ist die Unterscheidung von Kombattanten und Nicht-Kombattanten wesentlich, und sie hat ihre moralische Berechtigung: Soldaten, die gegen ihren Willen zum Kriegsdienst gezwungen werden und aus Angst vor der Todesstrafe kämpfen, sind nicht anders zu behandeln als ein zu Unrecht Angegriffener, der, indem er zurückschießt, zur eigenen Verteidigung den Tod Unschuldiger in Kauf nimmt – wie D im „Schutzschild"-Fall (I.3). Das Unrecht geht von den angreifenden Soldaten aus, auch wenn diese nur kämpfen, um sich selbst vor Bestrafung zu schützen: Gegen sie darf Notwehr geübt werden.

Allerdings gilt: Theoretisch angenommen, es sei hinreichend klar, daß es nicht um das Leben der zu Unrecht Angegriffenen, sondern nur den Fortbestand der nationalen Gemeinschaft geht (wobei eben offen ist, wie man das notwendige Wissen gewinnen kann), so würde das Notwehrrecht gegen einen unter Androhung des Todes zum Kriegsdienst gezwungenen feindlichen Soldaten erlischen. Gleichzeitig darf von einem zum Kriegsdienst gezwungenen Soldaten erwartet werden, daß er jede mildere Bestrafung als die Todesstrafe hinnimmt, anstatt sich an einer (ungerechtfertigten) Aggression zu beteiligen. Beteiligt er sich an einer solchen, ist er kein Unschuldiger mehr.

Als unschuldig wären jedoch noch immer die Zivilisten des Aggressorstaates zu betrachten. Kann es legitim sein, im Kampf gegen den Aggressor auch sie zu beanspruchen? Hier ist zu bedenken, daß von der Regierung eines Staates, die einen ungerechtfertigten Krieg führt, immer auch eine – zumindest latente – allgemeine Gefahr für dessen Bevölkerung ausgeht. Um so deutlicher ein solcher Zusammenhang sichtbar ist, um so eher wird eine mitbeanspruchte Zivilbevölkerung den Kampf gegen das eigene Regime als Abwehr einer Gefahr begreifen, die ihr selbst droht. Ein solcher Aggressor darf daher auch unter Inkaufnahme der Tötung von Zivilisten bekämpft werden – die Wahrung der Verhältnismäßigkeit immer vorausgesetzt.

VI.

Konsequenzen

1. Das Hauptergebnis

Mit dem absoluten Verbot der Tötung Unschuldiger ist die Vorstellung verbunden, daß es eine Handlung gibt (die Tötung Unschuldiger), die auszuführen unter allen Umständen moralisch falsch ist, was auch immer die Folgen ihrer Unterlassung sind. Ist diese Vorstellung akzeptabel?

Jeder möge sich selbst prüfen, ob er diese Überzeugung wirklich aushalten kann – die Überzeugung, daß es auch dann falsch ist, notfalls Unschuldige zu töten, wenn die denkbar schlechtesten Folgen einträten: nämlich daß die gesamte oder nahezu die gesamte Menschheit verloren wäre – und zwar einschließlich der Unschuldigen, die ansonsten durch den Gefahrenabwehrer getötet würden und in diesem Falle nur eine beliebig kurze Zeitspanne kürzer zu leben gehabt hätten. Wer den Grundsatz „G" ablehnt, weil er an dem absoluten Verbot der Tötung Unschuldiger festhalten möchte, muß bereit sein, einen Menschen, der sich vor diese Wahl gestellt sieht, *aufzufordern*, die Gefahrenabwehr zu unterlassen. Und im Falle, daß jener die ihm mögliche Gefahrenabwehr unterläßt und der vorausgesehene Schaden eintritt, hätte er (sofern er selbst überlebte) darauf zu verzichten, Vorwürfe zu erheben. Dies wären die Konsequenzen, wenn man die Tötung Unschuldiger für grundsätzlich moralisch verboten erklärte.

Im Gegensatz zu dieser Einstellung war der Ausgangspunkt der Untersuchung die Prämisse, daß in der Frage, ob eine Tötung Unschuldiger unter Umständen erlaubt sein kann, ein deontologischer Standpunkt, der diesen Typ von Handlung für absolut unzulässig erklärt, was auch immer die Konsequenzen einer entsprechenden Unterlassung sein mögen, intuitiv inakzeptabel ist. Mit dem Grundsatz „G" wurden deshalb Bedingungen formuliert, unter denen das moralisch und rechtlich geschützte Lebensinteresse eines menschlichen Individuums einer quantitativen Gesamtkalkulation von individuellen Lebensinteressen aufgeopfert werden darf. Gleichzeitig zeigte die Betrachtung, daß die Akzeptierbarkeit einer aus der Sicht des Gefahrenabwehrers rein konsequentialistischen Lösung an der menschlichen Schwäche scheitert, sich nicht grundsätzlich einem (wie auch immer definierten) Gesamtinteresse freiwillig opfern zu können. Diese Erkenntnis führte dazu, die Geltung von G auf bestimmte Fallkonstellationen zu beschränken. Für das Problem schließlich, bei welchem quantitativen Verhältnis von Geretteten und unschuldig Getöteten ein Vorgehen nach G erlaubt ist, ist keine Lösung denkbar, die von jedem vernünftig denkenden Menschen anerkannt werden müßte. Dies ist eine Frage, die über das, was rational entscheidbar ist, hinausgeht. Ihre Beantwortung ist letztlich der gesellschaftlichen Konvention anheimgestellt.

Mit der Akzeptanz von G gewinnt man Gründe, Praktiken für moralisch zulässig zu halten, auf die unser Interesse zunächst nicht fokussiert war. Zu denken ist hier an eine staatlich verordnete Impfpflicht – wobei unterstellt sein soll, daß infolge des körperlichen Eingriffs, den das Impfen darstellt, einige sterben, aber unverhältnismäßig viele vor Krankheiten geschützt werden. Allerdings ist eine solche Impfpflicht im Vergleich zu G nur dann strukturell ähnlich, wenn dadurch Krankheiten bekämpft werden, die letal verlaufen können und von Mensch zu Mensch übertragbar sind.

2. Der Begriff des Rechts auf Leben

Die Begründung und Akzeptanz der Erlaubnisnorm „G" impliziert einen neuen Begriff des Rechts auf Leben. Unterstellt wird nicht mehr ein (von Selbsttötungsabsichten abgesehen) *unbedingter* Überlebenswunsch. Vielmehr steckt in der moralischen Überzeugung, daß ein Vorgehen nach G erlaubt sein kann, die Annahme, daß in definierten Gefahrensituationen ein an der sozialen Geltung unparteilicher Normen interessiertes Wesen auf die Durchsetzung seines Überlebenswunsches zu verzichten suchte.

Dies heißt nicht, daß das Recht auf Leben in diesen Ausnahmesituationen inexistent geworden wäre oder in nur noch abgestufter Form vorläge. Erhalten bleibt allerdings nicht das (strikte)

Recht auf Leben im herkömmlichen Verständnis, sondern – siehe Gefahrenabwehren vom Typ „G/4b" (II.13) – das Recht, das eigene Leben zu verteidigen und der verbriefte Anspruch auf Achtung eines *artikulierten* Überlebenswunsches durch andere.

Die moralische Rechtmäßigkeit dieses Wunsches ist allerdings an Bedingungen gebunden: Wer ohne intensives Bemühen oder gar ohne jeden Versuch, über seinen Schatten zu springen und seinen Selbsterhaltungstrieb zu unterdrücken, planvoll und mit kühlem Herzen sich selbst rettete und dabei den Tod unverhältnismäßig vieler Menschen in Kauf nähme, indem er durch seine Notwehr gegen einen Gefahrenabwehrer deren Rettung verhinderte, handelte moralisch unerlaubt. In diesem Sinne sollten wir sehr wohl eine Pflicht anerkennen – die Pflicht, sich in G-artigen Situationen mit allem Ernst darum zu *bemühen*, auf eine Selbstrettung auf Kosten anderer zu verzichten. Dies ist die logische Konsequenz aus dem bisher Gesagten. Daß damit als Kriterium der moralischen Rechtmäßigkeit ein – nur schwer überprüfbares – psychisches Ringen fungiert und zudem der moralisch Unsensible oder Willensschwache privilegiert wird (indem ihm am ehesten die Selbstrettung nachgesehen werden muß), dürfte weder vermeidbar noch ein Spezifikum dieser Pflicht sein. Der Lohn für den Selbstlosen ist allein die Aussicht auf postume Anerkennung.

Rechte sind individuelle Ansprüche an das Tun und Unterlassen anderer; sie werden einem Individuum in dessen Eigeninteresse eingeräumt. Nach striktem Verständnis sind sie jeder utilitaristischen Güter- oder Interessenabwägung prinzipiell entzogen. An der wechselseitigen Einräumung eines derart strikten Rechts auf Leben kann aber niemand ein Interesse haben. Denn da es Gefahrenabwehren unter Inkaufnahme der Tötung Unschuldiger unmöglich macht – und zwar auch dann, wenn dadurch sehr viele andere gerettet werden könnten –, kann jeder mit großer Wahrscheinlichkeit Profiteur einer Regelung sein, die ihm ein weniger striktes Recht auf Leben einräumt.

3. Normenlogische Konsistenz

Aus der Akzeptanz des Grundsatzes „G" sowie der in den Abschnitten I.11 und I.12 unterbreiteten Lösungsvorschläge folgt eine zwar banal anmutende, aber doch radikale Schlußfolgerung: Es ist möglich, daß gerechte Menschen in eine Situation geraten, in der es ihnen moralisch erlaubt ist, sich gegenseitig zu töten.[1] Allerdings hat nur der angegriffene Unschuldige ein moralisches Notwehrrecht gegen den gerechten Angreifer. Der Angreifer hat die Selbstverteidigung oder Nothilfe des Angegriffenen und selbst die Nothilfe Dritter, sofern sie die Billigung des Angegriffenen genießt, zu dulden. Sobald ihm gewahr wird, daß der Angegriffene nicht die Stärke besitzt, in seine Opferung einzuwilligen, hat der (gerechte) Angreifer die moralische Pflicht, den Gefahrenabwehrversuch abzubrechen.

Dieses Ergebnis beinhaltet keinen logischen Widerspruch. Man kann durch eine legitime Handlung einen Beitrag zur Herbeiführung einer Situation leisten, in der die Fortsetzung der eigenen Handlung illegitim wird. Die Handlung des Angreifers ist in dem Moment, da der Angegriffene ihrer gewahr wird, eine andere geworden, so daß die normenlogische Konsistenzforderung (II.7) erfüllt bleibt.

Der auf der Hand liegende Einwand, die Legitimität eines Gefahrenabwehrversuchs begründe die moralische Forderung an unvermeidlich Mitbetroffene, sich opfern zu lassen, und jene Forderung bestehe unabhängig davon, ob diese die Kraft dazu besäßen, ist ungültig. In der Tat erheben moralische Normen Anspruch auf generelle Geltung; eine moralische Forderung wird nicht dadurch außer Kraft gesetzt, daß der angesprochene einzelne zu schwach ist, ihr zu folgen. Wir haben jedoch das moralische Notwehrrecht, das jeder Unschuldige auch gegen legitime G-konforme Gefahrenabwehren hat, als ein unabhängiges moralisches Prinzip eingeführt, für dessen Akzeptanz weitverbreitete moralische Intuitionen sprechen (II.9). Hinzu kommt ein praktisches Argument: Auch wenn sämtliche Bedingungen, die eine Gefahrenabwehr legitim machen, erfüllt sind, kann nicht vorausgesetzt werden, daß die unschuldig Mitbetroffenen einen Gefahrenabwehrversuch überhaupt als einen solchen und zudem als einen legitimen erkennen können und faktisch erkennen.

Wäre der genannte Einwand gültig, so könnte der sich zur Wehr setzende Unschuldige allenfalls entschuldigt, aber nicht gerechtfertigt sein. Wir wären gezwungen, die Notwehr des Angegriffenen für unerlaubt zu halten – und zwar selbst dann, wenn für diesen die Berechtigung des Gefahrenabwehrversuchs in der Realsituation nicht übersehbar war. Eine solche Konsequenz ist nicht akzeptabel. Wir können zwar sagen, es wäre wünschenswert, daß er sich opferte, nicht aber, es sei Unrecht, wenn er sich verteidigt.

Nach der hier vorgeschlagenen Lösung hat der Gefahrenabwehrer das Risiko zu tragen, sich gegen die Abwehr seines legitimen Gefahrenabwehrversuchs nicht zur Wehr setzen zu dürfen. Dies ist auch pragmatisch sinnvoll, denn zum einen werden nur diejenigen dieses Risiko einzugehen bereit sein, die von einem starken Abwehrwillen getragen sind, zum anderen entspringt daraus eine Motivation, bei einer Entscheidung zur Gefahrenabwehr größte Sorgfalt walten zu lassen.

4. Zwei Prämissen

Der Grundsatz „G“ ist eine Erlaubnisnorm. Ein G-konformes Vorgehen beinhaltet, daß dabei Dritte, auch Unschuldige, zu Tode kommen (können). Insofern sind G-konforme Handlungen gewaltsam. Die Tötung von Menschen kommt überhaupt nur in Frage, wenn eine Gefahr nicht anders als durch Anwendung von Gewalt abgewendet werden kann. Eine Gefahrenabwehr nach G ist nur in auswegloser Lage zulässig. Kann eine Gefahr ohne Gewaltanwendung beseitigt werden, ist – unter sonst gleichen Umständen – die Gewaltanwendung nicht das mildeste Mittel. Insofern impliziert die Begründbarkeit von G die Prämisse, daß es Gefahren gibt, zu deren *gewaltsamer* Bekämpfung keine Alternative besteht. Gäbe es zur Gewaltanwendung grundsätzlich eine realisierbare Alternative, wären die bisherigen Erörterungen überflüssig.

Die Begründbarkeit von G beruht des weiteren auf der Prämisse, daß Gefahren überhaupt hinreichend präzise diagnostizierbar sind. Eine Opferung von Menschen im Interesse einer zukünftigen Bedürfnisbefriedigung verbietet sich daher bereits in dem Maße, in dem die Zukunft unvorhersehbar ist.

G hat den Charakter eines erweiterten moralischen Notstandsrechts. Als G-konform abwehrbare Gefahrenquellen kommen daher analog zu § 34 StGB nicht nur Ereignisse, die auf menschliches Verhalten zurückführbar sind, sondern auch Naturereignisse (Katastrophen, Pandemien etc.) in Betracht.

5. Strategien der Kritik und der Rechtfertigung

Da die vorsätzliche, aber nicht beabsichtigte Tötung Unschuldiger unter Umständen erlaubt sein kann, ergibt sich folgende - für moralische Beurteilungen oder auch für die Rechtfertigung politischer Entscheidungen - relevante Konsequenz: Kritik an der Tötung Unschuldiger kann - mit Ausnahme des Falles „G/4b" (vgl. II.13/II.14) - nicht mehr unter Berufung auf ein entsprechendes Prinzip geübt werden. Da sich kein moralisches Prinzip rechtfertigen läßt, welches dies verbietet, begründet der bloße Hinweis (oder auch Nachweis), ein politisches Vorgehen impliziere die Tötung Unschuldiger, noch keine Kritik an diesem Vorgehen. Eine solche Kritik muß vielmehr zeigen, daß entweder die notwendigen Voraussetzungen für die Tötung Unschuldiger bzw. deren Inkaufnahme nicht erfüllt sind oder der Handelnde den entsprechenden Nachweis nicht erbracht hat. Dies aber - und das ist wesentlich - führt zu einer anderen Art von Kritik, und es erzwingt eine andere Art der Rechtfertigung.

Ein Politiker, der nicht mehr kritisiert werden kann, weil er die Tötung Unschuldiger vorausschauend einplant oder wenigstens billigend in Kauf nimmt, kann einer Kritik an seinem Vorgehen auch nicht mehr dadurch begegnen, daß er die Ungültigkeit des Verbots, eine Tötung Unschuldiger hinzunehmen, behauptet und statt dessen pauschal auf die schlimmen Folgen des Nichthandelns hinweist. Diese Strategien von Kritik und Rechtfertigung - wie sie in politischen Diskussionen häufig anzutreffen sind -, scheiden aus. Beide, Kritiker und Kritisierter, müssen auf die konkreten Anwendungsbedingungen Bezug nehmen; es reicht für die Begründung eines Standpunktes nicht aus, daß sie unterschiedliche Prinzipien ins Feld führen.

Verzichtet der Kritiker auf die argumentative Inanspruchnahme des Prinzips, wonach Unschuldige bei einer Gefahrenabwehr nicht getötet werden dürfen, so scheint dies seine Position zu verschlechtern. Denn wir hatten eingangs festgestellt, daß die in unserer Kultur verbreiteten moralischen Überzeugungen in der Frage der Gültigkeit dieses Prinzips nicht einheitlich sind. Mit seinem Verzicht aber kommt ein Kritiker demjenigen, der es unter Umständen für erlaubt hält, die Tötung Unschuldiger als unbeabsichtigte Nebenwirkung seines Handelns hinzunehmen, offenbar entgegen. Er kann nunmehr eine Kritik nur an der Frage ansetzen, ob die notwendigen, auch von dem Gefahrenabwehrer zu akzeptierenden Voraussetzungen für ein Vorgehen, bei dem die Tötung Unschuldiger notfalls hingenommen werden muß, tatsächlich gegeben sind.

In der Tat sind damit seine Kritikmöglichkeiten strategisch reduziert. Ich vermute jedoch, daß sich die Position des Kritikers in praktischen Diskussionen verbessert. Er verbaut seinem Widerpart die Möglichkeit, die Diskussion auf der Ebene der Prinzipien zu führen und damit die Pattsituation, die aus der gleichzeitigen gesellschaftlichen Akzeptanz unvereinbarer Prinzipien resultiert, für sich auszunutzen. Er zwingt ihn, seine Bereitschaft zur Tötung Unschuldiger nicht nur prinzipiell, sondern konkret zu rechtfertigen. Dies allerdings ist allemal schwieriger als die Gültigkeit eines abstrakten Prinzip zu behaupten. Der Kritiker nämlich „profitiert" von der Ungleichverteilung der Begründungslasten. Der Handelnde - derjenige, der bereit ist, Unschuldige zu opfern - trägt die Nachweispflicht, daß die unverzichtbaren Voraussetzungen für eine moralisch legitime Opferung Unschuldiger in der konkreten Situation erfüllt sind.

Die Asymmetrie der Begründungslasten resultiert aus der „Natur" des Individualrechts auf Leben. Sowohl in Übereinstimmung mit der geltenden Rechtsordnung als auch allgemein geteilten moralischen Intuitionen betrachten wir das Recht auf Leben als ein Abwehr- und nicht als ein Anspruchsrecht (I.3). Wohl niemand empfindet eine generelle Verpflichtung, sich selbst für einen oder auch zwei andere Menschen zu opfern, und kein Hilfsbedürftiger erwartet eine Selbstopferung Dritter zu seinen gunsten oder hält eine solche gar für geboten.

6. Eine ungültige Rechtfertigung

Um diese Konsequenz an einem Beispiel deutlich zu machen: Der Schießbefehl des DDR-Grenzregimes an der früheren innerdeutschen Grenze gilt zu Recht als ein Skandalon. Gleichwohl kann die Verurteilung dieses Schießbefehles nicht einfach durch Berufung auf ein moralisches *Prinzip* begründet werden. Der Versuch, sich auf ein moralisches Prinzip zu beziehen, wonach die Tötung von Unschuldigen unter allen Umständen unrechtmäßig ist, führte in eine Patt-Situation, ist also argumentationsstrategisch kontraproduktiv. Die DDR-Führung nämlich hat sich zur Rechtfertigung des Schießbefehls auf die entgegengesetzte moralische Intuition berufen. Sie hat die Tötung von Personen, die sich dem Verbot des unerlaubten Verlassens der DDR widersetzten, mit der (angeblich) friedensgefährdenden Wirkung eines unerlaubten Grenzübertritts gerechtfertigt.

So hieß es in einer Schulungsanweisung für die Grenztruppen der DDR: „Jeder, der Anschläge auf unsere Staatsgrenze verübt, [...], der handelt gegen die Sicherheit unseres Landes, gefährdet den Frieden und setzt das Leben von Millionen Menschen gewissenlos aufs Spiel.“[2] Mit dieser Behauptung wurde versucht, das Schießen an der Grenze als eine Gefahrenabwehr und damit als eine Rettungsmaßnahme darzustellen. Die Rechtfertigung einer solchen Rettungshandlung kann sich auf das Prinzip stützen, wonach es erlaubt ist, selbst Unschuldige zu töten, wenn dies notwendig ist, um sehr viele andere zu retten. (Daß aus Sicht der DDR-Führung Grenzverletzer keine Unschuldigen waren, hat das Rechtfertigungsgeschäft nur erleichtert.)

Beabsichtigt man, diese Rechtfertigungsargumentation anzugreifen, so ist es – wie gezeigt – zwecklos, das rechtfertigende Moralprinzip zu kritisieren, denn dieses entspricht ja gerade einer verbreiteten moralischen Intuition. Der argumentative Angriff muß sich vielmehr auf die *außermoralischen* Behauptungen richten, von denen die Rechtfertigung ausgeht. Um die angeführte Rechtfertigung akzeptieren zu können, hätte es zumindest einer allgemein nachvollziehbaren Argumentation bedurft, die detailliert aufzeigt, daß die unterstellte Kausalität zwischen den Fluchtversuchen einzelner und der Friedensgefährdung besteht. Auch dann aber hätte darüber hinaus gezeigt werden müssen, daß keine andere Möglichkeit der Verhinderung von Fluchtversuchen besteht als durch Schießen auf unbewaffnete Flüchtende. Spätestens bei diesem Versuch wäre klargeworden, daß eine Situation, in der das Leben des einzelnen Flüchtlings gegen „das Leben von Millionen Menschen" abzuwägen war, nicht bestand. Damit bricht die Rechtfertigung des Schießbefehls zusammen – und zwar unabhängig davon, ob man selbst das stützende Moralprinzip akzeptiert.

7. Gewaltmonopol und Subsidiarität

Das moralische Recht zur Gefahrenabwehr im Sinne von G existiert unter den Bedingungen eines staatlichen Gemeinwesens nur subsidiär, das heißt nur nachgeordnet-ergänzend zur Staatsgewalt. Der einzelne kann nur dann als Gefahrenabwehrer unter Anwendung von Gewalt tätig werden, wenn der Staat (1) Schutzpflichten, die ihm aus seinem Gewaltmonopol erwachsen, offenkundig verletzt oder diese situationsabhängig nicht wahrnehmen kann, (2) sich selbst auflöst und damit das ursprünglich an ihn delegierte Zwangsrecht als Recht zur Selbstverteidigung an die Individuen zurückfällt oder (3) selbst – etwa durch Verlust seines rechtsstaatlichen Charakters – die Gefahr verkörpert, die es abzuwehren gilt. Das Gewaltmonopol eines funktionierenden Rechtsstaates bleibt also mit Ausnahme der Fälle, in denen die staatlichen Institutionen einer gegenwärtigen Gefahr nicht im erforderlichen Maße oder nicht rechtzeitig begegnen können, unangetastet.

Solange funktionierende Staatsorgane über Mittel verfügen, die Gefahr abzuwehren, ist die private Gefahrenabwehr unter Berufung auf G unzulässig. Problematisch sind freilich die Fälle, in denen aus der Sicht eines potentiellen Gefahrenabwehrers der (ansonsten funktionierende) Staat die Gefahr nicht erkennt oder unwillig ist, sie abzuwehren, und deshalb untätig bleibt. Diese Fälle sind auf der Grundlage der im Kapitel III entwickelten Grundsätze zu behandeln.

8. Die Pflicht zur Rechenschaftslegung

Für den Fall schließlich, daß es zu einer gerechtfertigten G-konformen Gefahrenabwehr und der tatsächlichen Tötung Unschuldiger gekommen ist, ist der Gefahrenabwehrer zu einer rückhaltlosen Aufklärung verpflichtet (Prinzip der Rechenschaftslegung). Diese Pflicht ergibt sich aus der Tatsache, daß grundlegende Interessen Unschuldiger verletzt wurden. Die Aufklärung hat sich (zumindest) auf seinen Wissensstand und seine Motivation zum Zeitpunkt des Tatentschlusses und der Tatausführung, auf seinen Abwägungs- und Entscheidungsprozeß, auf die Tatumstände und seine Vorgehensweise sowie auf die Situation und eventuelle Stellungnahmen der Opfer während der Tat zu beziehen. Die Aufklärung hat insoweit rückhaltlos zu sein, als dadurch das Potential für künftige Gefahrenabwehren nicht unverhältnismäßig geschwächt wird (Kriterium der Offenheit).

Die Wahrnehmung dieser Pflicht ist nicht nur ein Gebot der Fairneß den Opfern gegenüber, deren Andenken auf diese Weise gewahrt wird. Für den Fall, daß die Betroffenen in ihre Opferung eingewilligt haben, erfahren diese eine postume Würdigung. Darüber hinaus dient die Aufklärung der Wiederherstellung des sozialen Friedens. Auch wenn die Tat des Gefahrenabwehrers erlaubt und das heißt gesellschaftlich wünschbar war, hat er den unschuldigen Opfern unter Umständen (vgl. die verschiedenen Fälle in II.12 und II.13) unrecht getan und damit ein moralisches Unrecht in die Welt gesetzt. Dieses Unrecht kann nicht getilgt werden. Durch Offenlegung aller Tatumstände kann aber jeder begreifen, daß die Tat einem Handlungsgrundsatz folgte, an dessen Geltung ein jedes Mitglied der Gesellschaft vernünftigerweise interessiert ist.

9. Moral und Rationalität

Wer die kontraktualistische Begründung von G (II.3) anerkennt, muß folgenden Schluß ziehen: Da es für jeden vernünftig überlegenden Menschen, der sich auf der Suche nach allgemein zustimmungsfähigen, unparteilichen Regelungen für seine Gesellschaft in die kognitiven Bedingungen des Urzustandes hineinversetzt, rational ist, die moralische Erlaubnisnorm „G" zu akzeptieren, ist auch die Aufnahme von G in die Normenordnung einer Gesellschaft rational zustimmungspflichtig. Diese Zustimmung ist aber verbunden mit der Hoffnung, man selbst werde ein Nutznießer, zumindest kein Opfer dieser Regelung sein.

Nun hatten wir uns bisher Akteure vorgestellt, die dann, wenn sie bemerken, daß sie ein unschuldiges Opfer einer G-konformen Gefahrenabwehr werden, *deshalb* nicht in ihre Opferung einwilligen (falls sie nicht einwilligen), weil es ihnen psychisch unmöglich ist einzuwilligen und auf die mögliche Selbstrettung durch Notwehr zu verzichten. Diese Menschen anerkennen G; sie wissen, daß es rational ist, die gesellschaftliche Ingeltungsetzung und allgemeine Befolgung von G zu wünschen, und da sie ein Interesse haben, in einer Normenordnung, einem „moralischen Rechtszustand", zu leben und deshalb unparteiliche Normen anerkennen, wollen sie auch selbst die geltenden Normen befolgen. Diese Einstellung schützt sie allerdings nicht davor, im Ernstfall erkennen zu müssen, daß sie die notwendige Stärke für eine Normbefolgung nicht aufbringen können. Einem solchen Menschen können wir sagen, daß es besser wäre, wenn er sich opferte, und können deshalb auch sagen, daß er sich opfern *sollte*, wir können aber nicht fordern, daß er es tun *soll* - wenn er es doch nicht kann. Ihm ist moralisch nichts vorzuwerfen; er wird sich allerdings selbst sagen, daß er das unparteiisch Gebotene verfehlt habe.

Gleichzeitig können wird uns einen vollständig egoistisch eingestellten, das heißt ausschließlich auf den eigenen Vorteil bedachten und auf diesen auch bewußt bedacht sein wollenden, Menschen vorstellen. Angenommen nun, einem solchen Akteur wird gewahr, daß er selbst ein unschuldiges Opfer einer G-konformen Gefahrenabwehr zu werden droht, so wird es für ihn rational sein, auf seine Selbsterhaltung *nicht* zu verzichten und eine gerechtfertigte Gefahrenabwehr zu vereiteln. Damit würde er, da G der fundamentalethischen Forderung nach Unparteilichkeit genügt, den „moralischen Standpunkt" verlassen. Diese Handlung wäre zwar – weil sie allein einem egoistischen Kalkül und nicht der menschlichen Schwäche eines Betroffenen entspränge, der sich opfern möchte, es aber nicht fertigbringt – moralisch nicht gerechtfertigt; sie wäre jedoch zweifellos rational.

Moralität und die Rationalität des rationalen Egoisten (der nur sich selbst und nicht einmal Verwandte kennt) fallen in der exzeptionellen Situation, in der es um die Verhinderung des eigenen Todes geht, auseinander. Während es selbst für den rationalen Egoisten, sofern er an einer gesellschaftlich anerkannten und stabilen Normenordnung ein Interesse hat, subjektiv nicht irrational ist, auch dann zum Beispiel das Diebstahlsverbot zu beachten, wenn er bei einer sich für ihn überaus lohnenden Zuwiderhandlung mit Sicherheit nicht entdeckt würde, sieht dies in Fragen von Leben und Tod anders aus. Denn wenn mit dem Tod alles vorbei ist, erlischt jegliches Interesse des rationalen Egoisten am stabilen Fortbestand der gesellschaftlichen Normenordnung, deren Stabilität er durch seine Zuwiderhandlung untergräbt. Sobald das Leben auf dem Spiel steht, ist jedes Verhalten im Dienste der individuellen Selbsterhaltung nicht irrational. Wer die Konsequenz, auch die Vereitelung einer Gefahrenabwehr durch ein unschuldiges Opfer sei individuell rational, nicht akzeptierte, müßte bereit sein, jemandem, der nur deshalb noch lebt, weil er ohne moralische Berechtigung die Ausführung einer moralisch rechtmäßigen Handlung verhinderte, Irrationalität vorzuwerfen. Mit diesem Vorwurf wird der Überlebende leben können.

Noch einmal: Das mögliche Argument,[3] es sei rational, eine Einstellung auszubilden, sich *nicht* als „Trittbrettfahrer" zu betätigen – geltende Normen also unabhängig vom konkreten Einzelfall grundsätzlich zu befolgen –, hat hier seine Grenze. Jedenfalls gilt dies für den rationalen egoistischen Individualisten; aber auch jeder andere Mensch – mit mehr oder weniger ausgeprägten altruistischen Neigungen – befindet sich hier in einer existentiellen Grauzone. Sobald ein normkonformes Verhalten den Einsatz des eigenen Lebens fordert, ist es schwer, die Abweichung vom gesollten Verhalten als „irrational" zu brandmarken und das

Abweichen auf „irrationale Motive" zurückzuführen. Man mag sagen, wer einer Norm zuwider handelt, an deren sozialer Geltung er ein rationales Interesse hat, verletze seine persönliche Integrität. Jedoch: In Situationen, in denen der Verlust des eigenen Lebens der Preis der Normbefolgung wäre, würde sich erweisen, daß die Internalisierung dieser Norm nicht im Eigeninteresse des Normakzeptanten liegt. Persönliche Integrität, die man mit dem eigenen Leben bezahlt (um andere zu retten), ist moralisch wertvoll, aber gereicht nicht zum eigenen Vorteil. Der Vorwurf, die Selbstrettung verletze die Unparteilichkeitsforderung und sei, weil normwidrig, irrational gewesen, nennt keinen rationalen Grund, das Verhalten in einer ähnlichen Situation zu ändern. Und da selbst angedrohte Sanktionen einen Verzicht auf mögliche Selbstrettung nicht rational erzwingen können (vgl. II.8), bleiben als Motivationsbasis nur die Hoffnung auf Ehre und Nachruhm oder altruistische Interessen und Ideale[1]. Was aber wiegen diese Motive im Vergleich zum persönlichen Interesse am Weiterleben? In einer säkularen Welt, in der das Leben des einzelnen inkommensurabel geworden ist, werden diese Leichtgewichte nur noch in Einzelfällen für die Entscheidung ausschlaggebend sein.

Schlußbetrachtung

Die detaillierte Begründung und vor allem Kommentierung eines einzelnen moralischen Grundsatzes ist ungewöhnlich und mag vielleicht als überflüssig empfunden werden. Moralische Normen – etwa „Du sollst nicht töten", „Du sollst nicht lügen" etc. – sind üblicherweise klar und einfach formuliert. Sie müssen für jedermann verständlich und auch in der Erziehung an Kinder vermittelbar sein. Gleichwohl werden die in diesen Normen zum Ausdruck gebrachten moralischen Pflichten in der Regel als Prima-facie-Pflichten aufgefaßt, die je nach den Umständen des Falles modifiziert werden können. In diesem Sinne ist allgemein akzeptiert, daß es in bestimmten Ausnahmesituationen moralisch erlaubt sein kann, gegen den Wortlaut der Norm zu verstoßen – etwa in Notwehr zu töten oder den mörderischen Verfolger zu belügen. Und obwohl jeder weiß, daß manche Abweichungen als gerechtfertigt angesehen werden, und nur wenige keinerlei Abweichungen akzeptieren, belassen wir es bei den absolutistischen Formulierungen. Warum, so fragt sich nun, sollte man im vorliegenden Fall anders verfahren? Oder anders gefragt: Warum ist es sinnvoll, die Anwendungsvoraussetzungen des Grundsatzes „G" mit kasuistischer Genauigkeit zu klären, wenn wir uns doch bei der Anwendung selbst von Fundamentalnormen auf die Urteilskraft des einzelnen verlassen?

Ich glaube, daß zwei Aspekte Beachtung verdienen. Zum einen führt die Berufung auf G – im Gegensatz zu Notwehr- und Nothilfefällen – nicht einfach zu einer Selbstlegitimierung zu Tötungshandlungen, sondern zu Tötungshandlungen an Unschuldigen. Damit wird ein Grundsatz verletzt – der Grundsatz, daß die Tötung von unschuldigen Menschen *unter allen Umständen* verboten ist –, der mitunter als der *einzige* Grundsatz betrachtet wird, „der als absoluter gelten darf"[1]. Zum anderen haben wir es mit einer Denkfigur zu tun, die in den meisten Fällen erst im „Bereich großer Zahlen" Relevanz gewinnt. Über die Erlaubtheit, Unschuldige zu töten, denken wir erst nach, wenn die Anzahl der zu Rettenden im Verhältnis zu den Geopferten hinreichend groß ist. (Eine Ausnahme bilden Fälle vom Typ „Bergsteigerfall", wo die Differenz zwischen den verbleibenden Lebenszeiten für unsere Bereitschaft ausschlaggebend ist, über eine eventuelle Erlaubtheit nachzudenken.) Daher werden Berufungen auf G typischerweise nicht im privaten, sondern im Bereich der Gesellschaft und der internationalen Politik zu beobachten und die daraus resultierenden Legitimierungen – eben weil es um große Zahlen geht – außerordentlich folgenreich sein. Dies bestätigen auch historische Erfahrungen. Viele Beispielfälle von opferträchtigem Handeln in Revolutionen, Kriegen oder sozialen Großexperimenten sind kaum anders als durch die Annahme erklärbar, die Handelnden seien – häufig wohl nur intuitiv – überzeugt gewesen, G oder einen ähnlichen Grundsatz in Anspruch nehmen zu dürfen.

Die Berechtigung (oder Nicht-Berechtigung) solcher Inanspruchnahmen klären zu helfen ist eine der Funktionen der hier präsentierten Überlegungen. Ich betrachte ihre Darlegung als einen *Versuch*. Der mögliche Wert dieser Überlegungen ist vor allem negativer Natur – als sie zeigen, welche Arten von Rechtfertigungen ungültig sind. Insoweit handelt es sich um ein Schema des retrospektiven moralischen Bewertens. Weitere Funktionen dieser Überlegungen sind es, Entscheidungshilfen für potentielle Gefahrenabwehrer zu bieten sowie Argumentationsstrategien für Kritiker von geplanten oder durchgeführten Gefahrenabwehrversuchen anzudeuten. Jedenfalls sollten gutmeinende Gefahrenabwehrer erkennen, wie hoch die Trauben für Selbstlegitimierungen zur Tötung Unschuldiger hängen.

Daß die meisten geneigt sind, eine Erlaubnis zur Tötung Unschuldiger an strenge Voraussetzungen zu binden, dürfte unstrittig sein. Insofern halte ich es für unwahrscheinlich, daß sich eine G-ähnliche Erlaubnisnorm als intersubjektiv begründet erweisen könnte, die weniger strenge Maßstäbe an die Erlaubtheit einer Tötung Unschuldiger anlegt. Weniger strenge Normen hätten deutlich geringere Aussichten, in die Normenordnung einer modernen, weithin säkularisierten und individualistisch geprägten Gesellschaft übernommen zu werden.

Es fragt sich allerdings, ob die Bedingungen, die eine G-konforme Gefahrenabwehr legitimieren, jemals real erfüllt sein können? Diese Frage hatten wir bereits unter II.15 gestellt und sie dort als eine solche bezeichnet, die nicht in den Bereich der Moralphilosophie falle. Einerseits ist dies insofern richtig, als sich diese Frage auch an die menschliche Erfahrung richtet; andererseits ist die gegebene Antwort präzisierungsbedürftig. Denn zum einen treten auch bei der Anwendung der in den Kapiteln III und IV entwickelten Kriterien Interpretationsspielräume auf, deren konkrete Ausgestaltung moralphilosophisch problematisiert werden kann. Zum anderen ist es sehr wohl eine Frage der Moralphilosophie, die Folgen zu bedenken, die sich ergäben, wenn sich die Anwendungsvoraussetzungen von G als lebenspraktisch unerfüllbar herausstellten. Auch dann nämlich wäre nach wie vor die moralische Intuition virulent, daß die Tötung Unschuldiger in Ausnahmesituationen erlaubt sein kann, um eine vergleichsweise große Anzahl von Menschen zu retten. Jede Ethik sollte sich aber Gedanken für den Fall machen, daß aus ihr ableitbare Forderungen mit zentralen moralischen Intuitionen einer breiten Masse nicht übereinstimmen.

Aber wie auch immer, die vorstehenden Überlegungen dürften ein Bewertungsinstrumentarium an die Hand geben, das zumindest eines erkennen läßt: Die menschliche Geschichte ist überreich an Tötungen von Unschuldigen, die unter moralischem Gesichtspunkt gänzlich inakzeptabel waren.

Anhang

Anmerkungen

Kapitel I

1 Lenckner (1997), § 34 RN 23 (Hervorhebung im Original).

2 Hierzu sowie zur Problematik der Güter- und Interessenabwägung im allgemeinen siehe Lenckner (1985), insbes. S. 299 f., 309 f.; des weiteren Roxin (1994), S. 621, 626 ff. Kritisch zur herrschenden Interessenabwägungsdoktrin Meissner (1990), S. 45 ff., sowie Renzikowski (1994), S. 33–43, 199–201, 240–243.

3 Hoerster (2002), S. 33 f.

4 Vgl. Jakobs (2000), S. 406.

5 Konträr dazu Delonge (1988), S. 118–131.

6 Vgl. Hoerster (2003a), S. 530. Siehe auch Harman (1981), S. 13 f.

7 Vgl. Lenckner (1997), § 34 RN 24.

8 Dieser Fall wird bereits, wenn auch mit anderer Lösung, diskutiert von Merkel (1895), S. 48. Vgl. zudem Schmidt (1949), Sp. 565. Andere klassische Fälle von Gefahrengemeinschaften sind der „Ballonfall" (A rettet sich, indem er seinen Mitfahrer „B" aus der überladenen und deshalb im Absturz befindlichen Gondel wirft) sowie der „Fährmannfall" (Fährmann stößt aus der überzusetzenden Gruppe von Kindern einige von der leckgeschlagenen und wegen Überlastung sinkenden Fähre, weil er nur so die übrigen aus dem reißenden Fluß retten kann).

9 Vgl. Lenckner (1997), § 34 RN 24, sowie etwa Küper (1981), S. 785 ff. Zweifelnd Hirsch (1979), S. 107 f.; abweichend Roxin (1985), S. 193 f., sowie Renzikowski (1994), S. 266 f., die die Selbstrettung aufgrund der allgemeinen Defensivnotstandsbefugnis für gerechtfertigt halten. Lenckner (1997), § 34 RN 30, hingegen hält eine Tötung Unbeteiligter weder im Aggressiv- noch in einem vom Menschen ausgelösten Defensivnotstand für gerechtfertigt – das heißt unabhängig davon, ob der von der Notstandstat Betroffene ein Unbeteiligter ist oder der Notstandstäter in das Rechtsgut gerade desjenigen eingreift, dem die Gefahr zugerechnet werden muß. Siehe des weiteren Roxin (1994), der nunmehr die Tötung im „Bergsteigerfall" für rechtswidrig hält (S. 605 f.), eine vorsätzliche Tötung im Defensivnotstand aber durch § 34 StGB für unter Umständen erlaubt (S. 606, 620–624). Allerdings resultiere das „überwiegende Interesse" des im definsiven Notstand Handelnden nicht aus einer unterschiedlichen Bewertung der involvierten menschlichen Leben, sondern aus zusätzlichen Faktoren – so der Herkunft der Gefahr (S. 621).

10 Küper (1984), Sp. 1070.
11 Küper (1981), S. 793.
12 Vgl. Roxin (1994), S. 605.
13 Peters (1949), S. 496 f.
14 Vgl. Kuhse (1990), S. 81–86.
15 Zit. nach Kuhse (1990), S. 87.
16 Vgl. BVerfG, Urteil vom 25. Februar 1975, in: Entscheidungen des Bundesverfassungsgerichts (1975), S. 42, sowie BVerfG, Urteil vom 16. Oktober 1977, in: Entscheidungen des Bundesverfassungsgerichts (1978), S. 164.
17 Siehe Birnbacher (1995), S. 221 (FN 38).
18 BVerfG, Urteil vom 25. Februar 1975, in: Entscheidungen des Bundesverfassungsgerichts (1975), S. 58, 59.
19 Vgl. Küper (1981), S. 788.
20 Kant (1793), A 256.
21 Vgl. Kloepfer (2001), S. 80 f., 88.
22 Vgl. Kloepfer (2001), S. 99.
23 Zu weiteren Einschränkungen dieses Prinzips siehe Küper (1981), S. 793 (FN 66).
24 Daß das (rechtliche) Notwehrrecht keine Güterabwägung zwischen dem angegriffenen und dem durch Notwehr verletzten Rechtsgut verlangt, mithin ein Angreifer, sofern dies zur Abwehr des Angriffs erforderlich ist, getötet werden darf, um ein niederes Rechtsgut zu schützen, ist in diesem Zusammenhang irrelevant. Zur Erklärung siehe etwa Hoyer (1988).
25 Vgl. Hoerster (2000), S. 155.
26 Vgl. auch Lenckner (1997), § 32 RN 31. Abweichend Spendel (2003), § 32 RN 216.
27 Hobbes (1651), S. 257.
28 Dies wohl die Auffassung von Lübbe (2002), S. 314 f.
29 Vgl. Kunig (1991), S. 422.
30 Vgl. Kirchhof (1976), S. 114.
31 So auch die Vermutung von Hoerster (2000), S. 156 f.
32 Nozick (1974), S. 43 f.
33 Nozick (1974), S. 44.
34 Tugendhat (1988), S. 51.
35 Tugendhat (1988), S. 54.
36 Merkel (2000), S. 73 f. Unvermeidliche und unbeabsichtigte Kollateraltötungen von Zivilisten sind nach Merkel in einem gerechten Verteidigungskrieg zwar nicht gerechtfertigt, aber entschuldigungsfähig (vgl. ebd., S. 92 f.).
37 Höffe (2000), S. 183, sowie (2003), S. 152.
38 Wohlrapp (2000), S. 130.
39 Siehe Voscherau (1999/2000), S. 160.
40 Bittner (2003), S. 9.
41 Bittner (2003), S. 10.
42 Papst Johannes Paul II. (1995), S. 71.

43 Coady (2003), S. 83.
44 Bonhoeffer (1998), S. 183 f.
45 Siehe Schmücker (2000), S. 334 f.
46 Meggle (2000), S. 149 f.
47 Vgl. Schwenck (1976), S. 113 f.
48 Walzer (2003b).
49 Walzer (2003b).
50 „Wofür wir kämpfen". Brief von US-Intellektuellen über moralische Gründe für einen gerechten Krieg. In: Neue Zürcher Zeitung vom 23./24. Februar 2002, S. 7.
51 Rorty (2003), S. 9.
52 Honderich (2003), S. 187.
53 Vgl. Herzog (1991), Art. 20 RN 60.
54 Vgl. Isensee (1969), S. 72 (FN 160), 77.
55 Bonhoeffer (1998), S. 191.
56 Harris (1995), S. 111.
57 Harris (1995), S. 111 f.
58 Vgl. Tröndle/Fischer (2001), § 212 RN 4.
59 Siehe Harris (1995), S. 116 f.
60 Vgl. Birnbacher (1995), S. 217–221.
61 Vgl. Birnbacher (1995), S. 223.
62 Welzel (1951), S. 51.
63 Foot (1997), S. 193.
64 Vgl. Birnbacher (1995), S. 221–224.
65 Vgl. Foot (1997), S. 189, 192.
66 Meggle (2000), S. 150.
67 Grundmann (1966), Sp. 2508 (Hervorhebung im Original).
68 Zur theologischen Diskussion über den Tyrannenmord vgl. Ringshausen (1998).

Kapitel II

1 Auch ein geisteskranker Terrorist ist nach dieser Definition ein Schuldiger, obgleich er im moralischen und juristischen Sinne schuldunfähig sein mag. Als ein Unschuldiger sollte hingegen (auch) betrachtet werden, wer gezwungen wird, an der Hervorbringung einer Gefahr mitzuwirken und keine zumutbare Möglichkeit hat, sich dem zu widersetzen.
2 Mitunter wird der Begriff des Unschuldigen synonym mit dem des Unbeteiligten verwendet. Diese Sprechweise kann in verschiedenen Fällen zu Irritationen führen. Beispielsweise ist der im „Bergsteigerfall" (I.2) abgestürzte Alpinist nach unserer Definition ein Unschuldiger, es wäre aber merkwürdig, ihn als „Unbeteiligten" zu bezeichnen, da er es doch ist, der für seinen Kameraden zur tödlichen Gefahr wird.
3 Vgl. Rawls (1990), S. 203 f.

4 Vgl. Rawls (1990), §§ 4, 24 f. Zur methodischen Rolle des Urzustandes vgl. Hinsch (2002), S. 53–64.

5 Rawls (1990), S. 183 f.

6 Grundsätzlich sind bei der hier geforderten Gewinn- und Verlustrechnung auch langfristige, für die einzelnen letztlich relevante Nebenfolgen zu berücksichtigen, die eine Etablierung des betreffenden Grundsatzes zeitigen könnte: etwa eine schleichende Erosion der Verbindlichkeit moralischer Normen oder mögliche Konsequenzen für die Stabilität des Staates.

7 Dieser Begriff der Begründetheit ist gleichsam der Preis, den eine säkularisierte und pluralistische Gesellschaft zu zahlen hat, in der letztlich nur rationale Moralbegründungen rational zustimmungsfähig sind.

8 Siehe Rawls (1990), S. 179 ff.

9 Siehe Stegmüller (1983), S. 439 f.

10 Zur Diskussion dieses Problemkomplexes vgl. Hinsch (2002), Kap. 3, dem zufolge eine Maximin-Entscheidung die Grundvoraussetzungen der physischen Existenz sowie der Entwicklung einer moralisch achtenswerten Persönlichkeit für jeden sichert, während der Utilitarismus dies gerade nicht garantiert (ebd., S. 93–95).

11 Andreas Wildt hält die zweite Bedingung, die eine Orientierung an der Maximin-Regel rational macht, generell für „sehr unplausibel" (Wildt 1996, S. 263).

12 Vgl. Rawls (1990), S. 177 f.

13 Vgl. Hoerster (2003b), S. 164, 196 f.

14 Zu diesem Verständnis des Kontraktualismus vgl. Hoerster (2003b), S. 183 f.

15 Siehe Hoerster (2003b).

16 Vgl. dazu Hoerster (2003b), S. 172 f.

17 Vgl. Hoerster (2003b), S. 179.

18 Akzeptiert man diese Begründung, hat man zugleich eine Lösung für ein „Kernproblem jeder Notstandstheorie" (Küper 1987, S. 86), nämlich zu verstehen, wie aus einer Notstandssituation überhaupt ein Recht erwachsen kann, fremde Rechtsgüter zu verletzen. Diese Frage steht seit Kants Ausruf, daß es „keine Not geben [kann], welche, was unrecht ist, gesetzmäßig machte" (Kant 1797/1798, AB 42). Zur Problematik der rechtsphilosophischen Begründung des rechtfertigenden Notstands vgl. außerdem Renzikowski (1994), 161 f., Köhler (1997), S. 280–285, sowie Kühl (1998), bes. 150 ff.

19 § 35 StGB liefert einen Entschuldigungs- und keinen Schuldausschließungsgrund, bei welchem die Entstehung von Schuld von vornherein ausgeschlossen ist. Diese terminologische Unterscheidung legt die Interpretation nahe, daß beim Vorliegen eines entschuldigenden Notstandes sehr wohl Schuld vorhanden, diese jedoch unter die Schwelle der Strafwürdigkeit gemindert ist (so Haft 1994, S. 130, 136).
Aus dieser Interpretation folgt, daß Entschuldigungsgründe es nicht nur mit „Schuld" im moralischen Sinne zu tun haben. Offenbar gibt es – wie

Roxin dies plausibel gemacht hat – zwei verschiedene Gründe der Exkulpation: erstens *fehlende* Schuld (etwa bei einer Geisteskrankheit) und zweitens *verminderte* Schuld (etwa das Vorliegen asthenischer Affekte – Verwirrung, Furcht, Schrecken – bei einem Notwehrexzeß). Der Grund für die aus der Entschuldigung folgende Straflosigkeit ist im Falle verminderter Schuld nicht die Schuldlosigkeit (und damit die Unmöglichkeit, einen Täter durch Strafandrohung zu motivieren), sondern das Fehlen der kriminalpolitischen Notwendigkeit, die betreffende Handlung unter eine präventive Sanktion zu stellen (vgl. Roxin 1988, S. 426 f.). Vgl. des weiteren Küper (1983) sowie umfassend Bernsmann (1989).

20 Siehe hierzu Fritze (2003b), S. 77–79.

21 Das heißt, der Täter gilt auch dann als entschuldigt (und wird somit straffrei gestellt), wenn er in einer Entschuldigungssituation die rechtswidrige Handlung vorsätzlich ausgeführt hat.

22 Karneades, ein athenischer Philosoph der akademischen Schule, begründete an diesem Beispiel die Auffassung (die nicht notwendigerweise die seinige war), daß das Streben nach Gerechtigkeit Torheit sei, weil man sich dadurch selbst schade. Denn wenn „einer lieber sterben als gegen seinen Nebenmenschen tätlich werden will, so ist er zwar gerecht, aber töricht" (Cicero 1967, S. 112 [De officiis, III 30]). Zur Geschichte des „Karneades"-Falls in der europäischen Rechtsliteratur vgl. Küper (1999), S. 29 ff.

23 Vgl. Kant (1797/1798), AB 41, 42.

24 Kant (1797/1798), AB 38.

25 Zur Begründung der subjektiven Straflosigkeit in Kants Behandlung des Notrechts siehe auch Joerden (1997), S. 727.

26 Kant (1797/1798), AB 42.

27 Vgl. Hruschka (1991), S. 9 f. Siehe auch Küper (1981), S. 786. Ablehnend zum Gedanken, daß der Täter vor Gericht Nachsicht, also Entschuldigung, aufgrund psychischer Überforderung in unmittelbarer Lebensgefahr erlange, Küper (1999), S. 47 ff. Küper zufolge ist die Strafbefreiung nach Kant nicht das Ergebnis einer normativen Beurteilung des Täterverhaltens oder der Tätermotivation, sondern beruht ausschließlich auf der psychologischen Unwirksamkeit der gesetzlichen Todes-Strafdrohung. In der Strafverschonung vor Gericht käme eine „andersartige Rechtmäßigkeit" zum Ausdruck, die weder etwas mit „Entschuldigung" zu tun habe, noch mit der Vorstellung eines „rechtsfreien Raumes" angemessen verstanden wäre (ebd., S. 51 f.).

28 Immerhin hielt Aristoteles Fälle für denkbar, in denen man keinem Zwange weichen darf, sondern „eher schwerstes Leid und den Tod auf sich nehmen [muß]" (Aristoteles 1979, 1110 a). Nach Francisco Suarez hingegen ist die als unbeabsichtigte Nebenwirkung zugelassene Tötung eines Schuldlosen unter moralischem Gesichtspunkt schon deshalb erlaubt, weil der „in Not von seinem Recht Gebrauch" Machende „nicht verpflichtet ist, Schädigungen des Nächsten, die sich daraus ergeben, mit so großem eigenem Nachteil [nämlich dem Verzicht auf den Sieg in einem gerechten

Krieg – L. F.] zu vermeiden" (Suarez 1621, S. 193, 195 [De charitate, disp. 13: De bello, Nr. 17, 19]).

29 Papst Johannes Paul II. (1995), S. 68 (Hervorhebung getilgt), sowie S. 8. Der Verzicht auf Notwehr soll vielmehr nur unter bestimmten motivationalen Voraussetzungen erlaubt sein: „Auf das Recht, sich zu verteidigen, könnte demnach niemand aus mangelnder Liebe zum Leben oder zu sich selbst, sondern nur kraft einer heroischen Liebe verzichten, die die Eigenliebe vertieft und gemäß dem Geist der Seligpreisungen des Evangeliums (vgl. *Mt* 5,38–48) in die aufopfernde Radikalität verwandelt, deren erhabenstes Beispiel der Herr Jesus selber ist." (Ebd., S. 69.)

30 Dazu sowie zur Erklärung dieser Tatsache siehe Smith (2003), S. 110, 113 ff.

31 Selbst nach korrekt verstandener utilitaristischer Auffassung darf Ferdinand Fellmann zufolge, das allgemeine Glück nicht auf Kosten des Glücks eines einzelnen durchgesetzt werden. Zumindest John Stuart Mill sei klar gewesen, „dass die Einschränkungen, die das allgemeine Glück vom Einzelnen verlangt, auf Wechselseitigkeit beruhen und nicht ungleich verteilt sein dürfen". „In dem Fall, dass jemand andere Menschen nur durch das Opfer seines eigenen Lebens retten kann (vorausgesetzt, dass er die anderen nicht selbst in die Zwangslage gebracht hat), kann auch die utilitaristische Moral dieses Opfer nicht gebieten. Denn das durch die Lebenserhaltung den anderen zuteil werdende Glück wiegt das subjektive Unglück des Opfers nicht auf. Als subjektives Gut ist Glück nämlich unteilbar, und das Glück jedes Einzelnen wiegt nicht minder schwer als das Glück jedes anderen sowie *aller* anderen." (Fellmann 2003, S. 498.)

32 So auch entschieden im sogenannten „Holmes"-Fall (siehe III.10). Vgl. Simonson (1885), S. 385.

33 Ähnlich Robert Spaemann: „Es gehört zu den edelsten Taten eines Menschen, sein Leben zu riskieren, um Fremden das Leben zu retten oder ihre Rechte zu verteidigen. Es ist aber eine große Ungerechtigkeit, andere Menschen und gar Untergebene dazu zu nötigen." (Spaemann 1999, S. 154.)

34 Zur Freiwilligkeit eines Akts der Selbstrettung im Notstand vgl. Koriath (1998), S. 251 f.

35 Vgl. zum Beispiel Otto (1965), S. 79 f.

36 Vgl. Schölz/Lingens (1988), § 6 RN 7.

37 Vgl. Schölz/Lingens (1988), § 6 RN 7.

38 Vgl. Lenckner (1997), § 35 RN 25.

39 Vgl. Roxin (1994), S. 616.

40 Vgl. Isensee (1969), S. 77. Allerdings, so setzt Isensee hinzu, müsse berücksichtigt werden, daß die Verfassung um der Bürger willen da sei und ihr schon deshalb kein absoluter Vorrang vor dem Leben ihrer Bürger zukommen könne. (Vgl. ebd.) Vgl. auch Volker Krey, dem zufolge „es neben dem Grundrecht auf Leben (Art. 2 II GG) andere Rechtsgüter gibt, die nach den Wertentscheidungen des Grundgesetzes gleichrangig *oder doch*

zumindest nicht ‚wesentlich' minderrangig (§ 34 StGB) sind" (Krey 1975, S. 98 – Hervorhebung im Original). Krey nennt den äußeren Bestand der Bundesrepublik Deutschland, die freiheitlich demokratische Grundordnung unseres Staates und Menschenwürde und Freiheit des einzelnen (ebd., S. 98f.).

41 „Die letzte Basis jeder rationalen Vertretung von Moralnormen ist stets volitiver, nicht kognitiver Art: Sie besteht in einem Wünschen oder Wollen, nicht in einem Erkennen oder Wissen." (Hoerster 2003b, S. 183.)

42 Vgl. Hinsch (2002), S. 84.

43 Vgl. Rawls (1990), S. 202, 210.

44 Die Forderung, eine Vereinbarung müsse ein für allemal gültig bleiben, ist deshalb zwingend, weil die informationellen Beschränkungen des Urzustandes gerade so beschaffen sein sollen, daß jedes rationale Wesen – wann und wo auch immer es ein solches Gedankenexperiment durchführt – denselben Grundsätzen zustimmt.

45 Man kann diesen Gedanken weiterspinnen und fragen: Wenn es bereits im Urzustand eine bekannte Tatsache ist, daß wahrscheinlich nicht jeder die Stärke besitzen wird, die Konsequenzen aus einem Vorgehen nach G in der Realsituation zu tragen, wäre es dann nicht sinnvoll, aus den Bedingungen des Urzustandes eine Regelung abzuleiten, wie in solchen Fällen zu verfahren ist? Beim Nachdenken darüber, wie das Verhalten „Untreuer" zu bewerten ist, hätte man die anthropologischen Verhaltensinvarianten zu berücksichtigen und jeder hätte darüber hinaus sich vorzustellen, daß auch er einer der „Vertragsbrecher" sein könnte. Ich vermute allerdings, daß sich an den unter II.12 und II.13 vorgeschlagenen Lösungen nichts ändern würde.

46 Vgl. Rawls (1990), S. 160 f.

47 Generell gilt daher auch, daß eine aufrichtige Zustimmung zu (irgend)-einem fraglichen Grundsatz nicht mit der Gewißheit verwechselt werden darf, diesem Grundsatz in der Realsituation tatsächlich folgen zu können.

48 So fragt Hoerster (1977), S. 64.

49 Auch die von Rawls vorgesehene wechselseitige Anpassung der unter Urzustandsbedingungen abgeleiteten Grundsätze und unserer vernünftigen moralischen Intuitionen würde daran nichts ändern. Denn auch dann, wenn ein „Überlegungsgleichgewicht" hergestellt ist, befände sich das unschuldige Opfer einer G-artigen Gefahrenabwehr unversehens in der beschriebenen existentiell singulären Situation, in der es ihm unmöglich sein kann, seinen wohlerwogenen moralischen Überzeugungen zu folgen.

50 Kliemt (2003), S. 93.

51 Vgl. Hoerster (1977), S. 63.

52 Hierzu sowie zur daraus folgenden begründungstheoretischen Begrenztheit des Kontraktualismus vgl. Kersting (2001), S. 61–68, 120–126. Voraussetzungen, die in die Urzustandsbedingungen eingehen, sind zum Beispiel Annahmen über die Entscheidungsmentalität – die psychologische

Disposition, Entscheidungen unter Unsicherheit optimistisch oder pessimistisch zu treffen. Zur Problematik des Designs des Urzustandes vgl. auch Habermas (1999), S. 66 ff.

53 Vgl. Harris (1975), S. 83.

54 Freilich weiß man im Urzustand nicht, was die eigenen Vorstellungen vom Guten sein werden, so daß man auch nicht wissen kann, ob man auch dann an einem langen Leben interessiert sein wird, wenn dies mit Einbußen an Erlebnissen oder Glücksgefühlen verbunden ist. Der Wunsch nach Vermeidung eines krankheitsbedingten vorzeitigen Todes dürfte jedoch eine anthropologische Invariante sein, also zu den grundlegenden Beweggründen gehören, deren Kenntnis den Parteien im Urzustand zugeschrieben werden muß (vgl. Rawls 1990, S. 434).

55 Vgl. Birnbacher (1995), S. 200–212.

56 Eine solche Konkretisierung des Urzustandes, d. h. der Bedingungen, unter denen der Vertrag über die gemeinsam zu akzeptierenden Grundsätze geschlossen werden soll, sieht Rawls zum Zwecke der Anpassung dieser Grundsätze an unsere aufgeklärten moralischen Überzeugungen ausdrücklich vor. Vgl. dazu seine Ausführungen zum sogenannten Überlegungs-Gleichgewicht: Rawls (1990), S. 37 f. – Dergestalt wird die Rawlssche Vertragstheorie durch ein Kohärenzmodell ergänzt, wobei die unter Bedingungen des Urzustandes intersubjektiv gerechtfertigten Prinzipien und die auf moralischen Intuitionen aufbauenden wohlüberlegten Einzelurteile, die im Konfliktfall zur wechselseitigen Anpassung gebracht werden müssen, erkenntnistheoretisch betrachtet gleichrangig sind (vgl. Hoerster 1977, S. 74).

57 Vgl. Rawls (1990), S. 167.

58 Rawls (1990), S. 160.

59 Davon hängt sehr viel ab. Nebenbei gesagt, gilt dies auch für die Begründung von Gerechtigkeitsgrundsätzen bei Rawls. Denn: „Wenn eine Gerechtigkeitsvorstellung im Urzustand gewählt werden würde, dann wären ihre Grundsätze die richtigen.“ (Rawls 1990, S. 193.) Darüber, welche Gerechtigkeitsprinzipien gewählt werden, entscheidet aber letztlich die Definition der Bedingungen des Urzustandes. Vgl. dazu auch Höffe (1994), S. 312 f.

60 Siehe Grieco (2002), S. 124 f.

61 Siehe Pinguet (1991), S. 152, 230, 249 f.

62 Dieser Umstand mag zu der Überlegung Anlaß geben, ob der Angegriffene nicht verpflichtet ist, sich nicht bewußt dem Risiko eines Angriffs auszusetzen. Zum Hintergrund dieser Überlegung vgl. Lenckner (1997), § 32 RN 1a.

63 Vgl. Lenckner (1997), Vorbem. §§ 32ff. RN 14.

64 Dies ist die moralische Seite der Angelegenheit. Bei einer rechtlichen Würdigung der Notwehr von U hätte das Motiv außer Acht zu bleiben bzw. es müßte allein aufgrund der Tatsache, daß Notwehr geübt wird, davon ausgegangen werden, daß es U nicht fertigbringt, sich zu opfern. Alles ande-

re liefe auf eine Untersuchung hinaus, ob U nicht aus einem anderen Grund als den, sich nicht opfern zu können, Notwehr ausübte. Aber gleichgültig, welche Gründe dafür in Betracht kommen mögen, wäre das Ergebnis, sich nicht zur Selbstopferung durchringen zu können, dasselbe und führte zu derselben Bewertung.

65 Ausgenommen sind nach herrschender Meinung lediglich Fälle eines extremen Mißverhältnisses zwischen dem durch den Angriff bedrohten und dem durch die Verteidigung verletzten Rechtsgut – etwa die lebensgefährliche Verletzung eines Angreifers, um geringfügigste Schädigungen zu vermeiden. In Widerspruch dazu Schmidhäuser (1991), S. 134 f. Zur gesamten Problematik der Notwehreinschränkung vgl. etwa Koch (1992).

66 Zum „Rechtsbewährungsprinzip", das neben dem „Schutzprinzip" zu den tragenden Prinzipien des Notwehrrechts gehört, vgl. Roxin (1981), S. 70 f. Dazu kritisch Hoyer (1988), S. 91.

67 Der Sich-Rettende hat eine moralische Eingriffserlaubnis und nicht nur eine Handlungsbefugnis. Während aus letzterer lediglich die Verpflichtung folgt, die Vornahme der Handlung zu dulden, verlangt erstere darüber hinaus die Hinnahme des intendierten Handlungserfolgs (hier: die Selbstrettung von U, auch wenn dadurch die von T beabsichtigte Gefahrenabwehr vereitelt wird). Angenommen, U versucht, telefonisch Hilfe zu erbitten, um T von der Umsetzung seines Vorhabens abzuhalten, so wäre es nicht nur unrechtmäßig, das Telefonkabel zu kappen, sondern auch die anrückenden Hilfstruppen zu bekämpfen. Zu der aus dem Bereich der Strafrechtsdogmatik übernommenen Unterscheidung von Eingriffserlaubnis und Handlungsbefugnis vgl. Lenckner (1997), Vorbem. § 32 ff. RN 11, sowie Renzikowski (1994), S. 175 f.

68 Ob man einem G/4b-Täter gegebenenfalls einen „übergesetzlichen" Schuldminderungsgrund zubilligen sollte – weil er im Willen handelte, eine vergleichsweise große Anzahl von Menschen zu retten, und gleichzeitig durch die Vorstellung, ansonsten auf die Rettung verzichten zu müssen, in seiner Motivationsfreiheit eingeengt war –, ist nicht unser Thema. Ich glaube aber, daß man eine solche Lösung nicht grundsätzlich ausschließen können wird.

69 In den Situationen „G/1" und „G/2" werden Unschuldige – die nicht wissen, daß sie Betroffene der Gefahrenabwehr sind bzw. sein werden – ohne deren ausdrückliche Zustimmung getötet. Heißt dies, daß diese Menschen gegen ihren Willen getötet werden? Oder sollte man von einem Brechen des Willens erst dann sprechen, wenn in einer G/3-Situation ein U seine Zustimmung zu einer Inanspruchnahme als Betroffener ausdrücklich verweigert, T aber nicht in der Lage ist, dies zur Kenntnis zu nehmen?

70 Vgl. Höffe (1994), S. 313 f., 318 f.

71 Vgl. Rawls (1990), S. 39, 637.

72 Zu dieser Unterscheidung siehe Nagel (1995), S. 330.

Kapitel III

1 Siehe dazu Fritze (1998), bes. S. 96–103.
2 Vgl. dazu Drews/Wacke/Vogel/Martens (1986), S. 223 f.
3 Alperovitz (1994), S. 51.
4 Alperovitz (1994), S. 51.
5 Alperovitz (1994), S. 51.
6 Vgl. die ähnliche Unterscheidung zwischen „zwei Arten von Meinungsverschiedenheiten" bei Nagel (1995), S. 346 f.
7 Vgl. hierzu den Begriff der transzendentalen Menschenrechte bei Kersting (2000), S. 218 f.
8 Dies schließt nicht aus, daß auch die Befriedigung nicht-transzendentaler Grundbedürfnisse – etwa das Bedürfnis nach persönlicher Freiheit – langfristig betrachtet der Existenzsicherung dient.
9 Zu bedenken ist des weiteren, daß man auf Risiken oder Unsicherheiten mit unterschiedlichen Strategien reagieren kann. Gefahren verweisen häufig in die Zukunft. Ihre Identifikation ist also prognoseabhängig. Die damit zusammenhängenden Probleme sollen hier jedoch nicht erörtert werden.
10 Siehe dazu Rawls (1994), S. 334–341.
11 Das Szenario, vor dem Kaczynski warnt, ist das eines geradezu vollendeten Totalitarismus. Er diskutiert – unter anderem – zwei mögliche Varianten, die auf die Menschheit im Zuge der Fortschritte der Computerwissenschaft zukommen könnten. Zum einen könnte die Menschheit in eine Abhängigkeit von intelligenten Maschinen geraten, so daß ihr faktisch keine andere Wahl bliebe, als auch die (zu besseren Resultaten führenden) Entscheidungen der Maschinen zu akzeptieren und damit deren Kontrolle mit unabsehbaren Folgen aufzugeben. Zum anderen ist es möglich, daß die Menschen die Kontrolle über die Maschinen behalten. In diesem Falle jedoch, so befürchter er, läge die Kontrolle über die riesigen, hochkomplexen Maschinensysteme, die die gesamte Arbeit verrichten (so daß menschliche Arbeit und damit auch die Masse der Menschen überflüssig geworden ist), in den Händen einer kleinen Elite, die dank der verbesserten Technik die Massen wirkungsvoller denn je kontrollieren und biologisch, psychologisch und geistig manipulieren kann (und zwar so, daß sich die manipulierten Massen dabei glücklich fühlen). Siehe Kaczynski (1995), Nr. 172–174.
12 Zit. in Novick (2001), S. 305.
13 Siehe etwa die Zukunftsszenarios des KI-Pioniers Ray Kurzweil (2000) und dessen Bekenntnis, in vielen Punkten mit Kaczynskis Argumenten übereinzustimmen (ebd., S. 289–291). Vgl. zudem das Buch des englischen Astrophysikers Martin Rees und sein Bekenntnis: „Die Chance, dass unsere gegenwärtige Zivilisation auf der Erde das Ende des gegenwärtigen Jahrhunderts noch erlebt, ist, glaube ich, nicht höher als fünfzig zu fünfzig." Und: „Die Aussichten sind so unbeständig, dass die Menschheit

möglicherweise nicht einmal ein Jahrhundert übersteht, geschweige denn ein Jahrtausend – es sei denn, alle Länder würden eine risikoarme und nachhaltige Politik auf der Grundlage der gegenwärtigen Technologie beschließen." (Rees 2003, S. 16, 33.)

14 Dies sollte uns nicht davon abhalten, die Beweggründe jedes ernsthaften Gefahrenabwehrers zur Kenntnis zu nehmen. Wer bereit ist, für seine Ideen und Befürchtungen widerwillig zu töten, eine Gefängnisstrafe in Kauf zu nehmen oder gar Selbstmord zu begehen, hat offenbar ein Anliegen, das zu verstehen für uns lohnend sein könnte.

15 Siehe Jakobs (1991), S. 198–208. – Jakobs weist übrigens darauf hin (ebd., S. 201), daß erlaubte Risiken nur dann toleriert werden, wenn die potentiellen Opfer nicht persönlich benennbar, also ex ante anonym sind. Vgl. auch ders. (2000), S. 405.

16 Lübbe (1995), S. 957.

17 Meyer-Abich (1990), S. 138.

18 Küper (1981), S. 793.

19 Siehe allerdings Klaus Bernsmann (1989), S. 324–327, dem zufolge der sich rettende Notstandstäter – etwa im „Bergsteiger"-Fall – nicht nur (da jeder Mensch sterben muß) den Zeitpunkt des Todes in eine fernere Zukunft schiebt, sondern sich vielmehr in die Normalität des Alltags zurück rettet. Damit könne dieser wieder auf einen „natürlichen" Tod rechnen, während das (Rest-) Leben des todgeweihten Gefährten auf einen qualitativ ganz andersartigen und unvergleichbar genauer prognostizierbaren „unnatürlichen", gewaltsamen Tod zusteuerte. Bernsmann fordert, neben der (nach Küper irrelevanten) Zeitdimension auch die Tatsache der unterschiedlichen Todesarten in die Prüfung einzubeziehen.

20 Küper (1981), S. 793 (Hervorhebung im Original).

21 Vgl. Kant (1797).

22 Siehe hierzu Schönrich (1994), S. 9–17.

23 Siehe Simonson (1885), S. 372–377. Vgl. auch die etwas abweichende Darstellung des Sachverhalts bei Bernsmann (1989), S. 45, der sich auf eine neuere Untersuchung beruft.

24 Ein neuerer Fall von Notstands-Kannibalismus ereignete sich 1972 nach einem Flugzeugabsturz in den chilenischen Anden. Siehe Bernsmann (1989), S. 44.

25 Der Vollzug der Losentscheidung begründet übrigens kein Notwehrrecht auf Seiten des unglücklichen Verlierers. Als Teilnehmer der Losung ist dieser „Mittäter" des „Angriffs" auf sich selber und trägt „dann auch im Rahmen des § 32 zumindest eine ‚besondere' Gefahrtragungs-, sprich: Verfahrensakzeptierungspflicht" (Bernsmann 1989, S. 345 FN 152).

26 Siehe Bernsmann (1989), S. 46 FN 26, 347 FN 159.

27 Samuel von Pufendorf hatte für den Fall des überladenen Rettungsbootes den Losentscheid gefordert und darüber hinaus die Auffassung vertreten, daß „wer sich der Gefahr, daß ihn das Los trifft, zu entziehen versucht, [...]

wie jemand, der auf den Untergang aller sinnt, auch ohne Losentscheid über Bord geworfen werden [kann]" (Pufendorf 1673, S. 69).

28 Siehe Simonson (1885), S. 384 f.

Kapitel IV

1 Honderich (2003), S. 236. „Fragst du mich nun am Schluss, wie es möglich sein kann, zu erwägen, sich über das Schreckliche zu erheben, ein Kind zu töten? [...] Nun, ich wollte, ich hätte mehr Selbstvertrauen als ich wirklich habe, mehr als der Krieg gegen den Irak mir verliehen hat. Aber ein paar Sachen sind klar und liegen auf der Hand. Es gibt da auch das Schreckliche, dass ein Volk erniedrigt wird." (Honderich 2003/2004, S. 281.)

2 Preuß (2002), S. 91. – Darüber hinaus können selbst eine Reihe von Handlungen, die unter § 220a StGB („Völkermord") fallen (so etwa Tathandlungen entsprechend des Absatzes 1 Nr. 4 und 5), nicht G-konform abgewehrt werden.

3 So Jonas (1984), S. 80. Siehe auch Apel (1988), S. 431.

4 Henrich (1990), S. 80.

5 „Hinge das Überleben der Menschheit [...] davon ab, daß einige wenige ‚geopfert' würden, wäre die ‚Opferung' der wenigen nicht nur erlaubt, sondern nachgerade geboten." (Birnbacher 1995, S. 230 f.)

6 Hösle (1997), S. 1050.

7 Damit in Übereinstimmung steht, daß ein Regimewechsel „weder in der Theorie des gerechten Krieges noch im Völkerrecht jemals als legitimer Kriegsgrund anerkannt worden [ist]" (Walzer 2003).

8 Die Formulierung „dem Tode geweiht" verleiht den Geiseln der zum Selbstmord bereiten Attentäter denselben Status wie dem abgestürzten Seilschaftskameraden im „Bergsteiger"-Fall. Diese Zuschreibung ist aber durchaus problematisch. Denn wer möchte in einer Entscheidungssituation ausschließen, daß im nächsten Moment die Passagiere die Flugzeugentführer überwältigen und sich der Maschine bemächtigen? Der Abschuß eines Flugzeuges nimmt den Opfern jede Chance, sich selbst zu retten.

9 Vgl. Lenckner (1997), Vorbem. § 32 ff. RN 115 ff.

10 Vgl. Schmidt (1949), Sp. 569 f. Zu den verschiedenen Euthanasie-Prozessen mit ihren verschiedenen Urteilen siehe etwa Klefisch (1950), der (über die Urteile hinausgehend) die Rechtswidrigkeit des Tuns der Ärzte verneint, sowie Zimmermann (1954).

11 Zum Gefahrenverdacht vgl. Lukes/Feldmann/Knüppel (1980), S. 122 f.

12 Vgl. Drews/Wacke/Vogel/Martens (1986), S. 225.

13 Vgl. Köck (1999), S. 154.

14 Lenckner (1997), § 32 RN 15.

15 Vgl. Tröndle/Fischer (2001), § 34 RN 4.

16 Vgl. Lenckner (1997), § 32 RN 17.

17 Vgl. Köck (1999), S. 150.

18 Drews/Wacke/Vogel/Martens (1986), S. 332 (Hervorhebung getilgt).

19 Das Kriterium der Gegenwärtigkeit ist sehr streng. Es orientiert sich an der Eintrittswahrscheinlichkeit des Gefahrenereignisses und fordert, daß diese praktisch mit Sicherheit gegeben sein muß. Man könnte nun überlegen, ob nicht das Produkt der Wahrscheinlichkeit des Eintritts der Gefahr und der Zahl der mutmaßlichen Opfer, die ihr Eintritt zeitigen würde, ein angemessenerer Orientierungsmaßstab wäre. Wenn aber das Ausmaß der abzuwehrenden Katastrophe sehr groß wäre, könnte dies dazu führen, daß unschuldige Menschen notfalls getötet werden dürften, um ein Ereignis abzuwehren, dessen Eintrittswahrscheinlichkeit ziemlich gering ist.

20 Inwieweit die Fortsetzung des Zweiten Weltkrieges bis zur bedingungslosen Kapitulation Deutschlands durch die Anti-Hitler-Koalition diesem Kriterium genügte, ist in diesem Zusammenhang eine interessante Frage. Siehe dazu auch Walzer (2003a), S. 54, 76, sowie die Überlegungen von Wohlrapp (2000), S. 128 f.

21 Vgl. Lenckner (1997), § 34 RN 1.

22 Vgl. Lenckner (1997), § 34 RN 12.

23 Vgl. Rawls (1990), S. 325.

24 Vgl. Rawls (1990), S. 323.

25 Zu den Voraussetzungen der moralischen Legitimität von Terrorakten vgl. Meggle (2002), bes. S. 156 f.

26 Vgl. Lenckner (1997), § 32 RN 36.

27 Vgl. Lenckner (1997), § 32 RN 36c.

28 Der Atombombenabwurf auf Hiroschima und Nagasaki ist ein Beispiel für die Verletzung dieser Pflicht: Ein direkter Angriff auf Zivilisten war unter den gegebenen Bedingungen weder erforderlich, um den Krieg siegreich zu beenden, noch konnte eine beschleunigte Beendigung des Krieges mit dem Ziel, das Leben amerikanischer Soldaten zu retten, den unverhältnismäßig hohen Preis, den die japanische Zivilbevölkerung zu zahlen hatte, rechtfertigen. Zur Bewertung des Atombombenabwurfs siehe etwa auch Arendt (1995), S. 304, Rawls (2002), S. 123–126, sowie Walzer (2003a), S. 57–61. Ebenso kann die Fortsetzung der Terrorangriffe der Royal Air Force gegen die deutsche Zivilbevölkerung bis fast zum Ende des Zweiten Weltkrieges hin (als die deutsche Niederlage bereits besiegelt war), nur als inakzeptabel gelten. Vgl. Primoratz (2003), S. 62 f. Selbst Churchill, unbedingter Befürworter der Flächenbombardements, begann Ende März 1945 an der Richtigkeit dieser Auffassung zu zweifeln (so Weinberg 2002, S. 850).

29 Nach Ulrich K. Preuß spricht einiges dafür, daß im Kosovo-Krieg in völkerrechtswidriger Weise eine *indirekte* Methode der militärischen Intervention seitens der NATO zur Anwendung kam. Um die Führung Jugoslawiens dazu zu bringen, die Vertragsbedingungen von Rambouillet zu akzeptieren und *dadurch* die kosovarische Bevölkerung zu schützen, wurden neben den militärischen Zielen auch nicht-militärische Ziele

angegriffen und zerstört (vgl. Preuß 2000, S. 132 f.). Dabei wurden – nach unterschiedlichen Schätzungen – 500 bis 1500 Zivilpersonen getötet (vgl. Steinkamm 2000, S. 347, sowie Pfoh 2000, S. 64).

30 Zur Theorie der „schmutzigen Hände" und ihrer Kritik vgl. Baumann (2001).

31 Vgl. Camus (1962), S. 197.

32 Zu einem Attentat, welches diesen Kriterien nicht genügte, vgl. Fritze (2000), bes. S. 109–113. Siehe auch ders. (2002/2003), bes. S. 625–629.

33 Vgl. Lenckner (1997), § 32 RN 14.

34 Vgl. dazu auch Drews/Wacke/Vogel/Martens (1986), S. 391.

35 Victoria (1539), S. 149 (De jure belli, Nr. 35).

36 Victoria (1539), S. 151 (De jure belli, Nr. 37) – (Hervorhebung getilgt).

37 Victoria (1539), S. 151 (De jure belli, Nr. 37).

38 Walzer (2003a), S. 71.

39 Walzer (2003a), S. 65.

40 Walzer (2003a), S. 71.

41 Walzer (2003a), S. 73.

42 Zur Kritik vgl. auch Coady (2003), S. 84.

43 Walzer (2003a), S. 79.

Kapitel V

1 Lenckner (1997), § 34 RN 41e.

2 Als eine bemerkenswerte Ausnahme siehe Brugger (2000), S. 165 ff.

3 So fragt Merkel (2000), S. 91.

4 Am absoluten Verbot der Tötung Unschuldiger als eines universalen Prinzips der Moral und des Rechts hält dezidiert Reinhard Merkel fest: „Hätte ein Hitler-Attentäter, der mit dem Diktator zugleich die Ursache für die drohende Vernichtung vieler Millionen Menschen beseitigt hätte, nicht auch dann richtig gehandelt, wenn er seine Bombe erfolgreich während eines Kindergartenbesuchs Hitlers gezündet und dabei (wie er vorausgesehen hat) zehn oder fünfzehn Kinder mitgetötet hätte? [...] Darf man nicht doch zehn Kinder töten, um Millionen Menschen, unter denen ja auch Hunderttausende von Kindern sein mögen und am Ende vielleicht sogar die gewesen wären, die man jetzt sofort getötet hat, vor Hitler zu retten? [Absatz] Die Antwort lautet: nein. [...] Denn der Standpunkt der Moral muß der einer radikalen Verallgemeinerbarkeit der eigenen Handlungsmaxime sein. Wer das Recht eines Helfers behauptet, Unschuldige zu töten, um viele andere Unschuldige zu retten, behauptet damit zugleich eine Pflicht der Getöteten, ihr Leben zugunsten anderer zu opfern. [...] Wie aber eine solche Pflicht, sein Leben für andere zu opfern, denen man nichts getan hat, nichts tun will und die man weder bedroht noch auch nur kennt, zu begründen sein soll, ist schlechterdings unerfindlich. [...] Die Tötung der zehn Kinder wäre zweifelsfrei ein nicht legitimierbares

Unrecht gewesen, selbst wenn sie der einzige Weg zur Beseitigung des Diktators und damit zur Rettung der Welt vor einem mörderischen Verbrecher gewesen wäre." (Merkel 2000, S. 89–91.) Gegen Merkel ist zu sagen, daß es nicht um eine Begründung der Pflicht geht, sein Leben für andere zu opfern, sondern darum zu zeigen, daß G intersubjektiv begründet ist und daher jeder Akteur ein Interesse an der Ingeltungsetzung dieses Grundsatzes hat. Um seine Zustimmung zu G erteilen zu können, muß man nicht wissen, ob man in einer realen Gefahrenabwehrsituation selbst die Stärke besitzt, in seine Opferung einzuwilligen. Wer diese Stärke nicht hat, hat auch nicht die Pflicht, es zu tun. Die Fälle, in denen sich diese Frage überhaupt stellt (man siehe die verschiedenen Anwendungsfälle in II.6), dürften ohnehin selten sein. Um sich die Verhältnisse – zumindest zum Teil – klarzumachen, stelle man sich einen freiwilligen Verkehrsteilnehmer vor. Auch er weiß, wenn er seine Zustimmung zur Praxis des motorisierten Straßenverkehrs erteilt, nicht, ob er sie in einer Situation, in der er selbst in einen tödlich ausgehenden Unfall verwickelt ist, noch aufrechterhalten würde.

5 Zur Darstellung der Haufenparadoxie und einem Versuch ihrer Auflösung siehe Fuhrmann (2001).
6 Vgl. Fuhrmann (2001), S. 4–10.
7 So Merkel (2000), S. 94.
8 Vgl. Merkel (2000), S. 95.
9 Siehe Fuhrmann (2001), S. 11–14.
10 Vgl. Krey (1971), S. 248, sowie Küper (1971).
11 So Krey (1971), S. 249.
12 Vgl. Harris (1995), S. 138 sowie 150–152.
13 Hoerster (2000), S. 158 f.
14 Vgl. Scherzberg (2002), bes. S. 142 ff.
15 Siehe Williams (1979), S. 61 f.
16 Auf etwa diese Position zieht sich Williams (1979), S. 72 f., zurück, um den Begriff der negativen Verantwortlichkeit zu kritisieren.
17 Vgl. Williams (1979), S. 72 f.
18 Für eine bejahende Antwort siehe Harris (1995), S. 62 f., 78, 85.
19 Engels (1845), S. 325.
20 Vgl. Steinvorth (2002), S. 24.
21 Rothbard (2000), S. 111. – Eine völlig andere Frage ist es nach Rothbard, ob Eltern zwar keine gesetzlich erzwingbare, dafür aber eine *moralische* Verpflichtung haben, ihr Kind am Leben zu erhalten.
22 Vgl. dazu Foot (1990), bes. S. 206–210.
23 Zu den normenlogischen Zusammenhängen bei der Begründung von Rettungspflichten siehe Hruschka (1979).
24 Vgl. Hoerster (2003b), S. 202 f.
25 Konträr dazu Foot (1997), S. 210.
26 Siehe etwa Joecks (1999), § 1 RN 5 f.

27 Zur Notwendigkeit, Satz 2 in § 34 StGB als ein Korrektiv zur Interessenabwägungsformel des § 34 Satz 1 zu verstehen, die Angemessenheitsklausel mithin als „zweite selbständige Wertungsstufe" anzusehen, siehe Joerden (1991).
28 Vgl. Joerden (1991), S. 421.
29 Versteht man die Interessenabwägungsformel des § 34 Satz 1 allerdings dahingehend, daß sie die Abwägung aller Konsequenzen einer Handlung fordert – hier also auch die reale Gefahr, daß besagtes Verhalten durch seine Vorbildwirkung Schule macht –, so bleibt die Angemessenheitsklausel leer (vgl. Renzikowski 1994, S. 249, aber auch S. 251 ff.). Nach Roxin (1994) muß bereits die Interessenabwägung in § 34 Satz 1 die Auswirkungen einer Rechtfertigung auf das Verhalten der Bürger und die Gesamtrechtsordnung berücksichtigen (S. 629). Gleichwohl habe die Angemessenheitsklausel in § 34 Satz 2 eine Funktion; indem sie einen Verstoß gegen die Menschenwürde als ein angemessenes Mittel der Interessenwahrung ausschließe, enthalte sie einen bindenden Interpretationshinweise für § 34 Satz 1. Damit sei zum Beispiel eine mit einer Verstümmelung verbundene zwangsweise Entnahme eines Organs zum Zwecke einer lebensrettenden Transplantation verboten (S. 631).
30 Siehe zum Beispiel Stern (1980), S. 1488–1524, bes. S. 1498, 1504, 1518; Isensee (1969), S. 79, 97–105, sowie Schmude (1987), Sp. 3985. Vgl. auch die generelle Ablehnung des Widerstandsrechts durch Kant (1797/1798), A 176 f., sowie (1793), A 254 f.
31 Vgl. Lenckner (1997), Vorbem. §§ 32 ff. RN 116.
32 Vgl. Lübbe (2002), S. 316.
33 Hobbes (1651), S. 257.
34 Hobbes (1651), S. 110.
35 So Weigelin (1942), S. 93–95.
36 Eine andere rechtliche Würdigung des Falles, nämlich nicht als Form des aggressiven, sondern des defensiven Notstandes, kommt meines Erachtens nicht in Frage. Während der erstere nach § 34 StGB zu behandeln ist (nicht nach § 904 BGB), könnte letzterer (so Koriath 1998, S. 256) analog nach § 228 BGB behandelt werden (ungeachtet dessen, daß Defensivnotstandseingriffe nur in Sachen gerechtfertigt sind – vgl. Hruschka 1980, S. 22) und zwar mit der Folge, daß nach der Abwägungsklausel dieses Paragraphen die Tötung eines Menschen nicht ausgeschlossen wäre. Um das Entreißen des Brettes oder das Stoßen von der Planke als einen Fall des Defensivnotstandes zu deuten, müßte allerdings behauptet werden, daß die Lebensgefahr, in der sich beide Schiffbrüchigen befinden, weder von dem jeweils anderen Mitbewerber um das Rettungsmittel ausgehe noch durch dessen Verhalten wesentlich erhöht werde. Diese Deutung der Gefahrenlage erscheint aber unangemessen, da sich ein Schiffbrüchiger unter den gegebenen Umständen *allein* ohne weiteres retten könnte. Die Dramatik des Falles resultiert eben nicht bereits aus dem Schiffbruch, sondern aus der Knappheit der Rettungsmittel, um die ein Kampf entbrennt.

Daher kann bei der hier angenommenen Fallgestaltung keiner der Kontrahenten nach § 228 BGB gerechtfertigt sein. Andere Fallgestaltungen führen zu anderen Lösungen (siehe Koriath 1998).

37 Die Unvereinbarkeit einer Regelung, die auf die Forderung hinausliefe, sich töten zu lassen, mit dem Grundgesetz behauptet Bernsmann (1989), S. 308.

38 Siehe etwa Kaufmann (1972) sowie Schild (1978).

39 Kritisch zur Lehre des rechtsfreien Raumes Hirsch (1979).

40 Kaufmann (1972), S. 330.

41 Kaufmann (1972), S. 328.

42 Bernsmann (1989), S. 328.

43 Vgl. Bernsmann (1989), S. 328, 330.

44 Hoerster (1998), S. 29, 31.

45 Zur Problematik eines generellen Verbots der Tötung auf Verlangen siehe etwa Hoerster (1998) sowie Merkel (1996), S. 85–89.

46 Aquino (1985), S. 189 (II–II, 40, 1, resp.).

47 Zur ursprünglichen Funktion der intentio-recta-Bedingung in der mittelalterlichen Lehre vom gerechten Krieg vgl. Flasch (2003), S. 104.

Kapitel VI

1 Konträr dazu Hösle (1997), S. 1024.

2 „Hinweise zur Klärung politisch-ideologischer Probleme des Schußwaffengebrauchs im Grenzdienst" vom 10.5.1982. Vertrauliche Verschlußsache, VVS-Nr. G/689168, zit. in: Redaktion „Neue Justiz" (2001), S. 339.

3 Siehe Hoerster (2003b), S. 193–201, 222.

4 Vgl. Stemmer (2000), S. 374 f.

Schlußbetrachtung

1 Nolte (1991), S. 35.

Gesetzesverzeichnis

Art. 2 Abs. 2 GG [Recht auf Leben; Freiheit der Person]

Jeder hat das Recht auf Leben und körperliche Unversehrtheit. Die Freiheit der Person ist unverletzlich. In diese Rechte darf nur auf Grund eines Gesetzes eingegriffen werden.

Art. 20 Abs. 4 GG [Widerstandsrecht]

Gegen jeden, der es unternimmt, diese Ordnung zu beseitigen, haben alle Deutschen das Recht zum Widerstand, wenn andere Abhilfe nicht möglich ist.

Art. 103 Abs. 2 GG [Strafe nur auf Grund eines vor der Tat geltenden Gesetzes]

Eine Tat kann nur bestraft werden, wenn die Strafbarkeit gesetzlich bestimmt war, bevor die Tat begangen wurde.

§ 1 StGB [Keine Strafe ohne Gesetz]

Eine Tat kann nur bestraft werden, wenn die Strafbarkeit gesetzlich bestimmt war, bevor die Tat begangen wurde.

§ 32 StGB [Notwehr]

(1) Wer eine Tat begeht, die durch Notwehr geboten ist, handelt nicht rechtswidrig.
(2) Notwehr ist die Verteidigung, die erforderlich ist, um einen gegenwärtigen rechtswidrigen Angriff von sich oder einem anderen abzuwenden.

§ 34 StGB [Rechtfertigender Notstand]

Wer in einer gegenwärtigen, nicht anders abwendbaren Gefahr für Leben, Leib, Freiheit, Ehre, Eigentum oder ein anderes Rechtsgut eine Tat begeht, um die Gefahr von sich oder einem anderen abzuwenden, handelt nicht rechtswidrig, wenn bei Abwägung der widerstreitenden Interessen, namentlich der betroffenen Rechtsgüter und des Grades der ihnen drohenden Gefahren, das geschützte Interesse das beeinträchtigte wesentlich überwiegt. Dies gilt jedoch nur, soweit die Tat ein angemessenes Mittel ist, die Gefahr abzuwenden.

§ 35 StGB [Entschuldigender Notstand]

(1) Wer in einer gegenwärtigen, nicht anders abwendbaren Gefahr für Leben, Leib oder Freiheit eine rechtswidrige Tat begeht, um die Gefahr von sich, einem Angehörigen oder einer anderen ihm nahestehenden Person abzuwenden, handelt ohne Schuld. Dies gilt nicht, soweit dem Täter nach den Umständen, namentlich weil er die Gefahr selbst verursacht hat oder weil er in einem besonderen Rechtsverhältnis stand, zugemutet werden konnte, die Gefahr hinzunehmen; jedoch kann die Strafe nach § 49 Abs. 1 gemildert werden, wenn der Täter nicht mit Rücksicht auf ein besonderes Rechtsverhältnis die Gefahr hinzunehmen hatte.
(2) Nimmt der Täter bei Begehung der Tat irrig Umstände an, welche ihn nach Absatz 1 entschuldigen würden, so wird er nur dann bestraft, wenn er den Irrtum vermeiden konnte. Die Strafe ist nach § 49 Abs. 1 zu mildern.

§ 212 StGB [Totschlag]

(1) Wer einen Menschen tötet, ohne Mörder zu sein, wird als Totschläger mit Freiheitsstrafe nicht unter fünf Jahren bestraft.
(2) In besonders schweren Fällen ist auf lebenslange Freiheitsstrafe zu erkennen.

§ 216 StGB [Tötung auf Verlangen]

(1) Ist jemand durch das ausdrückliche und ernstliche Verlangen des Getöteten zur Tötung bestimmt worden, so ist auf Freiheitsstrafe von sechs Monaten bis zu fünf Jahren zu erkennen.
(2) Der Versuch ist strafbar.

§ 220a StGB [Völkermord]

(1) Wer in der Absicht, eine nationale, rassische, religiöse oder durch ihr Volkstum bestimmte Gruppe als solche ganz oder teilweise zu zerstören,
1. Mitglieder der Gruppe tötet,
2. Mitgliedern der Gruppe schwere körperliche oder seelische Schäden, insbesondere der in § 226 bezeichneten Art, zufügt,
3. die Gruppe unter Lebensbedingungen stellt, die geeignet sind, deren körperliche Zerstörung ganz oder teilweise herbeizuführen,
4. Maßregeln verhängt, die Geburten innerhalb der Gruppe verhindern sollen,
5. Kinder der Gruppe in eine andere Gruppe gewaltsam überführt, wird mit lebenslanger Freiheitsstrafe bestraft.

(2) In minder schweren Fällen des Absatzes 1 Nr. 2 bis 5 ist die Strafe Freiheitsstrafe nicht unter fünf Jahren.

§ 323c StGB [Unterlassene Hilfeleistung]

Wer bei Unglücksfällen oder gemeiner Gefahr oder Not nicht Hilfe leistet, obwohl dies erforderlich und ihm den Umständen nach zuzumuten, insbesondere ohne erhebliche eigene Gefahr und ohne Verletzung anderer wichtiger Pflichten möglich ist, wird mit Freiheitsstrafe bis zu einem Jahr oder mit Geldstrafe bestraft.

§ 228 BGB [Defensivnotstand]

Wer eine fremde Sache beschädigt oder zerstört, um eine durch sie drohende Gefahr von sich oder einem anderen abzuwenden, handelt nicht widerrechtlich, wenn die Beschädigung oder die Zerstörung zur Abwendung der Gefahr erforderlich ist und der Schaden nicht außer Verhältnis zu der Gefahr steht. Hat der Handelnde die Gefahr verschuldet, so ist er zum Schadenersatz verpflichtet.

§ 904 BGB [Aggressivnotstand]

Der Eigentümer einer Sache ist nicht berechtigt, die Einwirkung eines anderen auf die Sache zu verbieten, wenn die Einwirkung zur Abwendung einer gegenwärtigen Gefahr notwendig und der drohende Schaden gegenüber dem aus der Einwirkung dem Eigentümer entstehenden Schaden unverhältnismäßig groß ist. Der Eigentümer kann Ersatz des ihm entstehenden Schaden verlangen.

§ 6 WStG [Furcht vor persönlicher Gefahr]

Furcht vor persönlicher Gefahr entschuldigt eine Tat nicht, wenn die soldatische Pflicht verlangt, die Gefahr zu bestehen.

Literaturverzeichnis

Alperovitz, Gar (1994): Hiroshima, die Barbarei und die Demokratie. In: Mittelweg 36, 3. Jg., Nr. 4, S. 9–59.

Apel, Karl-Otto (1988): Das Apriori der Kommunikationsgemeinschaft und die Grundlagen der Ethik. Zum Problem einer rationalen Begründung der Ethik im Zeitalter der Wissenschaft. In: Ders.: Transformation der Philosophie. Band 2: Das Apriori der Kommunikationsgemeinschaft. Frankfurt am Main, S. 358–435.

Aquino, Thomas von (1985): Summe der Theologie, Bd. 3: Der Mensch und das Heil. Zusammengefaßt, eingeleitet und erläutert von Joseph Bernhart. Stuttgart.

Arendt, Hannah (1995): Eichmann in Jerusalem. Ein Bericht von der Banalität des Bösen. München–Zürich.

Aristoteles (1979): Nikomachische Ethik. Übersetzt und kommentiert von Franz Dirlmeier. Siebente, gegenüber der sechsten durchgesehenen, unveränderte Auflage. Berlin.

Baumann, Peter (2001): Schmutzige Hände? Zum Verhältnis von Moral und Politik. In: LOGOS, N. F., 7. Jg., S. 187–215.

Bernsmann, Klaus (1989): „Entschuldigung" durch Notstand. Studien zu § 35 StGB. Köln–Berlin–Bonn–München.

Birnbacher, Dieter (1995): Tun und Unterlassen. Stuttgart.

Bittner, Rüdiger (2003): Gute Kriege, böse Feinde. In: Information Philosophie, 31. Jg., Nr. 4, S. 7–14.

Bonhoeffer, Dietrich (1998): Ethik. Hrsg. von Ilse Tödt u. a. (= Dietrich Bonhoeffer Werke, Bd. 6). Gütersloh.

Brugger, Winfried (2000): Vom unbedingten Verbot der Folter zum bedingten Recht auf Folter? In: Juristen-Zeitung, 55. Jg., Nr. 4, S. 165–173.

Camus, Albert (1962): Die Gerechten. Schauspiel in fünf Akten. In: Ders.: Dramen. Hamburg, S. 187–234.

Cicero (1967): Über den Staat. Übersetzt von Walther Sontheimer. Stuttgart.

Coady, C. A. J. (Tony) (2003): Was ist Terrorismus? In: Meggle (2003), S. 71–88.

Delonge, Franz-Benno (1988): Die Interessenabwägung nach § 34 StGB und ihr Verhältnis zu den übrigen strafrechtlichen Rechtfertigungsgründen. München.

Die heilige Schrift. Nach der deutschen Übersetzung D. Martin Luthers. Berlin 1957.

Drews, [Bill]/Wacke, [Gerhard]/Vogel, [Klaus]/Martens, [Wolfgang] (1986): Gefahrenabwehr. Allgemeines Polizeirecht (Ordnungsrecht) des Bundes

und der Länder. 9., völlig neubearbeitete Auflage. Köln-Berlin-Bonn-München.
Entscheidungen des Bundesverfassungsgerichts (1975), 39. Band, Tübingen.
Entscheidungen des Bundesverfassungsgerichts (1978), 46. Band, Tübingen.
Engels, Friedrich (1845): Die Lage der arbeitenden Klasse in England. Nach eigner Anschauung und authentischen Quellen. In: Karl Marx/Friedrich Engels: Werke, Bd. 2. Berlin 1974, S. 225-506.
Fellmann, Ferdinand (2003): Wie das Sollen in die Welt kommt. Ein Plädoyer für Moralpsychologie. In: Deutsche Zeitschrift für Philosophie, 51. Jg., Nr. 3, S. 491-501.
Flasch, Kurt (2003): Geistige Mobilmachung 1914 und heute. In: Meggle (2003), S. 91-105.
Foot, Philippa (1990): Das Abtreibungsproblem und die Doktrin der Doppelwirkung. In: Leist (1990), S. 196-211.
Foot, Philippa (1997): Die Wirklichkeit des Guten. Moralphilosophische Aufsätze. Frankfurt am Main.
Fritze, Lothar (1998): Täter mit gutem Gewissen. Über menschliches Versagen im diktatorischen Sozialismus. Weimar-Köln.
Fritze, Lothar (1999): Die Bombe im Bürgerbräukeller. Der Anschlag auf Hitler vom 8. November 1939. Versuch einer moralischen Bewertung des Attentäters Johann Georg Elser. In: Frankfurter Rundschau vom 8. November 1999, S. 9.
Fritze, Lothar (2000): Der Ehre zuviel. Eine moralphilosophische Betrachtung zum Hitler-Attentat von Georg Elser. In: Uwe Backes/Eckhard Jesse (Hrsg.): Jahrbuch Extremismus & Demokratie, Bd. 12, S. 101-139.
Fritze, Lothar (2002/2003): Geschichtsschreibung und Vorbildwirkung. Antwort an einige Kritiker. In: Thomas Vormbaum (Hrsg.): Jahrbuch der Juristischen Zeitgeschichte, Band 4, S. 622-634.
Fritze, Lothar (2003a): Moralisch erlaubtes Unrecht. Dürfen Unschuldige getötet werden, um andere zu retten? In: Deutsche Zeitschrift für Philosophie, 51. Jg., Nr. 2, S. 213-231.
Fritze, Lothar (2003b): Rechtfertigen, Entschuldigen, Vorwerfen. Zur Theorie des moralischen Urteilens. In: Religion - Staat - Gesellschaft, 4. Jg., Nr. 1, S. 5-96.
Fuhrmann, André (2001): Etwas über Vagheit. Unveröffentlichtes Manuskript. S. 1-15.
Grieco, Gianfranco (2002): Maximilian Kolbe. Sein Leben. Würzburg.
Grundmann, Siegfried (1966): Art. „Widerstandsrecht und Widerstandspflicht, II. Rechtlich". In: Evangelisches Staatslexikon. Hrsg. von Hermann Kunst und Siegfried Grundmann in Verbindung mit Wilhelm Schneemelcher und Roman Herzog. Stuttgart-Berlin, Sp. 2501-2510.
Habermas, Jürgen (1999): Die Einbeziehung des Anderen. Studien zur politischen Theorie. Frankfurt am Main.
Haft, Fritjof (1994): Strafrecht. Allgemeiner Teil. München.
Harman, Gilbert (1981): Das Wesen der Moral. Eine Einführung in die Ethik. Frankfurt am Main.

Harris, John (1975): The Survival Lottery. In: Philosophy, 50. Jg., S. 81–87.

Harris, John (1995): Der Wert des Lebens. Eine Einführung in die medizinische Ethik. Berlin.

Henrich, Dieter (1990): Ethik zum nuklearen Frieden. Frankfurt am Main.

Herzog, Roman (1991) in: Theodor Maunz/Günter Dürig (Hrsg.): Grundgesetz. Kommentar: Bd. II, 7. Aufl., München, Art. 20.

Hinsch, Wilfried (2002): Gerechtfertigte Ungleichheiten. Grundsätze sozialer Gerechtigkeit. Berlin–New York.

Hirsch, Hans Joachim (1979): Strafrecht und rechtsfreier Raum. In: Arthur Kaufmann/Günter Bemmann/Detlef Krauss/Klaus Volk (Hrsg.): Festschrift für Paul Bockelmann zum 70. Geburtstag. München, S. 89–115.

Hobbes, Thomas (1651): Leviathan oder Materie, Form und Gewalt eines kirchlichen und staatlichen Gemeinwesens. Teil I und II. Übersetzt von Walter Euchner. Leipzig 1978.

Hoerster, Norbert (1977): John Rawls' Kohärenztheorie der Normenbegründung. In: Otfried Höffe (Hrsg.): Über John Rawls' Theorie der Gerechtigkeit. Frankfurt am Main, S. 57–76.

Hoerster, Norbert (1998): Sterbehilfe im säkularen Staat. Frankfurt am Main.

Hoerster, Norbert (2000) in: Der Streit um den Widerstandskämpfer Georg Elser. In: Uwe Backes/Eckhard Jesse (Hrsg.): Jahrbuch Extremismus & Demokratie, Bd. 12, S. 153–159.

Hoerster, Norbert (2002): Ethik des Embryonenschutzes. Ein rechtsphilosophischer Essay. Stuttgart.

Hoerster, Norbert (2003a): Forum: Kompromisslösungen zum Menschenrecht des Embryos auf Leben? In: Juristische Schulung, 43. Jg., Nr. 6, S. 529–532.

Hoerster, Norbert (2003b): Ethik und Interesse. Stuttgart.

Höffe, Otfried (1994): Kategorische Rechtsprinzipien. Ein Kontrapunkt der Moderne. Frankfurt am Main.

Höffe, Otfried (2000): Humanitäre Intervention? Rechtsethische Überlegungen. In: Merkel, Reinhard (Hrsg.): Der Kosovo-Krieg und das Völkerrecht. Frankfurt am Main, S: 167–186.

Höffe, Otfried (2003). Humanitäre Intervention? Rechtsethische Überlegungen. In: Dieter Janssen/Michael Quante (Hrsg.): Gerechter Krieg. Ideengeschichtliche, rechtsphilosophische und ethische Beiträge. Paderborn 2003, S. 139–155 (= überarbeiteter Nachdruck von Höffe 2000).

Honderich, Ted (2003): Nach dem Terror. Ein Traktat. Frankfurt am Main.

Honderich, Ted (2003/2004): Nach dem Terror. Ein Traktat. Erweiterte, revidierte und neu übersetzte Ausgabe. Neu-Isenburg.

Hösle, Vittorio (1997): Moral und Politik. Grundlagen einer Politischen Ethik für das 21. Jahrhundert. München.

Hoyer, Andreas (1988): Das Rechtsinstitut der Notwehr. In: Juristische Schulung, 28. Jg., Nr. 2, S. 89–96.

Hruschka, Joachim (1979): Rettungspflichten in Notstandssituationen. In: Juristische Schulung, 19. Jg., Nr. 6, S. 385–393.

Hruschka, Joachim (1980): Rechtfertigung oder Entschuldigung im Defensivnotstand? In: Neue Juristische Wochenschrift, 33. Jg., Nr. 1/2, S. 21–23.

Hruschka, Joachim (1991): Rechtfertigungs- und Entschuldigungsgründe: Das Brett des Karneades bei Gentz und bei Kant. In: Goltdammer's Archiv für Strafrecht, 138. Jg., S. 1–10.

Isensee, Josef (1969): Das legalisierte Widerstandsrecht. Eine staatsrechtliche Analyse des Art. 20 Abs. 4 Grundgesetz. Bad Homburg v.d.h.–Berlin–Zürich.

Jakobs, Günther (1991): Strafrecht. Allgemeiner Teil: Die Grundlagen und die Zurechnungslehre. Berlin.

Jakobs, Günther (2000): Rechtmäßige Abtreibung von Personen? In: Juristen-Zeitung, 55. Jg., Nr. 10, S. 404–407.

Joecks, Wolfgang (1999): Strafgesetzbuch. Studienkommentar. München.

Joerden, Jan C. (1991): § 34 Satz 2 StGB und das Prinzip der Verallgemeinerung. In: Goltdammer's Archiv für Strafrecht, 138. Jg., S. 411–427.

Joerden, Jan C. (1997): Wahlfachklausur – Rechtsphilosophie: Das Notrecht. In: Juristische Schulung, 37. Jg., Nr. 8, S. 725–728.

Jonas, Hans (1984): Das Prinzip Verantwortung. Versuch einer Ethik für die technologische Zivilisation. Frankfurt am Main.

Kaczynski, Theodore (1995): Industrial Society And Its Future (= „The Unabomber's Manifesto"). In: http://www. panix.com/~clays/Una (25.2.2004)

Kant, Immanuel (1793): Über den Gemeinspruch: Das mag in der Theorie richtig sein, taugt aber nicht für die Praxis. In: Ders.: Werke in zehn Bänden. Hrsg. von Wilhelm Weischedel. Band 9: Schriften zur Anthropologie, Geschichtsphilosophie, Politik und Pädagogik. Erster Teil. Darmstadt 1983, S. 127–172.

Kant, Immanuel (1797/1798): Metaphysik der Sitten. Rechtslehre. In: Ders.: Werke in zehn Bänden. Hrsg. von Wilhelm Weischedel. Band 7: Schriften zur Ethik und Religionsphilosophie. Zweiter Teil. Darmstadt 1983, S. 309–499.

Kant, Immanuel (1797): Über ein vermeintes Recht aus Menschenliebe zu lügen. In: Ders.: Werke in zehn Bänden. Hrsg. von Wilhelm Weischedel. Band 7: Schriften zur Ethik und Religionsphilosophie. Zweiter Teil. Darmstadt 1983, S. 637–643.

Kaufmann, Arthur (1972): Rechtsfreier Raum und eigenverantwortliche Entscheidung. Dargestellt am Problem des Schwangerschaftsabbruchs. In: Friedrich-Christian Schroeder/Heinz Zipf (Hrsg.): Festschrift für Reinhart Maurach zum 70. Geburtstag. Karlsruge, S. 327–345.

Kersting, Wolfgang (2000): Bewaffnete Intervention als Menschenrechtsschutz? In: Reinhard Merkel (Hrsg.): Der Kosovo-Krieg und das Völkerrecht. Frankfurt am Main, S. 187–231.

Kersting, Wolfgang (2001): John Rawls zur Einführung. Neufassung. Hamburg.

Kirchhof, Paul (1976): Die Zulässigkeit des Einsatzes staatlicher Gewalt in Ausnahmesituationen. In: Die Zulässigkeit des Einsatzes staatlicher Gewalt in Ausnahmesituationen. Deutsche Sektion der Internationalen Juristen-

Kommission. Vorträge auf der Europäischen Juristen-Konferenz vom 26. bis 28. September 1975 in Amsterdam und Den Haag. Karlsruhe-Heidelberg (= Rechtsstaat in der Bewährung, Bd. 2), S. 83–118.

Klefisch, Th. (1950): Die nat.-soz. Euthanasie im Blickfeld der Rechtsprechung und Rechtslehre. In: Monatsschrift für deutsches Recht, 4. Jg., Nr. 5, S. 258–265.

Kliemt, Hartmut (2003): Die gefährliche Fiktion eines Gesellschaftsvertrages. In: Aufklärung und Kritik, Sonderheft 7, S. 84–94.

Kloepfer, Michael (2001): Leben und Würde des Menschen. In: Peter Badura/ Horst Dreier (Hrsg.): Festschrift 50 Jahre Bundesverfassungsgericht. Zweiter Band: Klärung und Fortbildung des Verfassungsrechts. Tübingen.

Koch, Burkhard (1992): Prinzipientheorie der Notwehreinschränkungen. In: Zeitschrift für die gesamte Strafrechtswissenschaft, 104. Jg., Nr. 4, S. 785–820.

Köck, Wolfgang (1999): Grundzüge des Risikomanagements im Umweltrecht. In: Alfons Bora (Hrsg.): Rechtliches Risikomanagement. Form, Funktion und Leistungsfähigkeit des Rechts in der Risikogesellschaft. Berlin, S. 129–191.

Köhler, Michael (1997): Strafrecht. Allgemeiner Teil. Berlin u. a.

Koriath, Heinz (1998): Das Brett des Karneades. In: Juristische Arbeitsblätter, 30. Jg., Nr. 3, S. 250–257.

Krey, Volker (1971): Grundfälle zu den Straftaten gegen das Leben. In: Juristische Schulung, 11. Jg., Nr. 5, S. 248–250.

Krey, Volker (1975): Der Fall Peter Lorenz – Probleme des rechtfertigenden Notstandes bei der Auslösung von Geiseln. In: Zeitschrift für Rechtspolitik, 8. Jg., Nr. 5, S. 97–101.

Kühl, Kristian (1998): Zur rechtsphilosophischen Begründung des rechtfertigenden Notstands. In: Albin Eser/Ulrike Schittenhelm/Heribert Schumann (Hrsg.): Festschrift für Theodor Lenckner zum 70. Geburtstag. München, S. 143–158.

Kuhse, Helga (1990): Die Lehre von der „Heiligkeit des Lebens". In: Leist (1990), S. 75–106.

Kunig, Philip (1991): Grundrechtlicher Schutz des Lebens. In: Jura, 13. Jg., Nr. 8, S. 415–423.

Küper, Wilfried (1971): Noch einmal: Rechtfertigender Notstand, Pflichtenkollision und übergesetzliche Entschuldigung. In: Juristische Schulung, 11. Jg., Nr. 9, S. 474–477.

Küper, Wilfried (1981): Tötungsverbot und Lebensnotstand. Zur Problematik der Kollision „Leben gegen Leben". In: Juristische Schulung, 21. Jg., Nr. 11, S. 785–794.

Küper, Wilfried (1983): Der entschuldigende Notstand – ein Rechtfertigungsgrund? Bemerkungen zur kriminalpolitischen „Einheitstheorie" Gimbernat Ordeigs. In: Juristen-Zeitung, 38. Jg., Nr. 3, S. 88–95.

Küper, Wilfried (1984): Artikel „Notstand I (strafrechtlich)". In: Handwörterbuch zur deutschen Rechtsgeschichte, Bd. 3, hrsg. von Adalbert Erler und Ekkehard Kaufmann. Berlin, Sp. 1064–1072.

Küper, Wilfried (1987): Grundsatzfragen der „Differenzierung" zwischen Rechtfertigung und Entschuldigung. Notstand, Pflichtenkollision, Handeln auf dienstliche Weisung. In: Juristische Schulung, 27. Jg., Nr. 2, S. 81-92.

Küper, Wilfried (1999): Immanuel Kant und das Brett des Karneades. Das zweideutige Notrecht in Kants Rechtslehre. Heidelberg.

Kurzweil, Ray (2000): Homo s@piens. Leben im 21. Jahrhundert. Was bleibt vom Menschen? München.

Leist, Anton (Hrsg.) (1990): Um Leben und Tod. Moralische Probleme bei Abtreibung, künstlicher Befruchtung, Euthanasie und Selbstmord. Frankfurt am Main.

Lenckner, Theodor (1985): Der Grundsatz der Güterabwägung als Grundlage der Rechtfertigung. In: Goltdammer's Archiv für Strafrecht, 132. Jg., S. 295-313.

Lenckner, Theodor (1997) in: Adolf Schönke/Horst Schröder (Hrsg.): Strafgesetzbuch. Kommentar. 25. Aufl., München.

Lübbe, Weyma (1995): „Erlaubtes Risiko". Zur Legitimationsstruktur eines Zurechnungsausschließungsgrunds. In: Deutsche Zeitschrift für Philosophie, 43. Jg., Nr. 6, S. 951-963.

Lübbe, Weyma (2002): Lebensnotstand – Ende der Normativität? Untersuchung einer Grauzone im Unrecht des Tötens. In: Thomas Buchheim/ Rolf Schönberger/Walter Schweidler (Hrsg.): Die Normativität des Wirklichen. Über die Grenze zwischen Sein und Sollen. Stuttgart, S. 312-333.

Lukes, R./Feldmann, Fr.-J./Knüppel, H.-Chr. (1980): Länderbericht Bundesrepublik Deutschland. Gefahren und Gefahrenbeurteilungen in der Rechtsordnung der Bundesrepublik Deutschland. In: Lukes, Rudolf (Hrsg.): Gefahren und Gefahrenbeurteilungen im Recht. Rechtliche und technische Aspekte von Risikobeurteilungen, insbesondere bei neuen Technologien. Teil II. Köln u. a., S. 71-207.

Meggle, Georg (2000): Ist dieser Krieg gut? Ein ethischer Kommentar. In: Merkel, Reinhard (Hrsg.): Der Kosovo-Krieg und das Völkerrecht. Frankfurt am Main, S. 138-159.

Meggle, Georg (2002): Terror & Gegen-Terror. Erste ethische Reflexionen. In: Deutsche Zeitschrift für Philosophie, 50. Jg., Nr. 1, S. 149-162. Jetzt auch in Meggle (2003), S. 31-43.

Meggle, Georg (Hrsg.) (2003): Terror & der Krieg gegen ihn. Öffentliche Reflexionen. Paderborn.

Meissner, Andreas (1990): Die Interessenabwägungsformel in der Vorschrift über den rechtfertigenden Notstand (§ 34 StGB). Berlin.

Merkel, Reinhard (1996): Ärztliche Entscheidungen über Leben und Tod in der Neonatalmedizin. Ethische und strafrechtliche Probleme. In: Mittelweg 36, 5. Jg., Nr. 1, S. 79-94.

Merkel, Reinhard (2000): Das Elend der Beschützten. Rechtsethische Grundlagen und Grenzen der sog. humanitären Intervention und die Verwerflichkeit der NATO-Aktion im Kosovo-Krieg. In: Ders. (Hrsg.): Der Kosovo-Krieg und das Völkerrecht. Frankfurt am Main, S. 66-98.

Merkel, Rudolf (1895): Die Kollision rechtmäßiger Interessen und die Schadensersatzpflicht bei rechtmäßigen Handlungen. Straßburg.

Meyer-Abich, Klaus Michael (1990): Aufstand für die Natur. Von der Umwelt zur Mitwelt. München-Wien.

Nagel, Thomas (1995): Moralischer Konflikt und politische Legitimität. In: Brink, Bert van den/ Reijen, Willem van (Hrsg.): Bürgergesellschaft, Recht und Demokratie. Frankfurt am Main, S. 325–359.

Nolte, Ernst (1991): Der europäische Bürgerkrieg 1917–1945. In: Ders.: Lehrstück oder Tragödie? Beiträge zur Interpretation der Geschichte des 20. Jahrhunderts. Köln-Weimar-Wien, S. 19–37.

Novick, Peter (2001): Nach dem Holocaust. Der Umgang mit dem Massenmord. Stuttgart-München.

Nozick, Robert (1974): Anarchie, Staat, Utopia. München o. J.

Otto, Harro (1965): Pflichtenkollision und Rechtswidrigkeitsurteil. Hamburg.

Papst Johannes Paul II. (1995): Enzyklika Evangelium vitae über den Wert und die Unantastbarkeit des menschlichen Lebens. Hrsg. vom Sekretariat der Deutschen Bischofskonferenz (= Verlautbarungen des Apostolischen Stuhls 120), 5. Auflage, Bonn 2001.

Peters, Karl (1949): Zur Lehre von den persönlichen Strafausschließungsgründen. In: Juristische Rundschau, 3. Jg., Nr. 16, S. 496–500.

Pfoh, Bernhard (2000): Eine Bilanz des Luftkriegs der NATO gegen Jugoslawien. In: Joachim Krause (Hrsg.): Kosovo. Humanitäre Intervention und kooperative Sicherheit in Europa. Opladen, S. 55–88.

Pinguet, Maurice (1991): Der Freitod in Japan. Ein Kulturvergleich. Berlin.

Preuß, Ulrich K. (2000): Der Kosovo-Krieg, das Völkerrecht und die Moral. In: Merkel, Reinhard (Hrsg.): Der Kosovo-Krieg und das Völkerrecht. Frankfurt am Main, S. 115–137.

Preuß, Ulrich K. (2002): Krieg, Verbrechen, Blasphemie. Zum Wandel bewaffneter Gewalt. Berlin.

Primoratz, Igor (2002): Staats-Terrorismus und Gegen-Terrorismus. In: Meggle (2003), S. 53–68.

Pufendorf, Samuel von (1673): Über die Pflicht des Menschen und des Bürgers nach dem Gesetz der Natur. Frankfurt am Main und Leipzig 1994.

Rawls, John (1990): Eine Theorie der Gerechtigkeit. Frankfurt am Main.

Rawls, John (1994): Der Bereich des Politischen und der Gedanke eines übergreifenden Konsenses. In: Ders.: Die Idee des politischen Liberalismus. Aufsätze 1978–1989. Frankfurt am Main, S. 333–363.

Rawls, John (2002): Das Recht der Völker. Enthält: „Nochmals: Die Idee der öffentlichen Vernunft". Berlin-New York.

Redaktion „Neue Justiz" (Hrsg.) (2001): Der Politbüro-Prozeß. Eine Dokumentation. Baden-Baden.

Rees, Martin (2003): Unsere letzte Stunde. Warum die moderne Naturwissenschaft das Überleben der Menschheit bedroht. München.

Renzikowski, Joachim (1994): Notstand und Notwehr. Berlin.

Ringshausen, Gerhard (1998): Der 20. Juli 1944 als Problem des Widerstandes gegen die Obrigkeit. Die Diskussion in der evangelischen und katholischen Kirche nach 1945. In: Gerd R. Ueberschär (Hrsg.): Der 20. Juli. Das „andere Deutschland" in der Vergangenheitspolitik. Berlin, S. 238–253.

Rorty, Richard (2003): Der Fehlschlag. Warum eine Irak-Invasion falsch ist. In: Frankfurter Rundschau vom 25. Februar 2003.

Rothbard, Murray N. (2000): Die Ethik der Freiheit. Sankt Augustin.

Roxin, Claus (1981): Die „sozialethischen Einschränkungen" des Notwehrrechts. Versuch einer Bilanz. In: Zeitschrift für die gesamte Strafrechtswissenschaft, 93. Jg., S. 68–104.

Roxin, Claus (1985): Die notstandsähnliche Lage – ein Strafunrechtsausschließungsgrund? In: Rolf Dietrich Herzberg (Hrsg.): Festschrift für Fietrich Oehler zum 70. Geburtstag. Köln u. a.

Roxin, Claus (1988): Rechtfertigungs- und Entschuldigungsgründe in Abgrenzung von sonstigen Strafausschließungsgründen. In: Juristische Schulung, 28. Jg., Nr. 6, S. 425–433.

Roxin, Claus (1994): Strafrecht. Allgemeiner Teil. Bd.1: Grundlagen, der Aufbau der Verbrechenslehre. 2. Auflage. München.

Scherzberg, Arno (2002): Wissen, Nichtwissen und Ungewißheit im Recht. In: Christoph Engel/Jost Halfmann/Martin Schulte (Hrsg.): Wissen – Nichtwissen – Unsicheres Wissen. Baden-Baden, S. 113–144.

Schild, Wolfgang (1978): Die strafrechtsdogmatischen Konsequenzen des rechtsfreien Raumes. In: Juristische Arbeitsblätter, S. 449–456, 570–573, 631–636.

Schmidhäuser, Eberhard (1991): Die Begründung der Notwehr. In: Goltdammer's Archiv für Strafrecht, 138. Jg., S. 97–139.

Schmidt, Eberhard (1949): [Zur Tötung von Geisteskranken auf Grund des Hitlererlasses v. 1939 und zur Frage des ärztlichen Widerstandes gegen ein solches Massenverbrechen]. In: Süddeutsche Juristen-Zeitung, 4. Jg., Sp. 559–570.

Schmücker, Reinold (2000): Gibt es einen gerechten Krieg? In: Deutsche Zeitschrift für Philosophie, 48. Jg., S. 319–340.

Schmude, Jürgen (1987): Art. „Widerstandsrecht". In: Evangelisches Staatslexikon. Begründet von Hermann Kunst/Siegfried Grundmann, hrsg. von Roman Herzog/Hermann Kunst/Klaus Schlaich/Wilhelm Schneemelcher. Band II. 3., neubearbeitete und erweiterte Auflage. Stuttgart, Sp. 3981–3993.

Schölz, Joachim/Lingens, Eric (1988): WStG. Kommentar. 3. Aufl., München.

Schönrich, Gerhard (1994): Bei Gelegenheit Diskurs. Von den Grenzen der Diskursethik und dem Preis der Letztbegründung. Frankfurt am Main.

Schwenck, Hans-Günter (1976): Die kriegerische Handlung und die Grenzen ihrer strafrechtlichen Rechtfertigung. In: Günter Warda u. a. (Hrsg.): Festschrift für Richard Lange zum 70. Geburtstag. Berlin–New York, S. 97–118.

Simonson, A. (1885): Der „Mignonette"-Fall in England. In: Zeitschrift für die gesamte Strafrechtswissenschaft, 5. Bd., S. 367–388.

Smith, Barry (2003): Kamikaze – und der Westen. In: Meggle (2003), S. 107–117.

Spaemann, Robert (1999): Werte oder Menschen? Wie der Krieg die Begriffe verwirrt. In: Frank Schirrmacher (Hrsg.): Der westliche Kreuzzug. 41 Positionen zum Kosovo-Krieg. Stuttgart, S. 150–155.

Spendel, Günter (2003) in: Burkhard Jähnke/Heinrich Wilhelm Laufhütter/Walter Odersky: StGB. Leipziger Kommentar. Zweiter Band. 11. neubearbeitete Auflage. Berlin.

Stegmüller, Wolfgang (1983): Probleme und Resultate der Wissenschaftstheorie und Analytischen Philosophie. Band 1: Erklärung – Begründung – Kausalität, 2. Auflage. Berlin.

Steinkamm, Armin A. (2000): Völkerrecht, Humanitäre Intervention und Legitimation des Bundeswehr-Einsatzes. Völker- und wehrrechtliche Aspekte des Kosovo-Konfliktes 1999. In: Konrad Clewing/Jens Reuter (Koordination): Der Kosovo-Konflikt. Ursachen – Akteure – Verlauf. München, S. 335–362.

Steinvorth, Ulrich (2002): Philosophie und Politik. In: Reinold Schmücker/Ulrich Steinvorth (Hrsg.): Gerechtigkeit und Politik. Philosophische Perspektiven. Berlin, S. 13–24.

Stemmer, Peter (2000): Handeln zugunsten anderer. Eine moralphilosophische Untersuchung. Berlin–New York.

Stern, Klaus (1980): Das Staatsrecht der Bundesrepublik Deutschland. Band II: Staatsorgane, Staatsfunktionen, Finanz- und Haushaltsverfassung, Notstandsverfassung. München.

Suarez, Francisco (1621): Ausgewählte Texte zum Völkerrecht. Latainischer Text nebst deutscher Übersetzung herausgegeben von Josef de Vries S. J. Tübingen 1965.

Tröndle, [Herbert]/Fischer, [Thomas] (2001): Strafgesetzbuch und Nebengesetze. Erläutert von Dr. Thomas Fischer. 50., neu bearbeitete Auflage. München.

Tugendhat, Ernst (1988): Nachdenken über die Atomkriegsgefahr und warum man sie nicht sieht. Berlin.

Victoria, Franciscus de (1539): De indis recenter inventis et de jure belli hispanorum in barbaros. Relfectiones. Vorlesungen über die kürzlich entdeckten Inder und das Recht der Spanier zum Kriege gegen die Barbaren. Latainischer Text nebst deutscher Übersetzung herausgegeben von Walter Schätzel. Tübingen 1952.

Voscherau, Henning (1999/2000): Krieg als Mittel der Politik. In: Dieter S. Lutz (Hrsg.): Der Kosovo-Krieg. Rechtliche und rechtsethische Aspekte. Baden-Baden, S. 157–166.

Walzer, Michael (2003a): Erklärte Kriege – Kriegserklärungen. Hamburg.

Walzer, Michael (2003b): Es muß einen Ausweg geben. In: Frankfurter Allgemeine Zeitung vom 16. August 2003, S. 9.

Weigelin, Ernst (1942): Das Brett des Karneades. In: Der Gerichtssaal, 116. Jg., S. 88–98.

Weinberg, Gerhard L. (2002): Eine Welt in Waffen. Die globale Geschichte des Zweiten Weltkriegs. Überarbeitete Neuauflage. Hamburg.

Welzel, Hans (1951): Zum Notstandsproblem. In: Zeitschrift für die gesamte Strafrechtswissenschaft, 63. Jg., S. 47–56.

Wildt, Andreas (1996): Gleichheit, Gerechtigkeit und Optimierung für jeden. Zur Begründung von Rawl's Differenzprinzip. In: Kurt Bayertz (Hrsg.): Politik und Ethik. Stuttgart, S. 249–276.

Williams, Bernard (1979): Kritik des Utilitarismus. Herausgegeben und übersetzt von Wolfgang R. Köhler. Frankfurt am Main.

Wohlrapp, Harald (2000): Krieg für Menschenrechte? In: Deutsche Zeitschrift für Philosophie, 48. Jg., Nr. 1, S. 107–132.

Zimmermann, Theo (1954): Die Gefahrengemeinschaft als Rechtfertigungsgrund. In: Monatsschrift für deutsches Recht, 8. Jg., Nr. 3, S. 147–149.

Sachregister

Zahlen in Klammern verweisen auf die Nummer der Fußnote.

Personenregister

Zahlen in Klammern verweisen auf die Nummer der Fußnote.

www.ingramcontent.com/pod-product-compliance
Lightning Source LLC
LaVergne TN
LVHW102230300926
849160LV00006B/86
9783110181487